谨以此书献给立志未来的人们

引领未来

武培锋·编著

中国出版集团

现代出版社

图书在版编目（CIP）数据

创需引领未来／武培锋编著 . －－北京：现代出版社，
2016. 5（2024.8重印）

ISBN 978－7－5143－4855－2

Ⅰ.①创⋯　Ⅱ.①武⋯　Ⅲ.①需求—研究　Ⅳ.
①F014. 32

中国版本图书馆 CIP 数据核字（2016）第 090137 号

创需引领未来

作　　者　武培锋

责任编辑　陈世忠

出版发行　现代出版社

地　　址　北京市安定门外安华里 504 号

邮政编码　100011

电　　话　010－64267325　010－64245264（兼传真）

网　　址　www. 1980xd. com

电子信箱　xiandai@ cnpitc. com. cn

印　　刷　三河市佳星印装有限公司

开　　本　710×1000　1/16

印　　张　19. 25

字　　数　306 千字

版　　次　2016 年 5 月第 1 版　2024 年 8 月第 3 次印刷

书　　号　ISBN 978－7－5143－4855－2

定　　价　68. 00 元

我 的 自 白

（代序）

2014 年 8 月以来，我从事宏观经济运行工作。在新的工作岗位上，我更是丝毫不敢懈怠，总想在平凡的岗位上，做些有一定价值、能够对相关领域有一定指导意义的工作。

当前，社会上对"引领发展"提出了各种各样的说法，有的说创新引领发展，有的说科技引领发展，有的说文化引领发展，有的说生产引领发展，有的说营销引领发展，等等，但总觉得有些偏颇。中国著名经济学家厉以宁曾经说过："新需求产生新市场。"日本索尼公司董事长盛田昭夫曾经说过："企业的成功，其产品是次要的，而关键在于能否生产出对产品的需要。我们的目标是以新产品领导消费大众，而不是问他们需要什么，要创造需求。"美国管理学者斯莱沃斯基曾经说过："人所欲之先，创造其所爱（Demand：Creating What People Love？Before They Know They Want It）。"后来，我查看了关于经济与需求的一些论述，翻阅了一些资料，进行了一些实地调查研究，经过深入的思考，认为科学技术进步对经济社会具有推动作用，而不是引领作用。真正对经济社会起到引领作用的，是需求，或者说是需要，而不是什么别的因素，遂产生了编著一本关于引领经济社会发展的知识性读本，用以启迪政府官员、企业家、经营管理者、立志创业者真正找到新的增长点，找到成就事业的根源，遂取名为"创需引领未来"。

《创需引领未来》这本书，我是围绕一个主旨思想——创造性或创新性需求或需要展开，具体内容安排如下。

第一部分，从国际、国内一些知名的成功企业的领军人物入手，向读者介绍他们成就事业的故事，如乔布斯缔造苹果，比尔·盖茨成为世界首富，雷军让小米红天下，马云创建电商大业，张恭运靠企业文化而豪迈，碧桂园成就了地产界的一匹黑马，等等，这些成功的案例无不与需求有关。再安排一些失败的案例，如柯达大厦的倾倒，三株的跌宕起伏，荣华鸡败走麦城，"商业航母"亚细亚的没落，也有东山再起的史玉柱，这些具有警示作用的案例，引人深思，让人警醒。

第二部分，搜集整理一部分不同国家层面上力挽狂澜的案例和存在争议认知的案例，这里有世界上历次经济危机的灾难，有骇人听闻的十面"霾"伏，有救国家于危难中的美国总统罗斯福，有在国际经济危机中体现负责任大国形象的 4 万亿投资计划，有对财政赤字的重新认识。这些案例，主要是想让读者重新或加深对国家层面需求安排的认知，体会到重大战略出台的真正意味。无论是在国内，还是在国外，都有异曲同工之妙。

第三部分，安排一些有关老百姓生活中热点事件的分析，如国人到日本抢购马桶盖事件、出国热、"野鸡大学"现象等。这些事件就发生在我们的身边。

第四部分，希望读者关注国家政策、国家战略、不同时期的重要历史事件、国际上的经济合作等，如"一带一路""互联网＋""亚投行""人民币国际化""孔子学院""四个全面""中国梦""全面放开二胎""中国制造2025""农村大包干""改革开放""战略性新兴产业""国家五年规划""上合组织""欧洲联盟""G20 峰会""中国—东盟自贸区""北美自贸区"等。试图从国家、国际层面阐述需要、需求对经济社会的重要性。

第五部分，安排一些与本书的核心思想——创造需求或与需要有关的理论，穿插一些比较经典的创需小故事，进一步引导读者在对比研究探讨中，加深对"什么才能真正引领未来"的认识，最终在头脑中形成"创需起到引领作用"的认同。

《创需引领未来》这本书，我不是与其他编者一样，就案例编案例，而是站在一个独特的角度——需求的角度——进行的，力求用另一种眼光看世界。

为出这本书，我牺牲了工作之余的闲暇时间，历经一年多，九易其稿，严格把关每一个案例的遴选取舍，直到心中觉得还能对得起读者为止。

如果这本书能对立志未来的人们有所启发，即使是一个案例、一段话，或者仅仅是一句话，我也就心满意足了。

武培锋

2015 年 11 月

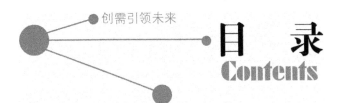

创需引领未来

目　录
Contents

Part 1　敢问路在何方

第一章　经典理论分享

马斯洛的需求层次理论 / 3

有效需求理论 / 8

E. R. G 理论 / 12

成就需要理论 / 13

第二章　把握需求决定命运

顺需者昌　逆需者亡 / 17

企业战略基于需求高于需求 / 21

企业靠什么留住精英人才 / 25

第三章　众说纷纭的创造需求

创需故事分享 / 30

什么是创造需求 / 32

生产创造需求 / 34

"创新" 创造需求 / 36

市场营销"创造需求" / 37

成功创造需求的六种模式 / 39

Part 2 谁是真正的英雄

第四章 深谙市场机制的智者成就伟业

比尔·盖茨为何能成为世界首富 / 43

乔布斯何以能让苹果大放异彩 / 50

雷军何以让"小米"红天下 / 56

马云——中国经济界炙手可热的人物 / 63

史玉柱为何总能东山再起 / 72

张恭运得益于企业文化而豪迈 / 78

第五章 现实见证成败

柯达大厦的倾倒 / 86

"商界航母"亚细亚缘何折戟 / 91

荣华鸡为何败走麦城 / 97

"三株帝国"的跌宕兴衰 / 103

好莱坞——世界影视业的 No. 1 / 107

碧桂园——房地产界杀出的一匹黑马 / 114

Part 3 苦难与梦想

第六章 苦难也因需求

令人惊恐的世界经济危机 / 121

在经济大萧条中力挽狂澜的美国总统——罗斯福 / 126

洪水猛兽般的财政赤字有其积极的一面 / 133

4 万亿投资计划赢得经济率先复苏 / 138

四大需要倒逼京津冀协同发展 / 143

第七章　用脚投票的老百姓制造社会热点

中国游客赴日疯狂抢购马桶盖为哪般 / 148

"野鸡大学"为何活力十足 / 153

"出国热"为何高烧不退 / 158

Part 4　走向辉煌的保障

第八章　顺时而为

人民币国际化顺应市场需求 / 165

"一带一路"承载着世界各国人民的需求梦想 / 171

亚投行到底彰显了什么魅力 / 177

孔子学院魅力何来 / 181

大众创业、万众创新——中国新常态下经济发展的重要引擎 / 186

"互联网＋"新奇概念引爆新需求 / 189

刻不容缓地全面放开二胎为哪般 / 194

第九章　强国之路

国家规划的终极目的是扩需求保增长 / 200

节能环保产业为什么位列新兴产业之首 / 204

战略性新兴产业——需求与拉动的集合 / 209

《中国制造2025》为何备受瞩目 / 213

第十章 改革是最大的红利

"大包干"在解决历史重大需要中创造奇迹 / 219

新中国改革开放的第一个经济特区——深圳 / 223

中国的发展需要改革开放 / 227

科学发展观是应对四个新阶段的迫切需要 / 232

第十一章 辉煌的保证

"中国梦"激起全国人民几多期许 / 237

和谐社会——你我共同的期待 / 244

科教兴国战略——发展和竞争的必然 / 250

"四个全面"战略布局是时代的呼唤 / 255

实施西部大开发是国家全局战略的需要 / 261

Part 5 团结就是力量

第十二章 世界经济一体化趋势

世界贸易组织——经济联合国 / 267

欧洲联盟——世界第一大经济实体 / 270

发展势头迅猛的"金砖国家" / 274

APEC——亚太地区最具影响力的经济合作机制 / 278

上海合作组织——在中国境内成立的国际性组织 / 281

中国—东盟自由贸易区——发展中国家间最大的自贸区 / 284

G20峰会——联合国框架之外的新机制 / 287

北美自由贸易区——消除贸易障碍 / 290

东亚峰会——开启泛东亚区域性合作新模式 / 294

后 记 / 296

Part 1

敢问路在何方

需要与需求，是人类社会发展的根本动力。适应需求，可以实现今天的进步。创造需求，将会引领明天的发展。

经典理论分享

在探索社会进步的动力问题上，历史上有大量的专家学者为之呕心沥血，旁征博引，深入分析，深邃思考，无论是在宏观上还是在微观上，都形成了一些真知灼见，正在指导着社会实践的进步。

人的需要分为三种：成就需要、权力需要、情谊需要。

——美国行为科学家　戴维·麦克利兰

马斯洛的需求层次理论

1943 年，美国心理学家亚伯拉罕·马斯洛在他的著作《人类激励理论》中提出了一种关于人的需求结构的理论，是截至目前国外心理学家试图揭示人类需求规律的主要理论之一，也是当今社会学界、企业营销人员推崇并广泛应用于实战的理论，这个理论后来被人们称作马斯洛需求层次理论。

马斯洛认为，人类价值体系存在两类不同的需求，即一类是沿生物谱系上升方向逐渐变弱的本能或冲动，称作低级需求；另一类是随着生物的进化而逐渐显现的潜能或需求，称作高级需求。

人的需求按照重要性和层次性能够排成一定的次序，从食物、住房等基本需求到复杂的需求。只有当人的低层级的需求得到满足以后，才会去追求更高层级的需求，如此逐级上升，终将成为推动人类积极追求新目标而继续努力的内在动力，也就是我们今天所说的"内生动力"。

马斯洛需求层次理论的基本内容

马斯洛需求层次理论由较低层次到较高层次依次排列，把需求分成生理需求、安全需求、社交需求、尊重需求、自我实现需求共五个层次。

第一，生理需求。这是人类维持自身生存的最基本要求，这一层次包括对呼吸、水、食物、睡眠、生理平衡、分泌、性等的需求。以上需求，除了性以外，如果任何一项得不到满足，人类个体的生理机能就无法正常运转。在这个意义上，需求是推动人们行动的最首要动力。马斯洛认为，只有这些最基本的需求得到满足后，其他的需求才能成为新的激励因素，此时，那些已经相对满足了的需求则不再成为激励因素。

第二，安全需求。这一层次包括对人身安全、健康保障、资源所有性、财产所有性、道德保障、工作职位保障、家庭安全等的需求。

马斯洛认为，人的整个有机体是一个追求安全的机制，人的感受器官、效应器官、智能和其他能量，主要是寻求安全的工具。这种需求一旦得到满足，也就不再成为激励因素了。

第三，社交需求。这一层次包括对友情、爱情、性亲密等的需求。

人人都希望能够相互关照。感情上的需求比生理上的需求来得更细致一些，它和一个人的生理特性、经历、教育、宗教信仰都有很大的关系。

第四，尊重需求。这个层次主要包括对自我尊重、信心、成就、对他人尊重和被他人尊重等的需求。

人人都希望自己能够有稳定的社会地位，希望个人的能力和成就得到社会的认可。尊重的需求可以分为内部尊重需求和外部尊重需求。内部尊重需求是指人的自尊，一个人希望在各种不同的环境中有实力、能胜任、充满信心、能独立自主。外部尊重需求是指一个人希望有地位、有威信，受到别人的尊重、信赖和高度评价。马斯洛认为，需求得到满足，能使人对自己充满信心，对社会满腔热情，体验到自己存在的价值。

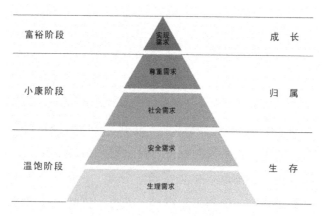

▲马斯洛需求层次理论图

第五，自我实现需求。这个层次包括对道德、创造力、自觉性、问题解决能力、公正度、接受现实能力等的需求。

这是人类最高层次的需求，是指实现个人理想、抱负，发挥个人的能力到最大限度，达到自我实现境界的人，接受自己也接受他人，解决问题能力增强，自觉性提高，善于独立处事，要求不受打扰地独处，完成与自身能力相称的一切事情的需求。换言之，人必须干与能力相称的事情，才会感到最大的快乐。马斯洛提出，为满足需求所采取的方式因人而异。每个人都在努力实现自己的潜力，使自己逐渐成为自己心中所期望的人物，实现满足感的价值最大化。

马斯洛理论的基本假设

- 已经满足的需求，不再是激励因素。人们总是力图满足某种需求，一旦一种需求得到满足，就会有另一种需求取而代之。
- 大多数人的需求结构很复杂，无论何时都有许多需求影响行为。
- 一般来说，只有在较低层次的需求得到满足之后，较高层次的需求才会有足够的活力驱动行为。
- 满足较高层次需求的途径多于满足较低层次需求的途径。

马斯洛理论的基本观点

第一，五种需求像阶梯一样从低到高，按层次逐级递升，但这种次序不是完全固定的，可以变化，有时可以重叠，也有种种例外情况。

第二，通常，某一层次的需求得到满足后，就会向更高层次发展，追求更高层次的需求就成为驱使行为的动力，而获得基本满足的需求就不再是因素。

第三，五种需求可以分为两级，其中生理需求、安全需求和感情需求都属于低一级的需求，这些需求通过外部条件就可以得到满足；而尊重的需求和自我实现的需求是高级需求，通过内部因素才能满足，而且人类个体对尊重和自我实现的需求是无止境的。同一时期，一个人可能有几种需求，但每一时期总有一种需求占主导地位，对行为起着决定性的作用。任何一种需求都不会因为更高层次需求的发展而消失。各层次的需求相互依赖、相互重叠，高层次的需求发展后，低层次的需求仍然存在，只是对行为影响的程度大大减小而已。

第四，马斯洛等行为心理学家认为，一个国家大多数人的需求层次结构，是同这个国家的经济发展水平、科技发展水平、文化和人们受教育的程度相关的。在不发达国家，低级需求占主导的人数比例较大，而高级需求占主导的人数比例较小；在发达国家，这一情况则恰好相反。

马斯洛理论价值

马斯洛的需求层次理论，在一定程度上反映了人类行为和心理活动的共同规律。马斯洛从人的需求出发，探索人的激励因素，研究人的行为，抓住了问题的关键。马斯洛认为，人的需求是由低级向高级不断发展的，这一趋势大致符合需求发展的基本规律。因此，需求层次理论对于企业管理者有效调动人的积极性具有重大的启发作用。但是，马斯洛是离开社会条件、离开人的历史发展以及人的社会实践来考察人的需求及其结构的。把人的本质看作超越社会历史的，把人看作抽象的"自然人"，由此得出的一些观点就难以符合所有国家和地区的实际情况。

马斯洛认为，人都潜藏着这五种不同层次的需求，但在不同时期，各种需求的激励作用是不同的。低层次的需求基本得到满足以后，它的激励作用就会减小，其优势地位将不再保持下去，高层次的需求会取代它成为推动行为的主要因素。

高层次的需求比低层次的需求具有更大的价值。热情是由高层次的需求激发的。人的最高需求，即自我实现，就是以最有效和最完整的方式表现他自己的潜力，如此才能使人得到高峰体验。

人的需求往往是无意识的。对于个体来说，无意识的动机比有意识的动机更重要。对于经验丰富的人，通过适当的技巧，可以把无意识的需求转变为有意识的需求。

马斯洛还认为，在人自我实现的创造性过程中，会产生一种所谓"高峰体验"的情感，这时的人会有一种欣喜若狂、如醉如痴的感觉，呈现出最高大、最完美、最和谐的状态。

对马斯洛理论的评价

许多研究表明，高层管理人员和普通管理人员相比，更易于满足自身较高层次的需求，因为高层管理人员从事有挑战性的工作，在工作中能够实现自我；而普通管理人员更多地从事常规工作，满足较高层次需求就相对困难一些。而且，需求的满足根据一个人在组织中所做的工作、年龄、单位规模以及员工文化背景等因素的不同而有所差异，主要表现在以下三个方面。

• 生产指挥系统的管理人员在安全、社交、尊重和自我实现方面比科室行政人员更容易感到满足，双方在尊重和自我实现需求上的差距最大。

• 在尊重和自我实现的需求方面，年轻员工（25 岁或以下）的要求比较年长的员工（36 岁或以上）更强烈。

• 低层次的管理部门和小单位的管理人员，比在大单位工作的管理人员更易感到需求得到满足。

事实充分证明，个人和组织中的事件能够改变需求。组织中的习惯做法会强烈地影响许多高层次需求的产生并给予满足。而且，随着管理人员在组织中的发展成长，安全需求逐渐减弱，而社交、尊重和自我实现的需求则相应增强。任何人的需求层次都会受到个人差异的影响，会随着时间的推移而不断发生变化。

有效需求理论

有效需求概念出现在 19 世纪 20 年代。1820 年，英国经济学家马尔萨斯发表的《政治经济学原理》提出，由于社会有效需求不足，资本主义存在产生经济危机的可能性。1936 年，凯恩斯发表了《就业、利息、货币通论》，再次提出有效需求不足，经过分析论证，建立起比较完整的有效需求不足理论。

有效需求理论的产生背景和决定因素

1929 年爆发世界经济危机，传统的关于"资本主义社会可以借助市场那只'看不见的手'的自动调节机制实现充分就业"的说教宣布破产，以凯恩斯为代表的一些经济学家不得不承认，资本主义社会经常存在就业不足，因而经常处于萧条状态。凯恩斯提出有效需求不足理论，试图解释经济危机这种现象。根据凯恩斯的观点，有效需求是总供给与总需求相等从而处于均衡状态的社会总需求，它包括消费需求和投资需求，并决定着社会就业量和国民收入量。

影响有效需求的心理因素主要有以下三个。第一，消费倾向。即消费支出与收入的比率。人们的消费随收入的增加而增加，但不如收入增加得多，收入越增加，收入与消费之间的差距就会越大。第二，对资本未来收益的预期。它决定资本边际效率，而研究表明，资本边际效率呈递减趋势。第三，流动偏好。即人们用货币形式保存自己的收入和财富的愿望强度。流动偏好可以帮助人们应付日常支出、应付意外支出和捕捉投资机会，并决定对货币的需求量，也影响利率。凯恩斯认为，现代资本主义社会中，在国民收入增加时，由于边际消费倾向递减，收入和消费之间的差距扩大，储蓄增加，从而发生消费需求不足。这时，需要增加投资以弥补差距，抵销储蓄。但由于企业家对投资前景缺乏信心，投资支出往往不能弥补差距，储蓄不能全部转化为投资，从而也使投资需求不足。由于消费需求和投资需求的不足，就业量在尚未充分之前就停止增加，甚至趋于下降，形成大量失业。当经济繁荣达到一定阶段，投资诱力减弱，企业家对投资的未来收益缺乏信心，引起资本边际效率骤降时，经济危机则随之爆发。根据有效需求不足理论，凯恩斯主张加强国家对经济的干预，用增加公共支出、降低利率、刺激投资和消费的政策，提高有效需求，实现充分就业。

对有效需求问题的探索

有效需求问题是当前我国宏观经济的核心问题。需求不仅是指对商品和劳务需求的欲望，更注重对商品和劳务的支付能力。人们的欲望是多种多样，永无止境的，而需求不只是一种欲望，更是一种支付能力。主流经济学是"需求决定论"，这就决定了有效需求在经济体系中的基础地位，有效需求问题不可避免地成为人们关注的焦点。

有效需求由两大部分成，即消费和投资。任何一部分的变化都会对有效需求产生影响。假设整个宏观经济由企业、家庭和金融部门构成。与企业相关的变量主要有劳动者报酬、固定资产折旧、利息和利润。前三者构成企业的成本，利润构成企业的收益。对于家庭来讲，企业成本中的劳动者报酬形成工资收入，企业的利息利润构成居民的非工资收入。事实表明，工资收入是低收入者（如工人）的主要收入来源，而非工资收入则是高收入者（如资本家）的主要收入来源。假设资本家不消费，工人不储蓄，全部产品由工人购买和消费。这样，收入在不同阶层的分配直接影响消费倾向，进而引发有效需求。

马克思关于有效需求理论的论述

马克思没有专门论述有效需求理论，但这一思想蕴含在他著名的社会资本再生产理论与经济危机理论中，有效需求问题是马克思分析剩余价值或利润实现条件的一个重要内容。马克思在阐述社会资本再生产公式时建立的分析工具及其有效需求的思想，其重要性直到凯恩斯有效需求不足理论出现以后才得到重视。

卡尔·马克思（1818年5月5日—1883年3月14日），是全世界无产阶级的伟大导师、科学社会主义的创始人，伟大的政治家、哲学家、经济学家、革命理论家，主要著作有《资本论》《共产党宣言》。

1. 资本主义有效需求的决定因素

马克思认为，经济系统由两大部类构成，第Ⅰ部类制造生产资料或资本品，第Ⅱ部类制造消费资料或消费品。在这里，"我们把资本主义的生产者当作全部剩余价值的所有者"。马克思认为，社会再生产要顺利进行，两大部类之间进行交换的产出价值必须相等，而且产生这一交换的彼此需求也必须相等。为达到这一点，在简单的再生产过程中，马克思假定，第Ⅰ部类和第Ⅱ部类中的工人和资本家的支出函数都是既定的，即工人的工资和资本家的剩余价值全部用于消费，没有储蓄与投资，边际消费倾向都为1。而在扩大再生产过程中，第Ⅰ部类和第Ⅱ部类中工人的支出函数既定，边际消费倾向仍为1，但资本家把剩余价值分为两部分，一部分用于投资，另一部分用于资本家的个人消费。马克思进一步假定，第Ⅰ部类的资本家的支出行为取决于第Ⅰ部类的资本有机构成，为了保持均衡，第Ⅱ部类的资本家的投资与消费行为取决于第Ⅰ部类能为第Ⅱ部类的扩大再生产提供多少资本品。同时，马克思假定，剩余价值必须全部花完，没有闲置部分。所以，一旦积累或投资的份额固定下来，消费的份额就会自动地被决定，从而任何不足的总需求都被排除在该假说之外。

可见，在马克思的再生产公式中，剩余价值的实现与扩大再生产的顺利进行，从形式上看，与工人的消费没有直接关系，它完全取决于资本家的有效需求；反过来，有效需求的规模又决定了剩余价值实现的大小、工资与剩余价值分配的比例问题。在均衡条件下，剩余价值的生产量与实现量是一致的。从剩余价值的实现角度看，有效需求的大小由资本家的投资和消费决策决定。由于资本的本性是追求更多的剩余价值，因此，剩余价值的实现量主要取决于资本家的投资决策，而投资又取决于他们对未来的预期。马克思认为，在资本主义社会中，需求本质上是由不同阶级的相互关系和它们各自的经济地位决定的，即第一是由全部剩余价值和工资的比率决定的，第二是由剩余价值所分成的不同部分（利润、利息、地租、赋税等）的比率决定的。在再生产过程中，剩余价值的实现量取决于资本家的预付资本量。在剩余价值率不变的情况下，预付资本越多，剩余价值的实现量就越多。

2. 资本主义有效需求不足是一种常态

马克思的均衡假定分析说明，均衡的可能性取决于所有行为主体的行为协调，但协调在资本主义制度中是不可能实现的，现实中出现的平衡本身就是一种偶然现象。在资本主义经济中，直接剥削的条件和实现这种剥削的条件，不是同一回事，二者在时间上、空间上、概念上都是分开的，前者只受社会生产力的限制，后者则受不同部门的比例和社会消费力的限制。

比例结构失调会导致有效需求不足。虽然在社会资本再生产公式中，剩余价值或利润的实现在形式上仅取决于资本家的投资与消费支出之和，似乎与工人的消费无关，也与比例结构无关；但资本家的支出是由其预期收入即利润决定的，而利润的实现程度是由需求结构和供给结构之间的比例状况决定的。如果需求与供给结构不对称，资本家的实际利润则会减少，这不仅会降低他们下一期的支出能力，而且会打击他们对未来的信心，最终使有效需求趋于下降。"有些部门可能生产过多，因此另一些部门可能生产过少；所以，局部危机可能由于生产比例失调而发生"，这在资本主义经济中是不可否认的事实。由于这种比例失调而引起的市场价值的提高或降低，会造成资本从一个生产领域抽出并转移到另一个生产领域。因此，资本在各部门间配置的比例失调是不可避免的。

E. R. G 理论

　　E. R. G 理论是美国行为科学家克莱顿·奥尔德弗（Claytonp Alderfer）提出的。他把马斯洛需求层次理论中的五个层次需求简化为三个层次，即生存需要（Exsistence）、关系需要（Relatedness）、成长需要（Grouth）。取这三种需要的英文第一个大写字母，称为"E. R. G 理论"。

　　第一，生存需要。生存需要相当于马斯洛提出的生理和某些安全的需要，包括人的多种形式的生理和物质的欲望，如衣、食、住、行等。在组织环境中，人对工资、福利和工作的物质条件的需要也包括在内。

　　第二，关系需要。关系需要相当于马斯洛提出的社会交往的需要及受人尊重的需要。关系需要主要指人不是孤立存在的，在社会环境中，作为个体的人，总是要通过人际交往与他人交流思想感情，人的大部分物质需要和精神需要只有与他人（或群体）发生关系才能获得满足。

　　第三，成长需要。成长需要相当于马斯洛提出的地位和受人尊重的需要，以及自我实现的需要。成长需要是个人成长发展和发挥个人创造力的欲望。个人成长的需要主要在所从事的工作中得到满足。人不能只停留在现实需要的满足上，只有不断地充实自己、发展自己，才能不断获得新的能力、经验和成绩。

　　奥尔德弗认为，人的需要并不一定像马斯洛所阐述的那样，严格地按照由低级向高级呈阶梯形式发展。人的生存、关系、成长三种需要既存在由低级向高级发展的状态，也存在遇到挫折而下降的情况，如有的人在生存需要得到满足后，直接产生成长需要：有的人在成长需要受到挫折后，下降到对人与人关系需要产生更大的需求。

成就需要理论

成就需要理论由美国行为科学家哈佛大学教授戴维·麦克利兰（David C. Mcclclland）提出来。他把人的需要分为三种：成就需要、权力需要、情谊需要。

第一，成就需要。成就需要是人的一种迫切欲望和要求自己在工作或事业上取得成功，做出让世人所瞩目的成就的欲望。麦克利兰在《促进取得成就的实物》一文中指出，世界上的人大致可分为两大类：一类愿意接受富有挑战性的和艰苦的工作，以便取得成就，这只是少数人；而另一类则对取得成就的愿望不是那样迫切、强烈，这是大多数人。他由此得出一个结论，即人的成就需要有高低之分。麦克利兰通过大量研究，发现有高成就需要的人具有如下特征：

一是事业心强。高成就需要的人在工作中敢于负责，敢于寻求解决问题的途径，一般都很自信。

二是喜欢有挑战性的工作，有进取心，敢于冒一定的风险，但不是冒险家，且较实际。

三是把个人成就看得比金钱更重要。在工作中取得了成功或攻克了难关，从中得到的激励胜过金钱或物质鼓励。

四是仅把报酬当作衡量自己进步和成就大小的工具，因此，当得到嘉奖、提职、晋升或赞许时，感到的是莫大的成就满足。

五是在从事某项具有挑战性的工作以前，制订一个经过努力能够达到的目标，并且需要有明确的、不间断的关于他们工作成就的反馈，使其知道自己的工作成就是否已得到组织和别人的认可。

麦克利兰认为，一个国家、一个组织事业成功与否，关键在于是否拥有具有高成就需要的人才。

麦克利兰用投射法中的主题统揽测验人对成就需要的高低。具体操作是：给被试者一组图片（6 张），让其在 10～15 秒的时间内看一张图片，然后在 5 分钟内根据图中的内容写一篇想象出来的故事。例如，一张图上，一个戴眼镜的青年坐在寝室里，写字台上放了一大堆书籍、资料。甲、乙两位被试者看了图片后有两种截然不同的解释。甲说，这是一个学生在写论文，他想写一篇高水平的论文，正在研究他搜集的大量资料和有关书籍。而乙则说，这个学生在答题，但又不会答，因此很失望，甚至对学习丧失信心，而且考虑是继续学下去还是另找工作。由于看图片的时间与思考的时间都很短，因此，甲、乙两位被试者的解释是他们固有的真实思想和感情的反映。从甲、乙两人的答案可以看出，甲的成就需要高，乙的成就需要低。

麦克利兰认为，管理者应该是本身具有高成就需要的人。如果这方面欠缺，就应该加以培训。麦克利兰曾为一些发展中国家培养具有高成就需要的经理人员。方法是组织训练班，每期 7～10 天。其培训内容是：①宣讲高成就需要的人物形象及其特征，以一种获得成功的模式为榜样，如模仿杰出人物的做法。②要求学员制订具体的两年规划。③进行基本概念教育，如讲解什么是生命价值、什么是逻辑，以提高学员的自我认识水平。④让学员交流成功与失败、希望与恐惧的经验体会，形成团结互助的氛围。

第二，权力需要。权力需要是一种控制他人或感觉优越于他人的需要，是感觉自己处于负责地位的需要。麦克利兰认为，权力需要对人也是一种激励，它使人关心组织目标，帮助人确定方向，同时在前进及实现目标的过程中，增强力量与竞争的信念。

麦克利兰认为，成功的管理者具备与权力相关的一些明显特点：认为在一个权威系统中，制度比个人更重要；喜欢工作及工作纪律，因为只有这些工作纪律才能使管理工作井井有条；愿意为了组织的利益而牺牲个人的利益，并且这种牺牲要让众人看到，是利他主义者；坚持公正高于一切，对任何人都能"一碗水端平"。

第三，情谊需要。麦克利兰在做一项试验时发现，要一个人去完成某项工作，并告诉他可以选择一位合作伙伴——自己的亲密朋友或他所不熟悉的该领域的专家。那种"情谊需要高"的人往往选择自己的亲密朋友，由此他指出，情谊需要强的人一般更愿做组织中的普通成员，而不愿做领导。而许多成功的管理者对情谊（从属）的需要不高，因为他们已在所从事的事业中获得了归属感。他认为，当一个人上升到组织等级链的顶部，他对于情谊的需求就趋于下降。

麦克利兰所提出的成就需要理论，对于管理者理解成就需要者的特征，以及提高下属的成就愿望是非常有用的。

把握需求决定命运

经济战场，竞争日趋激烈，那是没有硝烟的战争，血与火的较量却更加残酷。作为企业家，首先是一个战略家，同时也是一个战术家。谁能把握需求，谁就能主宰自己的命运，谁就能赢得未来。

要让产品增加新功能，满足消费者新需求，这样才能打开市场、创造市场。

——著名经济学家　厉以宁

顺需者昌　逆需者亡

这里所说的"需"，就是需求的意思。

是否有人还记得 20 世纪 90 年代初期的"大哥大"、BP 机？那在当时可谓成功人士的象征。转眼十几年过去了，你再看一下，还有谁在腰里别着 BP 机、手里拿着"半块砖"？

彩色电视机的问世，将黑白电视机送进了坟墓；液晶电视的出现，以其低能耗、高清晰度，将彩色电视机打下阵来。

世界上第一台体积庞大的计算机问世以来，经历不长的一段时间后，变成我们手中只有书本大小的 iPod，以其体积更小、质量更轻、成本更低廉、性能更丰富的优势赢得了消费者的青睐。

……

从那些曾经辉煌的记忆中，不难看到一个共同的规律：无论是产品的生存和发展，还是企业的诞生和存续，都应了"顺需者昌、逆需者亡"这么一个简单而又残酷的规律。

据美国《财富》杂志报道，美国中小企业平均寿命不到 7 年，大企业平均寿命不足 40 年。2012 年，据《中国中小企业人力资源管理白皮书》调查显示，中国中小企业的平均寿命仅 2.5 年，集团企业的平均寿命仅 7～8 年。美国每年倒闭的企业约 10 万家，而中国有 100 万家，是美国的 10 倍。

企业的兴衰，无不与产品是否契合需求、引领需求有关。作为以高新技术起家的企业，它的命运在市场经济的大潮中跌宕起伏，更是在应验需求的规律。换言之，高新技术企业的成长与衰败，其根本原因在于它的新技术和新产品是否符合人性需求，是否能给人们带来便利和享受。

Q 市场需求源于人性需求的"贪婪" ‹

高科技企业发展的生命力，就是其拥有的技术和产品。技术和产品能否满足或引导市场需求成了企业发展的决定性因素，而决定市场需求的却是人性的需求规律。

先简单地介绍一下人性需求。通常，人性需求体现在产品开发和使用上，有些学者将其分为五个层次。

第一层，生存和安全的需求。例如，粮食、医药、住房、空气、水等。现在，国家战略中的粮食安全、以民生为本的食品药品安全、生态文明建设，等等，无不体现了这一层次最基本的需求。

第二层，懒惰的需求，节省人的体力和精力。例如，傻瓜相机、视窗系统。将来大量的富人阶层也可能拥有私人飞机。

第三层，追求变化的需求。例如，不同品牌的同类产品共存，很多人愿意尝试新鲜品牌。

第四层，贪图享受的需求。例如，为了应对炎热天气，以前使用手摇的蒲扇，后来有了各种品牌的电扇，再后来干脆用上了空调。

第五层，虚荣的需求。例如，同一档次产品的第一、第二品牌的热销，对高档轿车的热捧，对高档名酒的追逐。

由于这些人性需求的固有性，企业在产品开发上就必须遵循这些规律，而不是违背规律。违背这些规律，产品的销路就会出现问题，最终将导致企业的衰败。凡是遵循了这些规律，找对了路子，出了符合需求的产品，再加上有效的管理手段和营销手段，企业就会快速发展壮大。

Q 不断变化着的需求成为不变的产品的 ‹ "终结者"

高科技行业是受人性需求规律影响最大的行业之一。在这类行业里，有些企业快速发展，成为耀眼的明星，而有些企业却如昙花一现。我国高科技企业的成长过程中，受人性需求规律的影响很大，下面就以"商务通"为例说明一下。

1998 年，我国的手机市场开始大规模发展，但手机的存储和输入功能还不够完善。而手机的广泛使用，需要人们记住越来越多的电话号码。于是，就产生了很多不便，也就产生了新的社会需求。这时，一个手持设备对诸如名片通讯录等个人信息进行处理就比普通电话号码本方便得多。正是由于人性第二层懒惰的需求，1998 年 10 月 18 日，恒基伟业在北京注册成立，并于当年 12 月 18 日宣布，其自主研发设计、生产的"商务通"全中文手写掌上电脑正式面市。当时，该公司不仅设计了适用的产品，而且采取了非常有效的市场推广策略。"呼机、手机、商务通一个都不能少"的广告一度家喻户晓。恒基伟业也一举奠定了国内 PDA 市场龙头老大的地位。

但是，人们的懒惰需求是无止境的，欲望是随之发展的。欲望有多大，需求就有多大。商务通的出现虽然代替了纸质笔记本，但它毕竟仍是一个附带的手持设备。在当时的技术条件下，"呼机、手机、商务通一个都不能少"是合理的，但由于人性懒惰的需求，它们终究会被历史淘汰。人们随身带的东西越多，行动起来就越不方便。这一懒惰的需求推动了技术的进一步发展，也影响了商务通的命运。在这个过程中，扮演关键角色的是功能越来越完善的手机。

嵌入商务通功能的手机满足了人们进一步懒惰的需求，也必然意味着商务通市场的萎缩。是人性懒惰的需求，催生了"商务通"；也是因为人性懒惰的需求，而最终抛弃了"商务通"。

始终站在市场需求的前沿，方能成为永久的"老大"

新技术的开发极易满足人们懒惰的需求，创造巨大的需求市场，催生快速成长的企业。同样，人们懒惰的需求又不断推动科技的发展，淘汰旧有的产品。这就是不少高科技企业快速成长却又快速死亡的主要原因之一。

高科技企业只有紧紧把握这一人性需求的规律，始终站在市场需求的前沿，不断以产品升级或推出新产品来增强竞争力，始终主动地满足甚至引导人性需求的发展，才能成为"老大"。

微软公司从诞生到发展壮大再到今天，就是一个非常好的榜样。它的产品从 DOS，到 Windows 3.0、Windows 95、Windows 98、Windows 2000、Windows XP，再到今天的 Windows 10，无不及时地满足了人们懒惰的需求和享受的需求，正因如此，微软抓住了这个规律，适应了这个规律，成就了一个世界首富——比尔·盖茨。

苹果公司在高科技企业中以创新引领需求而闻名。知名的产品有 Apple Ⅱ、Macintosh 电脑、Macbook 笔记本电脑、iPod 音乐播放器、iTunes 商店、iMac 一体机、iPhone 手机和 iPad 平板电脑，等等。2014 年 11 月 26 日，苹果公司周二盘中市值首次突破 7000 亿美元，成为标普中首家市值超过 7000 亿美元的公司。

而在成像行业，由于人性懒惰的需求，随着科技的发展，数码相机必然在更广的领域代替传统的相机。但是，创立于 1880 年，已经成长为世界最大的影像产品及相关服务生产和供应商的柯达公司，却没有根据人性的需求规律及时调整技术开发战略和产品推广战略，在数码时代的大潮中由于跟不上时代发展的步伐，而不得不面对申请破产保护的残酷结局。

国内外凡此种种案例都充分说明，在高技术产品的开发上，真正"以人为本"、反映人性需求的规律，对高科技企业的生存与发展尤其重要。

扩而大之，思量各行各业的企业的生存与发展，大都如此。

企业战略基于需求而高于需求

在全球经济一体化的大潮下，企业间的竞争变得越来越激烈。做企业犹如逆水行舟，不进则退。在当前激烈的市场竞争中，壮大实力是企业永占鳌头的制胜法宝。如何更快、更健康地发展，是所有企业都迫切需要解决的现实问题，引领发展的企业战略就显得尤为重要，成为各路精英团队首要思考的重大问题。成功与否，关系着企业的兴衰成败。

企业战略基于需求

企业战略主要包括确定企业发展目标，制定实现企业目标的各项政策、措施及方法。企业战略首当其冲的就是定位的问题。战略咨询公司剑桥集团创始人、首席执行官里克·卡什，曾著有《供需新规则》一书。在书中，卡什明确提出："持续长达两个世纪之久的供给型经济已经衰落，企业正迈向需求型经济时代。所有企业的成功，都来自对客户需求的深刻理解与精确把握。"

卡什的需求驱动性战略

有一个关于卡什的案例非常贴切地表达了需求驱动性战略这个主题。曾经，一家在狗粮领域做得非常成功的公司负责人找到卡什，请他帮忙寻找一个未被开拓的市场。但在那个年代，人们普遍认为，狗粮市场无非是基于狗的大小及品种两个标准来划分。参照这两个标准，要想开拓新市场确实存在很大的难度。那么，这个分法有错吗？在当时来说一定没有错。但是，卡什评论道："这样的分类模式根本无法让你对这个市场有独特的见解和独到的眼光。试想一下，每个公司都把目光放在这两个部分上，大家的起点是一模一样的。在这个环境中，是绝对不可能出现高利润的增长或者突破性创新的。"这就是说，这么做你不一定输，但绝不可能赢，更不可能有突破性的发展。

在卡什他们看来，市场已经进入过度供给时代，一旦商品缺乏辨识度，没有独特性，价格则成了影响消费者购买决策的首要因素，于是，企业的定价权就会彻底消失。对企业而言，局面将变得不堪设想。怎么办？卡什的建议是改"供给主导"为"需求驱动"。再回到狗粮的案例上，卡什试图把所有养狗者可能有的需求汇总起来，绘制出一幅某领域消费者需求全景图。他惊奇地发现，狗的大小及品种实际上并不是消费者购买狗粮的主要依据，真正促使他们作决定的，是他们与宠物相处的方式。例如，他们根据调查，将狗粮购买者分为五类：过分溺爱狗的"主人"、关心狗的看护者、注重生活品质者、有明确预算的家庭和最低要求者。这五类养狗人在对狗的态度上明显不同，亲近程度和感情投入也不同，因此，他们对于狗粮价格高低、购物渠道、产品功能等要求也相差很大。

发现它、研究它、挖掘它，然后满足它，这就是企业需求驱动性战略的全过程。然而，要弄懂"需求"并非易事。需求这个概念是多维度的，可被分为当前需求、潜在需求以及新的需求三类。另外，从时间角度讲，需求也可以分为短期需求、中期需求和长期需求。21世纪，在各行各业竞争最激烈的当头，只有以市场需求定位的企业战略，才能与消费者群体形成共鸣。

企业战略高于需求引导需求

实现企业战略，营销是关键。而企业营销的主要任务就是刺激消费者对企业产品的需求，帮助企业在实现其营销目标的过程中，影响需求水平、需求时间和需求构成，影响消费者的需求才是企业营销的本质。

下面以酒类市场为例进行探讨。近年来，酒类市场发展很快，营销环境也随之变得异常激烈，这源于酒水销售渠道的增多和酒水消费的替代性增强，刺激了消费需求的选择性。随着人民生活水平的提高和消费理念的变化以及消费品位的提升，以前"酒香不怕巷子深"的卖方市场时代已经终结，买方市场的时代已经到来。如何选择商品，由消费者自主决定，需求的选择性十分突出。

当前，在满足消费者基本需求的基础上，创造客户需求已经成为一种新的战略定位选择。面对消费者需求的多样化，企业需要基于市场需求并高于市场需求进行企业战略定位。

对于五粮液、茅台等高端白酒品牌，在人们有着不同的理解，有人认为它们是高端商务消费的宴宾酒，有人认为它们是普通百姓的公关酒。高端的定位使其融合了更多的消费需求，仿佛只有大品牌才能满足多层次消费需求。但是，对于更多的酒类品牌而言，随着市场需求的细分化，品牌战略定位也必须走向细分。细分市场才是营销的天地，细分市场才是将来利润增长的天地。

随着人们对健康重视程度的提高和保健意识的增强，"低度"和"多味"已经成为白酒新的增值点，消费者对白酒酒精度和口感的需求也发生了很大的变化。社会经济的发展促进了不同区域人群的融合，消费者对白酒的需求也随之变得多元。由此，企业关注消费者需求更为重要。

江苏双沟酒业准确判断消费者需求，创新推出的双沟珍宝坊酒，是这个公司倾力打造的战略性主导品牌。该系列酒从消费体验出发，全方位创新，首创中国白酒自由调兑的先河。一瓶珍宝坊酒可分为上下两个独立部分，顶部小瓶装有 68 度原浆酒，底部大瓶装有 41.8 度优质酒。上下两种酒体，既可以单独饮用，又可以自由调兑饮用，调兑后的酒会呈现多种口味，变得香更浓、味更足。这是对传统白酒饮法进行的一次创新革命，让消费者在品酒的同时，更享受了调酒的乐趣。而双沟珍宝坊也以此独一无二的卖点，吸引了众多经销商和消费者的关注，这也成就了双沟酒业。

在保健酒行业，椰岛鹿龟酒和劲酒的营销模式不同，这正是基于不同需求的战略定位。椰岛鹿龟酒立足礼品需求的战略定位，几乎完全按照保健品的思路运作，瞄准中老年人以及礼品市场，销售上主要走商超渠道，在市场推广上大打情感牌，其"父亲的补酒"的核心卖点，深得市场认可。这种纯粹的保健品运作方式，在市场基础比较好的华东市场独占鳌头。2012 年 9 月 26 日，由中国酒类流通协会、中华品牌战略研究院主办的"华樽杯"第四届中国酒类品牌价值评议成果发布会在国家会议中心揭晓，海南椰岛股份有限公司的品牌价值为 70.62 亿元，位居于中国保健酒行业第一位、海南省第一位。

劲酒走的是即饮消费的白酒模式。湖北劲酒按照白酒的操作思路和运作模式来经营，以餐饮市场为主要销售渠道，甚至在整体市场上风头盖过椰岛鹿龟酒，其在许多地区餐饮市场的地位非常巩固。劲酒在广告宣传中虽然对其保健作用做了提示，但一直没有脱离"酒"字。它是在不断地向喝酒者灌输保健意识，以在传统酒类市场占足份额，比如，其在中央电视台的 5 秒广告"劲酒虽好，可不要贪杯哟"，以及"常饮劲酒，精神抖擞"的酒店 POP，无不把目标对准这个市场。在酒类市场销售额下滑的 2014 年，劲酒公司销售额突破 75 亿元，上缴税金 20 亿元。

实行需求战略的时代已经来临，21 世纪，需求链与供应链的结合将会大放异彩。

企业靠什么留住精英人才

问："微软公司什么最贵？"

答："核心人才！"

微软公司的创始人比尔·盖茨在接受美国《商业周刊》采访时谈出了微软成功的奥秘。比尔·盖茨所说的核心人才实际上指的就是企业的精英人才。

 ## 什么样的人才方能称得上精英人才

精英人才是近年来企业在探索人才管理时出现的一个新鲜而又陌生、华丽而又棘手的概念，是市场经济时代国内外具有战略眼光的企业不得不面对的重要问题。所谓企业精英人才，就是指能够创造突破性的绩效，对所在企业发展具有重要影响作用，并在某些方面"不可代替"的员工。根据有关学者的研究，它主要包括两层含义：一是所创造绩效对企业发展具有重要作用；二是在某些方面具有"不可代替"性。综合分析，精英人才之所以可贵，不仅仅是因其对企业发展贡献最大，更因其本身所具备的"不可替代性"。

企业精英人才为何让老板留恋？因为，企业精英人才站在当时或今后行业的制高点，能够为企业独当一面，引领发展。精英人才有智慧，能够点石成金，为企业带来更加丰厚的利润、形成强大的竞争优势，使企业在日趋激烈的市场竞争中立于不败之地，甚至成为引领行业发展的标杆。可以说，精英人才已经成为企业强大的重要力量。

企业老板为何困惑

众所周知，21世纪是信息化时代，伴随着知识经济和经济全球化的不断发展，精英人才问题对于企业来说变得越来越重要。谁真正拥有精英人才，谁就会在这场看不见硝烟的经济战场上占据主动。如何留住精英人才，已经成为企业家们最头痛而又非常迫切需要解决的问题。为留住人才，他们绞尽脑汁，采取自以为非常可行的种种方法：一方面，以高额的工资待遇、股票、房子等作为交换筹码，全力挽留精英人才；另一方面，又制定了种种制约性措施，例如，要求精英人才与企业签订长期合同，并且给他们套上巨额违约金的枷锁，企图用一手硬、一手软的方式，拉拢和诱惑精英人才。这只是企业的短视行为，其结果往往事与愿违，"竹篮打水一场空"，精英人才最终还是离开了，他们带走企业的商业机密、核心技术、合作客户，甚至还会带走其他的核心力量。近些年来，有些企业的副总、中层骨干离开培养他们的国企，另立门户，与国企进行同业竞争，而国企却黯然衰败，甚至消亡。

精英人才为什么会选择离开

人往高处走，水往低处流。人才总是向更有作为的领域流动，在这样的领域里，他们会更有用武之地，这是业已被实践证明了的经验道理。精英人才的离去虽然有各种原因，但更多的是现实企业状况的原因。通常，精英人才经历了企业发展的某个或某些阶段，当企业发展与个人发展发生冲突，或是正在工作的企业失去了个人成长的空间，枯燥乏味的工作会使核心员工丧失工作激情，对于企业未来发展前景也失去信心，于是就会产生一种迷茫的感觉，奋斗的原动力也就在不知不觉间逐步消失了。此时，他们便认为这个企业再也没有什么可以让他们留恋的，于是，就义无反顾地用脚投票了。面对核心员工的离去，很多企业领导者从内心深处发出无可奈何的感叹："我本将心托明月，奈何明月照沟渠。"老板们没有真正认识到，核心人才的远走高飞，其真正原因在于企业当前不再能满足他们的需求。

企业到底怎样才能留住自己的精英人才

企业是否能有效地留住精英人才，将是一个企业能否持续发展和基业长青的重要因素，因为精英人才是一个企业最重要的战略资源，是企业价值的主要创造者。特别在经济全球化和跨国公司核心人才本土化的今天，我国企业正在面临越来越激烈的人才竞争。为得到核心人才，互相挖墙脚的事情越来越多，猎头公司的诞生和壮大就足以说明这一切。留住精英人才成为企业家的当务之急。其实，要从根本上解决这个问题，就需要沉下气来、定下心来，认认真真地研究一下人类心理学。而要想留住他们的心，必须了解他们的现实需求和长远需求，并在当前和今后有计划、有步骤地满足这些需求。

根据企业员工的不同层次，以及他们不同的需要，大致可以将其分为"蓝领""灰领""粉领""白领"和"金领"。"蓝领"和"灰领"是企业最底层的劳动者，他们最需要满足生理和安全需求，也需求社交、尊重、自我价值实现，但不是最迫切的。"粉领"和"白领"的主要需求是社交和尊重，他们已经有了生理和安全的基本保障，所以对于"粉领"和"白领"来说，更高层次的满足才能激发他们工作的积极性。位于企业高层的"金领"非常需要自我价值的实现，其他几个层次的需求他们已经满足了，他们希望成为同行业中的翘楚。

"白领"和"金领"应该属于不同企业里逐级上升的精英人才，留住他们必须有诚意，不能用挽留"蓝领"和"灰领"的方法。仅仅依靠加薪的办法来留住"白领"和"金领"，恐怕难以从根本上解决问题。对于"白领"和"金领"，应更多地给予尊重和自我价值实现的满足，更多偏重于精神上的满足，即给予他们充分的施展才智的空间，同时还要给他们一个为之奋斗的愿景。

留住核心员工是一个系统的工程，不仅需要较高的薪酬、福利，还需要用精神激励来巩固。精神激励主要表现为创建一种参与、平等、沟通的工作氛围，建立起企业内部融洽、友好的人际关系。让员工在身心舒适的环境中工作，将会事半功倍。

商场如战场，得士则胜，失士则败。要想打赢这场激烈的精英争夺战，永远立于不败之地，就需要企业家们时刻记住这句话：

待遇上留身，感情上留心，事业上留人。

众说纷纭的创造需求

任何一种引领未来的前卫观点，自从其诞生的那一刻起，就从来不缺少争议。创新性的理论特立独行，在众说纷纭中指导着实践的前行。

> 企业的成功，其产品是次要的，而关键在于能否创造出对产品的需求。我们的目标是以新产品领导消费大众，而不是问他们需要什么，要创造需求。
>
> ——日本索尼公司董事长 盛田昭夫

创需故事分享

驼鹿与防毒面具

有一个推销员，他以能够卖出任何东西而出名。他曾卖给牙医一支牙刷，卖给面包师一个面包，卖给瞎子一台电视机。但他的朋友对他说："只有卖给驼鹿一个防毒面具，你才算是一个优秀的推销员。"

于是，这位推销员不远万里来到北方，那是一片只有驼鹿居住的森林。"您好！"他对遇到的第一只驼鹿说，"您一定需要一个防毒面具。"

"这里的空气这样清新，我要它干什么？"驼鹿说。

"您稍候，"推销员说，"您很快就需要一个了。"说着，他开始在驼鹿居住的林地中央建造工厂。

"你真是发疯了！"他的朋友说。

"不，我只是想卖给驼鹿一个防毒面具。"推销员说。

当工厂建成后，许多有毒的废气从大烟囱中滚滚而出。此后不久，驼鹿就来到推销员处对他说："现在我需要一个防毒面具了。"

"这正是我想的。"推销员说着便卖给了驼鹿一个。

"真是个好东西呀！"推销员兴奋地说。

驼鹿说："别的驼鹿现在也需要防毒面具，你还有吗？"

"你真走运，我还有成千上万个。"推销员说。

"可是你的工厂里生产什么呢？"驼鹿好奇地问。

"防毒面具。"推销员兴奋而又简洁地回答。

这个故事告诉我们：需求有时候是制造出来的，解决矛盾的高手往往先制造矛盾。

🔍 莎碧娜航空 ⟨

20世纪70年代，特劳特与里斯的著作《广告攻心战略——品牌定位》传入中国。这部译著的名字传达了这样的信息：定位是要在消费者的心中留下印记。在这本书的一则案例中，重新定位创造需求的技巧可谓精妙：

莎碧娜航空公司的航线是由北美到比利时首都布鲁塞尔。虽然它做了很多广告来宣传其飞机安全舒适、餐品丰富味美等优点，但是乘客不饱和的状况一直存在。通过更换广告公司重新调研，他们发现了问题所在：虽然航空公司满足了消费者的运输需求、安全需求、舒适需求，但是它忽略了一个问题，当时比利时不是一个旅游胜地。航空公司有一个好的"开端"，却没有让顾客到达一个好的目的地。于是，他们绞尽脑汁，终于在《世界旅游指南》上发现比利时有5个三星级城市，而当时的国际旅游胜地阿姆斯特丹也是个三星级城市。这样一比较，莎碧娜航空公司毅然选择为比利时打广告，并且推出了一个极为震撼的广告语："比利时有5个阿姆斯特丹。"终于改善了经营局面。

这则典型的案例告诉我们：企业陷入困境时，可以通过改变定位和宣传方式来"创造"需求。

什么是创造需求

创造需求，就是指各类市场主体，采取形式多样的经营手段，包括技改、物流、营销等措施，以期激发人们的潜在需求，创造新的需求，最终让各类需求得到最大限度的满足。

个体心理下的创造需求

根据马斯洛需求层次理论，传统的适应市场、适应需求的理念，似乎更适用于较低的需求层次，即生理需求和安全需求，因为在较低层次上的需求往往是同质的、单一的简单需求。

而随着需求层次的提升，需求的内容将会朝个性化、多元化方向发展，于是，就要求一种更好的理念与之相匹配，即创造需求的理念，它可以引导并满足人们日益丰富的需求内容。

市场主体角度下的创造需求

经典经济学理论认为，需求是指在某一时期内和一定市场上，愿意并且能够按照某一价格购买某种商品或劳务的数量。与人类的欲望不同，需求要受到购买力的限制，它反映了人们关于有限的资源满足哪些欲望的决策。随着人们购买力的提升，消费需求的广度和深度都将发生变化，即原本仅具有货币支付能力的潜在需求，会随着购买力的提升和消费意愿的加强，逐步转变为现实的消费需求。

购买力的提升是社会经济发展到一定阶段的客观产物，而消费意愿的加强，却需要有一个催生的过程。这在传统的适应市场的理念下，会经过较长时间的催化，有时甚至会阻碍消费意愿的加强。但是，如果企业能够主动地创造需求，就会加速这一过程的发展。这对于企业而言是把握了潜在市场，对于消费者而言则是潜在需求的满足和生活质量的提高。

生产创造需求

萨伊是法国人，1803 年，他出版了《政治经济学概论》，书中提出了著名的萨伊定律。

概括来说，萨伊定律的内容就是：生产创造需求。

生产创造需求，不是指生产者的生产必然创造出其他消费者的需求，而是指生产者的生产将创造出他自己对于别人产品的需求。

这里的需求指的都是有效需求，也就是支付得起的需求。通常我们所说的需求下降，其实是在说支付能力下降。支付能力由什么决定？由生产能力、创收能力决定。你挣得越多，才能花得越多。想增加需求，唯一的办法是增加收入。增加收入是增加需求的前提和基础。这就是生产创造需求的真正意思。

理解这个道理，可以做出许多有益的推论。

比如，延迟退休年龄，是不是会增加失业率？表面上看，似乎是这样的。如果老人不退休，年轻人怎能有工作机会呢？但如果理解了萨伊定律，就会知道，延迟退休年龄，必定降低失业率。延迟退休年龄，意味着人们更多地工作，那就会得到更多收入，这些收入必然创造更大的需求。而这些需求一定会创造出新的就业机会，年轻人就业只会更容易一些。

再比如，你想让自己的东西好卖，就要期盼周围的人都有充足的购买力，而不是盼着他们一贫如洗。在一个赤贫区，也许你的自尊心可以得到极大满足，但很难得到收入；而在一个富裕地区，即使那些富人对你不屑一顾，没有给你足够的面子和尊重，也会使你获取大量的财富。

国家层面也是一样。世界上最大的市场是哪个国家？是美国。为什么不是人口更多的中国或者印度？为什么不是土地广袤、人均面积占有率较高的非洲？因为美国有当前世界上最强大的生产能力，有最强大的创收能力，国民的收入非常高，因此，才有最广阔的市场。

萨伊定律简洁和敏锐地揭示了市场经济最核心的本质所在：生产创造需求。

"创新"创造需求

瞄准市场的潜在需求，特别是群众多样化需求，发挥创新的原动力作用，在新技术、新产业、新业态上持续发力，以创新开辟市场需求新天地。

业态创新能带来需求的扩大。近年来，网购大行其道，这个基于互联网的零售新业态，不仅让流通环节显著减少，价格大幅下降，而且符合现代顾客购物追求的"两便性"，即便宜和便利，更能让消费者的个性化、碎片化需求得以满足，让产需精准对接。麦肯锡咨询公司发布的一份报告认为，互联网不只是自动化的工具，更是快速拓展市场的力量，如果采取恰当的措施支持其发展，互联网能更有效地分配资源，甚至提升整个国民经济的总需求。

科技创新对需求的创造颇为明显。前几年，人们还在使用诺基亚等功能机，其特点是简单耐用，也没人觉得有什么不好。苹果在智能机上取得突破，短时间内改变了消费者的观念，更多的人不再满足于把手机仅当作打电话、发短信的沟通工具，而是当作智能终端，娱乐、购物乃至就医咨询都在上面完成，手机市场迅速扩大，"果粉"彻夜排队买手机的现象屡见报端。

需求是最为宝贵的经济成长要素，企业的效益归根结底取决于市场需求，我国经济可持续发展的要害也在于能否有效扩大国内需求。创新是打开需求大门的一把"金钥匙"，也是企业做大做强、经济社会发展的强劲引擎。我国城乡居民的储蓄率长期高达50%左右，如果能在社会保障、收入分配等方面创新机制、完善体制，让城乡居民能消费、敢消费、愿消费，那么，拉动中国经济增长的消费"马车"势必跑得更快。

市场营销"创造需求"

市场营销学是一门研究企业经营活动行为的新兴学科，它随着社会生产力的发展，在不断地完善和发展。20 世纪 80 年代以来，随着社会日新月异的进步，更确切地说是随着市场经济的深入发展，市场营销"创造需求"这个新原理更赋予了生命力和时代气息，给企业注入了新活力。

市场营销学产生于资本主义发达的美国，在 20 世纪 70 年代末和 80 年代初的改革开放时期被引入我国。

市场营销"创造需求"原理既是企业的经营手段，又是企业经营的战略思想，它是企业从生产观念转向推销观念的一个飞跃。20 世纪 20 年代以前处于卖方市场，企业家们关心的主要是产品的产量，这就是企业家们的生产观念。后来，随着社会生产力的发展，产品越来越多，出现席卷整个资本主义世界的经济危机，产品过剩，逼迫企业家关注产品的推销，甚至集中精力进行产品销售，如果产品卖不出去，就会出现资金链断裂，甚至导致工厂、商店倒闭。所以，怎样大量推销已经生产出来的产品就成了当务之急。在这种历史背景下，产生了"创造需求"的新原理。在当时"创造需求"等同于推销，企业想方设法刺激、诱导消费者购买非必需品。这是"创造需求"的形成阶段。

资本主义经济危机，最终导致了第二次世界大战，战后，社会生产力进一步发展，人们生活方式多样化，人均收入和消费水平也有所提高，在这个经济条件和历史背景下，进一步丰富和发展了"创造需求"的内容。如，20 世纪 60 年代，美国市场学家菲利普·科特勒在论及市场营销管理任务时，提出市场营销管理不仅仅在于刺激需求，还在于调节需求的水平、时间和性质，使之与企业的目标相一致。他丰富了"创造需求"的内涵，主要是基于"三个认识"，即"创造需求"可以刺激市场营销，使消费者由无需求变为有需求；改变市场营销，使否定需求变为肯定需求；开发市场营销，使潜在需求变为现实需求。这是"创造需求"的导向阶段。

20世纪80年代至今，现代科学技术日新月异地发展，电子领域的几次革命，使社会生产力发生了深刻的变化，发达国家率先进入信息社会。在这个特殊的条件下，"创造需求"与科学技术紧密结合，使科技成果变成新产品，如电话、彩电的普及，电脑进入家庭，等等，这些推动了社会经济的发展。此外，世界各国还引进彩电等生产线，从而改变了企业的生产方式，改变了人们的生活方式。这是"创造需求"的现代阶段。

成功创造需求的六种模式

《需求》是曾出版过畅销书《发现利润区》的金牌商业畅销书作家、资深管理及咨询大师亚德里安·斯莱沃斯基的最新作品。在新书中，亚德里安·斯莱沃斯基瞄准企业最难以突破的需求困境，介绍了成功创造需求的六种模式。

一是"磁力"：情感需求，创造需求的基础。在需求与人性的微妙关系中，左右我们做出重大决策的，通常是不起眼的小事。情感诉求是为重中之重，当它与功能完备的产品相结合时，就形成了对客户的超强磁力。

二是"麻烦"："一键"需求，创造需求的契机。无论在哪个领域，对于尚待实现的潜在需求而言，麻烦都是最先出现的提示线索和最早的闪光信号。打开成功大门的钥匙，是以用户问题为中心的创新方案，而不能将目光锁定在设备性能本身。

三是"无形"：资源需求，创造需求不可忽视的力量。成就或摧毁一件产品的力量，通常隐藏在看不见的地方。在使用设备的过程中，每一个附加的步骤，每一个多余的限制，每一个额外的部件，都会降低这款产品的磁力。

四是"撬动"：临界需求，创造需求的加速器。推进力是商业设计中至关重要的环节，它可以让冷淡的骑墙派变得热情，并最终自觉自愿地成为磁力产品的客户。

五是"超越"：改进需求，创造需求的持续动力。从"我无所谓"转变到"我真的想要"，需求创造从来不是一次成型的事，也不可能因成功的产品发布就告终。

六是"个性"：差异需求，创造需求的终极力量。满足核心客户的需求至关重要。设计一款用来吸引"原型"客户的产品，只是在浪费时间与金钱。

Part 2

谁是真正的英雄

市场经济潮起潮落，市场机制的大浪，淘尽了泥沙，也洗练出了真心英雄。谁是真正的弄潮儿，只有历史和事实去见证。

深谙市场机制的智者成就伟业

比尔·盖茨、乔布斯、马云、雷军、史玉柱，这些名字大家再熟悉不过了。在人们的心目中，他们是智者，他们是神话，因为，他们在不同的领域做出了令人羡慕而又不可企及的辉煌事业。然而，他们也是与大家一样有血有肉的人，是什么成就了他们光辉的伟业？

> 企业家他不光是满足没有满足的需求，更重要的是看到消费者自己都不明白的需求，这才是最伟大的企业家。
>
> ——著名经济学家　张维迎

比尔·盖茨为何能成为世界首富

人们发现一个特别有趣的现象：在美国商学院教材中，使用频率最高的案例就是世界首富比尔·盖茨。在对大学生偶像关注度排名调查中，人们也发现同样的结果：比尔·盖茨排在首位。

曾经有一项有趣的调查：比尔·盖茨果真那么伟大吗？商学院教授给出的答案是：比尔·盖茨的案例最特殊，最不具备模仿性和可操作性，比尔·盖茨只是一个特殊网络科技初始阶段造就出来的高科技英雄，甚至极具投机性和偶然性，比尔·盖茨成为案例王是个"误会"，更多意义在于满足青年从众的心理需求。

一个人，因为公众对其有争议，才显示出他的价值之所在；因为有了争议，才显示出他的伟大之所在。比尔·盖茨的成功和他的人生经历一样，是富有争议的。人在非议中成长，事业在争议中壮大。伴随着非议，鲜花更艳；伴随着非议，掌声更响，这恰恰也充分显示了比尔·盖茨成为世界首富的魅力之所在。

比尔·盖茨，1955年10月28日生，是美国著名企业家、软件工程师、发明家、环保人士、慈善家以及微软公司的董事长。曾任微软首席执行官和首席软件设计师，持有微软公司超过8%的普通股，是公司最大的个人股东。

1975年，当时只有20岁的比尔·盖茨从哈佛大学辍学，和童年伙伴保罗·艾伦创建了微软公司，成为全球最大的电脑软件提供商，31岁的时候就成为世界首富。1995—2007年的《福布斯》全球亿万富翁排行榜中，比尔·盖茨蝉联世界首富。

2009 年，比尔·盖茨超越沃伦·巴菲特成为世界首富，是在 2008 年之后夺回世界首富宝座。这里需要说明的是，2008 年由于世界经济下滑，微软也受影响，由于此原因，比尔·盖茨当年无缘世界首富。

至 2014 年，比尔·盖茨以 720 亿美元的净资产，蝉联美国首富 20 年。根据这个数字，我们测算出，当时微软公司的净资产接近 1 万亿美元，折合人民币 6 万亿元，联想到 2008 年我国的经济刺激计划，也不过 4 万亿元，一个跨国公司，有这么大的业绩，足以震惊世界，可是不得了。

2014 年 2 月，以 4100 亿元人民币成为 2014 年胡润全球富豪榜首富。

这就是令美国人仰慕、令地球人羡慕的奇才，世界首富——比尔·盖茨。

自由人性的家庭教育满足了 比尔·盖茨成长的良好环境需求

尊重孩子的天赋与选择，孩子需要自由来响应生命的种种需求。小盖茨出生在一个典型的美国中产阶层家庭。"小时候，父亲总是早早地收拾文件夹，出去做法律咨询。"比尔·盖茨回忆说。他童年的大部分时间是与书和母亲相伴度过的，他很早就通读了《世界图书百科全书》，还经常就国际关系、经济学和诸如"生命的本质是什么"这样的问题为难父母。而父亲能够做到的，就是不停地购书、去图书馆借书，以满足儿子不断增大的阅读需求。老盖茨认为，在比尔·盖茨的学前教育中，培养阅读兴趣是十分重要的。

要努力培养孩子的好奇心，并给予同样的自由，那么充满好奇心的孩子便会自然地响应生命的需求。

叛逆时期的冲突显示了对自由的需求。儿子的行为与母亲格格不入，他们总是为琐事争吵。老盖茨说："我和玛丽都在老式家庭中成长，父母说什么我们都得服从。这种模式不适合儿子。"处在叛逆期的小盖茨不想让唠叨的母亲插手自己的生活。"他从十一二岁开始，感情方面就很独立了。他做什么、不做什么，都希望自己做主。这使我们很难受，尤其是玛丽。"

从这个小故事中，我们不难看出，小盖茨与父母的冲突，体现了爱与自由的艰难磨合，更能从另一个侧面说明他在成长中具有特别的自由处事的需求。

家族的支持是保障事业成功的需求

"我们很揪心，"老盖茨说，"我们和其他父母一样，仅仅是想让孩子得到一个大学学位。"老盖茨夫妇早已为比尔·盖茨设计好了未来——进入哈佛大学法学院，以后成为一名优秀的律师。1973 年，比尔·盖茨在 SAT（学术能力评估考试，当时的满分为 1600 分）中取得 1590 分的成绩而被哈佛大学法学院录取，老盖茨的梦想几乎实现了一半。

然而，1975 年，比尔·盖茨却向父母宣布，决定从哈佛辍学以抓住千载难逢的机会，因为等到他从哈佛毕业时，早已"错失改变世界的良机"。儿子跑到新墨西哥州的阿尔伯克基创办微软公司，老盖茨夫妇俩心里有一百个不乐意，很是心痛，但在嘴上却表现出了对其出乎意料的支持，因为大学生休学一段时间去社会实践在美国是很普遍的现象，儿子也承诺，"随后"会回到哈佛完成学业。没想到，他所承诺的"随后"这一天直到 32 年以后才来到。2007 年，哈佛大学法学院授予了比尔·盖茨荣誉法学博士学位。

在微软早期的发展中，盖茨家族的帮助对其起到了至关重要的作用。盖茨创立微软后迎来的第一个机会就是与 IBM 合作，其中离不开母亲玛丽的作用。玛丽当时是美国联合慈善总会第一名女性领导人。在联合慈善总会董事会，她结识了时任 IBM 公司总裁的约翰·欧宝。通过玛丽的介绍，欧宝知道了微软的存在，推荐许多计算机制造商采用微软的 MS－DOS 作为产品的操作系统，微软随之身价大增。

老盖茨则利用他指导中小企业的经验给微软提供帮助，他的律师所给微软提供法律支持。老盖茨夫妇还通过朋友，把沃伦·巴菲特介绍给儿子。

1986 年，微软公司在成立 11 年后，成功上市，仅用一年时间其股价就翻了 6 倍，这可是个了不起的成绩，盖茨一跃成为亿万富翁。

老盖茨曾经说："这么多年来，作为一个父亲、律师、社会运动者、公民，我学到最重要的一课就是：我们是命运共同体，而我们需要彼此。"

比尔·盖茨的成功，得益于家庭的支持，更对家庭支持有着深刻的认识，他告诫别人时说的一番话，让人感觉意味深长。他曾说："在你出生之前，你的父母并不像现在这样乏味。他们变成今天这个样子是因为这些年来一直在为你付账单、给你洗衣服。所以，在对父母喋喋不休之前，还是先去打扫一下你自己的屋子吧！"

有远大的理想是人生成功的预热需求

比尔·盖茨7岁时最喜欢反复看《世界图书百科全书》。他经常几个小时连续阅读这本几乎有他体重1/3的大书，从头到尾一字一句地看，一遍又一遍不厌其烦地看。渐渐地，比尔·盖茨看的书越来越多，想的问题也越来越多，并且越来越深。他想，随着时间的推移，人类历史将会越来越长，那么以后的百科全书不是会越来越大、越来越重吗？能不能造出一个小小的魔盒，把一大本百科全书都收进去呢？

他坚持写日记，常如大人般深思熟虑。他在日记里这样写道："人生是赴一场盛大的约会，对于一个人来说，一生中最重要的事情莫过于信守由人类积累起来的智慧所提出的至高无上的诺言。那么诺言是什么呢？就是要干一番惊天动地的大事。换句话说，就是我们心中是否有远大理想这盏明灯。"

他在另一篇日记里又写道："也许，人的生命是一场正在焚烧的火灾，一个人所能做的，就是竭尽全力从这场火灾中抢救点什么东西出来。"在理想的指引下，为实现心中的目标需求而付诸实践。只有时刻努力了，那颗欲求的心才会平静。

比尔·盖茨的名言也透露出一颗跳动的心的欲望是那么大。他曾经在告诫别人时说："刚从学校走出来时，你不可能一个月挣4万美元，更不会成为哪家公司的副总裁，还拥有一部汽车，直到你将这些都挣到手的那一天。"

过早地意识到将来社会的需求

在大学三年级时，比尔·盖茨离开哈佛，并把全部精力投入他与孩童时代的好友保罗·艾伦在 1975 年创建的微软公司中。在"计算机将成为每个家庭、每个办公室中最重要的工具"这种信念的引导下，他们开始为计算机开发软件。比尔·盖茨的远见卓识以及他对个人计算机的先见之明，成为微软公司和软件产业成功的关键。在比尔·盖茨的领导下，微软持续地发展改进软件技术，使软件更加易用，更省钱和更富于乐趣。微软公司致力于长期的发展，仅每年的研究开发经费就超过 50 亿美元。这说明，比尔·盖茨在很早的时候，就已经预见将来大众的软件需求了。

在 20 世纪 70 年代早期，比尔·盖茨写了一封著名的《致爱好者的公开信》，震惊了信息界。比尔·盖茨在公开信中说："有谁会在没有任何报酬的情况下做这些专业的工作？什么样的爱好者可以为他的产品投入三年的开发时间，并且发现所有的错误、编写文件以及免费发布这个产品？"他通过独特的方式，赢得了大众的信任，满足了大众的情感需求。

20 世纪 80 年代中期，比尔·盖茨对光盘作为数据储存媒介的前景感到乐观，因此积极推广 CD – ROM。

假想需求引领业务开展

所有的动力都来自他个人的信仰：想象未来每个人的桌面上都有一台电脑。微软公司在比尔·盖茨的意志下，始终朝这个方向全力前进，从操作系统到办公室应用软件，以及其他。

有人曾经说过这样一种现象：每一个时代的人都具有一种眼光，能够看出下个时代的人所共同从事的事情，称为"时代之眼"。比尔·盖茨远在 20 世纪 70 年代大型主机电脑当道时就敢做这种梦，是因为相信自己看到了别人还没有看到的事情。

历史上曾经出现过很多这种具有"时代之眼"的个人或群体。他们在同时代人的各种质疑声中奋力前进，击溃同时代的巨人，影响下个时代的生活。比尔·盖茨的伟大之处在于他具有"时代之眼"，换言之：每个人的桌上都有一台电脑，乃历史上不可避免之发展，只是通过比尔·盖茨完成。

美国《财富》杂志和《福布斯》杂志曾经访问比尔·盖茨，询问他成为世界首富的秘诀，比尔·盖茨回答说，他之所以成为世界首富，除了知识，除了人脉，除了微软公司很会行销之外，还有一个关键前提是大部分人没有发现的，就是眼光好。比尔·盖茨所说的"眼光好"，具有三层含义。

第一层含义是要掌握最大的趋势。微软公司的英文名字叫作 Microsoft，是由 Micro 和 Soft 两个词组成的。Micro 代表 Microcomputer，是微电脑的意思；Soft 代表 Software，是软件的意思；组合起来，是给微电脑使用的软件。我们常说，信息时代掌握信息资讯非常重要，事实上，比尔·盖茨却认为这个不太重要，掌握未来的趋势才是最重要的。所以很多人在掌握信息，而比尔·盖茨这种最会赚钱的企业家却在掌握趋势，而且要掌握全世界最大的趋势。比尔·盖茨了解控制电脑硬件的是软件，软件应该是一个更大的趋势，软件是真的经济增长点和财富源泉，因为软件里面承载着人类智慧不断创新的结晶，所以比尔·盖茨会成为世界首富。

第二层含义是市场容量要足够大。全世界有数目庞大的人群使用电脑，90%的人在使用微软公司的 Windows 软件，而且人群还在不断扩张，所以比尔·盖茨能成为世界首富。量大就是致富的关键。这句话真正的意思就是：没有赚到钱的原因只有一个，就是销量还不够大。销量为什么不大？原因就是市场的需求度还不够。有一位讲师曾经讲过这样一个案例：假设今天从事汽车交易，你希望卖桑塔纳，还是希望卖劳斯莱斯？卖桑塔纳可能使你开上劳斯莱斯，卖劳斯莱斯可能使你回去开桑塔纳。这是个事实，劳斯莱斯公司就被大众汽车公司给兼并了。之所以这样，是因为劳斯莱斯汽车的市场需求度实在太小了。一个金字塔那么大，你只切到金字塔尖的一点点，这是很难赚钱的。所以我们想赚大钱，就要尽量向规模或数量较大的市场进军。

第三层含义是从事竞争对手少的行业，竞争对手越少越好。世界上最早最出色的软件公司叫什么名字？答案是微软。通常，最早做的都很容易成为第一品牌。假如眼光真的好，要第一个从事某个行业，要第一个创立公司，要选择竞争对手少的行业来做。我们的老祖宗孙膑很早的时候在其所著的《孙子兵法》中谈到，兵法最高的战略也即是企业最高的境界，就是不战而胜。

比尔·盖茨的经典语录无时无刻不透露着需求的意味

摘几个比尔·盖茨的经典语录，可见一斑。

"这是进入商界的最佳时机，未来10年将要进行的改变将超过过去50年的总和。"

"当我是个孩童时，我做了许多梦，如今很多梦都已成为现实。"

"展望下一个世纪，真正的领袖必将是那些给人以希望的人。"

"如果我只想赢，我早就跑到另外一个舞台上了。如果我以前为自己设定了终线，难道你不认为我几年前就已冲线了吗？"

"强烈的欲望也是非常重要的。人需要有强大的动力才能在好的职业中获得成功。你必须在心中有非分之想，你必须尽力抓住那个机会。"

"我们的目标不是成为设备中心，而是成为用户中心。"

乔布斯何以能让苹果大放异彩

在当下，一个成功而又具有时代代表性的营销案例非"苹果"莫属，iPhone、iPad 就像明星一样被狂热追逐，像宗教一样被顶礼膜拜，像恋人一样被朝思暮想，成为营销界的一个传奇。这不得不从营销之神乔布斯和他的苹果公司说起。

苹果公司（Apple Inc.）是美国的一家高科技公司，由史蒂夫·乔布斯、斯蒂夫·沃兹尼亚克和罗·韦恩三人于 1976 年 4 月 1 日创立，并命名为美国苹果电脑公司（Apple Computer Inc.），2007 年 1 月 9 日更名为苹果公司，总部位于加利福尼亚州的库比蒂诺。乔布斯曾经两度担任苹果公司董事长。

苹果公司于 1980 年 12 月 12 日公开招股上市，2012 年创下 6235 亿美元的市值纪录，截至 2014 年 6 月，苹果公司已经连续三年成为全球市值最大公司。苹果公司在 2014 年世界五百强排行榜中位列第十五名。2013 年 9 月 30 日，在宏盟集团的"全球最佳品牌"调查报告中，苹果公司超过了可口可乐成为世界最优价值品牌。2014 年，苹果品牌超越谷歌（Google），成为世界最具价值品牌。

2015 年 1 月 28 日，国际知名的调研公司 Canalys 表示，苹果公司 2014 年第四季度首次成为中国智能手机市场上最大的生产商。2015 年 2 月 24 日，美股收盘苹果股价涨 3.51 美元，涨幅为 2.71%，报收于 133 美元，创下了历史新高。

苹果创造的奇迹震惊业界。这是营销界的传奇，这是营销界的神话。没有乔布斯，就没有现在的苹果。乔布斯何以能让苹果大放异彩，何以让"苹果迷"痴心地保持消费的冲动心理和狂热行为？

在这个品牌制胜的时代，要在众多优秀的品牌中脱颖而出，仅靠功能特性已经远远不够，要赋予品牌更多人性化的因素，才能产生更大的吸引力。乔布斯靠的不只是技术导向，他的成功更是基于对人性的了解，把握人的欲望和对需求的细节，从而把人性营销做到了极致。

朦胧造势营销

有心理学家曾经说过："好奇并追求刺激、新鲜和未知的事物是人类的天性，具有一定的普遍性。"在苹果公司将产品推出市场初期，经常可以看到消费者排队购买苹果手机的新闻报道，可谓"一机难求"。"好奇害死猫"说的就是这种人的天性，而企业如果能够利用好人们这种围观和看热闹的心态，就能让你用较低的成本进行高效率的宣传，从而广泛推广。

正如奥地利作家、管理大师、被誉为"现代管理之父"的彼得·德鲁克所说："市场营销的目标是使推销成为多余。"这是最高的营销境界，而苹果公司真正做到了。在苹果迷盼望苹果手机面世的一年多时间里，网上讨论不断，甚至有人对外宣称已经搞到了苹果手机的最新设计方案。但直到新产品发布当日，人们才最终看到 iPhone 的真实面目，几乎所有人都猜到了它的名字叫作"iPhone"，但几乎没有人猜中它的独特造型，更为它的各种性能而惊叹不已。正如爱情真正令人愉悦的是追求的过程，而非婚后的生活。在讨论恋爱和结婚这个主题时，古希腊哲学家苏格拉底曾经说过："对任何一个女人来说，跟谁结婚都是一生的错误。"这个观点从另一个侧面说明了患得患失的心境和探求未知结果的神秘感，是产品推广和品牌宣传中最有价值的营销工具。

在充斥着商业宣传的世界里，造声势的目的就是确保营销的产品能够成为人们谈论的话题，更重要的是，确保这种谈论本身是有效的。苹果公司将其产品宣传成标志时代意义的物品，将其先进的技术创新吹嘘得天花乱坠，让顾客痴迷并渴望得到，但最终消费者会发现买回来的只是一部手机或者更确切地说是一部带"智能"的手机而已。然而，苹果公司却笑着成功了。

可控淘汰制营销

"可控淘汰制"是工业设计的原则之一，指通过人为的方式，有意识地让产品在短时间内过时、失效，最终淘汰，以此激起消费者的拥有欲望，从而促使消费者不断淘汰旧产品，购买新产品。早在20世纪90年代，美国通用汽车公司总裁斯隆和设计师亨利，便将此机制发挥得淋漓尽致，让通用汽车走向全世界，占有了相当大的国际市场份额。

而当今的苹果公司，毫无疑问地将"可控淘汰制"这种运作策略，通过实践推向了一个新的巅峰。苹果公司的做法是：对其产品两年一小改，三年一大改，大大加速了产品更新换代的步伐。为了追逐科技时尚潮流，很多消费者不得不购买时下苹果公司最"高端"的新产品，而被迫淘汰手上运行正常却已"过时"的旧产品。这通常会让消费者陷入两难的选择困境：一方面是高新科技的诱惑，另一方面是对原有资源的大量浪费。此机制可谓让消费者又爱又恨，欲罢不能，大大提升了苹果产品的市场销售额。

饥饿式营销

"饥饿式营销"，顾名思义，是提升消费者对新产品的饥饿感和渴求度，从而造成供不应求的效果，保证商品的高售价和高利润。这种做法有点类似近几年某些房地产企业的"捂房惜售"。具体操作方式，如有意下调产量、保持神秘感等。苹果公司的产品之所以如此深受消费者的欢迎，很大程度上是由于其对市场供应的控制，也就是使市场处于相对"饥饿"的状态，这有利于保持其产品价格的稳定性和对产品升级的控制权。iPhone 的销售显然是这种策略的典型代表。

iPhone 自上市以来，不管市场对它的呼声有多高，苹果公司都不会为其所动，始终坚持限量供应。不少人或许是因为商品紧俏，而想买一部试试。有人甚至花大价钱购买自己并不了解的东西，并满足于得到的喜悦，有时甚至弄不清楚自己想要的究竟是什么。而苹果公司惯用的饥饿营销则正好利用了人们这种赶潮流、追时尚的心理。它高高吊起人们的胃口，却不急于满足，让更多的手机发烧友等得"心痒痒"。

不满足引来更多关注，限量版比大路货更让人追逐。在众多人的心中，因为不容易拥有，更想得到，便会更显得珍贵。这种占有欲或许源于人们爱慕虚荣的心理需求。

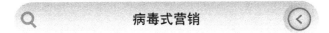

病毒式营销

"病毒式营销"，就是通过用户的口碑宣传网络，使信息像病毒一样传播和扩散，利用快速复制的方式传向数以千计、数以万计的受众，从而达到难以比拟的辐射宣传效果。"病毒式营销"很容易呈几何速度传播和扩散。也就是说，通过提供有价值的产品或服务，"让大家告诉大家"，口口相传，起到"营销杠杆"的作用。在互联网上，这种"口碑传播"更为方便，因其赋予一定的感情色彩，也更加令人信服，极具诱惑力。由于这种传播是用户之间自发进行的，因此几乎是不需要费用的网络营销手段。苹果公司很好地利用了其忠实"粉丝"对其新产品资料的强烈需求，将其作为新产品营销活动的带动者，iMac 和 iPod 已经为苹果攒了足够的"粉丝"，从而带动潜在消费者的关注热情。iPhone 推出时是这样，iPad 的出现同样如此。苹果公司通过这种方式打造了如此高的品牌忠诚度，是竞争对手难以望其项背的。

体验式营销

乔布斯总是会考虑这样的问题，即产品的用户体验如何。苹果公司每推出一款新产品，其推介会都会精心准备，选择充满神秘色彩的剧场进行，通过幕剧的形式对产品进行宣传，极易激起人们强烈的好奇心。

让用户充分体验的第一步是演示。神经学家研究发现：人的大脑很容易感到厌倦。乔布斯往往不会让你有失去兴趣的时间。他会把握好每一分钟。他通常的做法是：只花10分钟展示一个新产品或一项新功能，而且让其妙趣横生。乔布斯在Macworld大会上推出iPhone的时候，展示了谷歌地图是如何在iPhone上使用的。乔布斯通过iPhone即时查到了当地的星巴克店，然后说："让我们打一个电话试试。"于是他拨通了电话，当着全场观众的面，对电话另一端说："我要订4000杯拿铁咖啡。不，只是开个玩笑。"只是一个玩笑，却让在场的所有人都有了想买一部体验一下的冲动。

同时，乔布斯拥有非常强大的煽动力，他有着传奇的故事、跌宕的人生，以及让人爱恨交织的营销狠招。这正是乔布斯与众不同的魅力优势之所在。想想乔布斯1983年是如何说服百事可乐总裁约翰·斯卡利加盟苹果的："你想卖一辈子糖水，还是改变世界？"

文化牵引式营销

众所周知，苹果电脑已经在消费者心目中有了一个鲜明的印记，那就是：优越的性能、独特的外形和完美的设计，苹果电脑意味着特立独行，意味着"酷"的工业设计，意味着时尚，意味着潮流。

乔布斯的特别之处在于，力图让每一个创新产品、每一个创新细节都符合消费者心目中的苹果文化印记，几乎每款产品都能够让消费者欣喜若狂：这就是我的苹果！乔布斯做到了让苹果在创新产品和创造文化上占据首位而拥有一个新的营销起点。

营销实践证明，通常，顾客的心理是不希望被奉承迎合，有时候极力地讨好反而使他们无所适从，倒不如吊足胃口来激发他们的兴趣。现代营销主张："只要客户需要，要多少有多少。"而人性营销则故意控制供应量，不让顾客很容易得到满足："你想要吗？没货，下次再来碰碰运气吧！"

"认同我价值的人，就是我的消费者，请跟着我走。"苹果的营销已经用精神和价值观来号召和统领消费者了，用文化价值牵着消费者的鼻子前行，超越了纯粹的产品属于物的那个层面，这不正是品牌营销追求的至高境界吗？

人性营销的极致

乔布斯的人生哲学是"做正确的事"，这个"正确"，不是技术，不是设计，不是美学，而是"人性"。从一些案例不难看出，乔布斯眼中的"正确的事"，都很反传统、非主流。比如，iPhone 有红外感应功能，打电话时自动关闭屏幕。当使用者将 iPhone 贴着脸部打电话时，iPhone 会自动关闭屏幕省电。这并不是多么高明的技术，但那些标榜"以人为本"的公司却没有发现。诺基亚也有鲜明的品牌个性，那就是性价比高，结实耐用，但是，这种品性只能归为物性，是没有生命力、没有活力的。苹果与其说是卖产品，不如说是卖"人性"，以产品招揽消费者，将志同道合者聚集在一起，拥有认同感。

有一次，在读书时发现了这么一个故事，很好地诠释了人性的重要性：从前，有个国王让两个工匠比赛雕刻老鼠，工匠甲雕刻得栩栩如生，工匠乙雕刻的老鼠不是很像。当国王准备宣布工匠甲获胜时，工匠乙却提出异议，建议让猫来鉴别谁雕刻的老鼠最好，结果出人意料，猫喜欢上了工匠乙的作品。国王问其故，答曰："鱼骨刻之。"这则小故事告诉我们：其实人生亦是如此，那些成功的人并不一定是技术最好的人，而往往是最了解"猫"的需求的人。因为只有靠逻辑做事才能更符合事物本身的规律，只有适应规律，按照规律办事，才能取得成功，收获圆满。作为经济主体的企业，为了实现利益最大化，必须及时、不断地满足客户的需求。只有贴近猫的心态，用猫的视角去观察什么样的老鼠才是它的最爱，用投其所好的行为方式去营销"老鼠"，才能让客户在第一时间喜欢上"老鼠"。这正是人性营销的精髓，而乔布斯则把人性营销运用到了极致。

"千呼万唤始出来，犹抱琵琶半遮面"。这就是乔布斯让众多"果粉"欲罢不能的人性营销。

雷军何以让"小米"红天下

小米公司成立于 2010 年 4 月，其前身为"小米工作室"，驻北京银谷大厦，是一家专注于高端智能手机自主研发的移动互联网公司。

小米手机、MIUI、米聊是小米公司的三大核心业务。"为发烧而生"是小米的产品理念。小米公司首创用互联网模式开发手机操作系统、60 万发烧友参与开发改进的模式。

2013 年 8 月 23 日，小米公司完成新一轮融资，估值达 100 亿美元，意味着小米已成为中国第四大互联网公司，仅次于阿里巴巴、腾讯、百度。

2014 年 11 月 20 日，小米公司成为获国家工信部第四批虚拟运营商牌照的 8 家民营企业之一，全年实现营业额 743 亿元，公司市值达 450 亿美元。

谈到小米，不得不提其创始人——雷军。

雷军，1969 年出生于湖北省沔阳县（今仙桃市），小米科技创始人、董事长兼首席执行官，金山软件公司董事长，中国大陆著名天使投资人并曾任两届北京市海淀区政协委员。2012 年 12 月，荣获"中国经济年度人物新锐奖"。2012 年，当选北京市人大代表。2013 年 2 月，当选全国人大代表。2013 年 10 月，全国工商联 60 华诞之际，《中国工商》杂志、《华商韬略》编辑委员会、中华工商联合出版社联合发起《民营力量璀璨中国梦想——100 位对民族产业贡献卓著的民营功勋企业家》荣誉报道活动，彰显民营经济及民营企业家的民族成就与国家贡献，雷军获"对民族产业贡献卓著的民营功勋企业家"荣誉称号。2013 年 12 月 12 日，再次获评"中国经济年度人物"及"十大财智领袖人物"。2014 年 2 月，雷军首次以280 亿元财富进入"胡润全球富豪榜"，跃居大中华区第五十七名，全球排名第三百三十九位。2014 年 12 月 4 日，《福布斯》杂志网站宣布，小米科技创始人雷军当选《福布斯》亚洲版 2014 年度商业人物。

在当前众多大牌云集的手机王国里，小米是一匹名副其实的黑马，彻底改变了国人对于国产智能手机的认知！小米成就了雷军，而雷军何以能让小米红遍天下？

仔细分析起来，不难发现，小米手机的快速成长案例，给企业发展壮大带来一定的启示：要时刻把用户这个上帝的需求放在首位。

取个美妙昵称，取悦和满足期望的技术需求

雷军这样介绍小米名字的由来："米"的拼写是 mi，首先，表示 Mobile Internet，小米要做移动互联网公司；其次，表示 mission impossible，小米要完成不能完成的任务；再次，他们希望用"小米加步枪"的方式征服世界；最后，他们希望"小米"这个亲切可爱的名字成为大家的朋友。另外，小米全新的 LOGO 倒过来是一个心字，少一个点，意味着让用户省一点心。由此看出，小米的品牌命名中，包含了行业特征、目标和期望，更是要取悦和满足客户的需求。

专业团队精心制作，满足用户根本的使用需求

对小米略有耳闻的朋友大都知道，小米手机的研发团队由七人组成，他们是雷军、林斌、黎万强、周光平、刘德、黄江吉、洪锋。他们中的每一个人都是有着优秀工作经历的高端人才，其技术团队也是非常优秀的。其实，国产手机一直是国人的软肋，国产手机一度被讽刺为山寨货，国人多希望国产手机里能出现一个质量过硬、拿得出手的品牌啊！"众里寻他

千百度，蓦然回首，那人却在灯火阑珊处。"小米手机在这样的环境下应运而生。不可否认，"米粉"也是打着"支持国产"的旗号！其实，小米公司比谁都清楚，"国产"只不过是锦上添花的一种营销策略罢了，消费者对手机的根本需求是功能好、价格低、品牌响亮等。如果没有过硬的技术支持，国人是根本不会买账的。

🔍 小米的六大优点，以满足用户的根本需求 ‹

优点一：高端的做工和舒适的手感。在小米手机发布之前，就有消息称其是由国际某知名大厂代工的，机身专门为国人的手型而设计，能够最大限度地实现把握舒适感。

优点二：性能出色的双核处理器。双核处理器一直是小米手机最大的亮点，高通 MSM8260 处理器的性能让消费者感到满意，无论是系统的流畅性还是支持的高清功能，都达到了顶级双核手机的标准。

优点三：4 英寸大屏幕。小米手机的屏幕显示效果非常优秀，具有非常细腻而且绚丽的显示效果，在室外也可以清楚地看到屏幕的内容，这是小米手机最大的优点。

优点四：完美的通话体验。通话功能是小米手机的优化之处，正如雷军在发布会上说的那样，小米手机更加注重了手机的基本功能，很少出现无信号的情况（除非在信号无法覆盖的地方）。

优点五：MIUI 界面适合国人使用。其中很多细节都更加符合中国人的使用习惯。

优点六：无锁系统。无锁系统看似一个很小的改动，却显示了企业对消费者的用心。很多国际知名品牌都没有解锁系统，这让一些用户不得不转投其他品牌；它有解锁的系统，用户在显示界面上不必受制于手机制造商，可以根据自身喜爱和需要，随意更换原生界面或者第三方界面。

巧用网络，激发"米粉"需求

"低调"的雷军在小米手机的网络营销方面体现了个人影响力。以前，雷军每天发微博的数量控制在两三条，但在小米手机正式发布前后，他不仅利用自己的微博高密度地宣传小米手机，还频繁参与新浪微访谈、腾讯微论坛、极客公园等活动，这就增加了媒体对小米相关资讯的曝光力度。媒体抓住读者的关注点，把相关资讯刊登在报刊、网站上，不但满足了老"米粉"的需求，也吸引了一批新的"米粉"。

精确定位，抓住核心用户的核心需求

小米手机定位的目标客户是"发烧"人群，一般在15—40岁，能很快地适应新鲜事物、接受新鲜事物，并理解互联网商业模式，积极参与其中。小米团队和雷军一直强调，用户就是驱动力，小米"为发烧而生"，小米手机就是发烧友手机。有了明确的定位和客户群后，小米团队要做的就是抓住这些客户的核心需求，并吸引更多的潜在客户，最终的结果就是扩大了客户群体的规模。

让"米粉"参与产品开发，满足用户的创作需求

雷军很会激发用户的创作欲望，并创造条件使其得到满足。他在小米论坛中发帖子说："对于是否做电信版，我一直比较纠结。很多行家告诉我，CDMA 的用户都是购买合约机的，很少单独买手机，CDMA 手机零售量不大，而且研发生产成本高，建议我暂时不要考虑。但用户呼声非常大，我对 CDMA 市场实在不了解，考虑很久后，我决定把这个问题交给'米粉'来解决。于是，我发起了一项调查：你是否支持小米做 CDMA 手机？调查结果表明，非常多的'米粉'支持我们做 CDMA 小米手机。这个

支持对我们很重要，我们下定了决心，研发团队立刻开始推进。"

来自群众的声音才是最真实的，而如今，小米手机电信版已经研发完成，并成功上市。这就是让用户参与企业产品开发的实际例子，既满足了大多数用户的需求，又让参与的用户觉得电信版小米手机像是自己的孩子，他们在获得心理满足感的同时，一定会卖力地为其做宣传、做推广。

消息发布半遮半露，吊足需求胃口

"小米手机工程机的秒杀告一段落，没有资格参与活动的'米粉'们可是憋足了劲等待着9月5日的预订啦！"此前有消息传出，小米手机正式版的预订限量1万台，没有资格的限制。过了两天，又有传闻说某年9月5日需要500积分的"米粉"才有资格预订。宁可信其有不可信其无。小米论坛里刷米的人都闹翻了天。错过了工程机，如果再预订不到正式版，估计会有太多"米粉"要抓狂、发疯。

小米手机的这个营销策略也非常酷似苹果公司的公关营销手法。苹果新产品上市之前的造势也是煞费苦心，消息总是遮一半露一半，让媒体跟着跑，让"果粉"跟着追，然后在万众瞩目下发布新产品，而且在新产品发布之后，总是会出现货源不足的情况，让人买不到，打心里难受。

"饥饿营销"，锁住消费者的期待

小米手机的售卖模式与别家不同。它采用网络渠道销售的模式，消费者只能在小米官方商店买到小米手机，并且需要预定；而物流的权利也仅给了凡客诚品，由凡客诚品支持小米手机的仓储与配送。

2011年9月5日，小米手机正式开放网络预订，在短短两天内预订数量就超过了30万部，这样的火爆程度令人叹为观止。但之后发生的事情却出乎了消费者的预料，就在小米手机供不应求之际，小米网站却宣布停止预订并关闭了购买通道，让消费者无处可买。

2011 年 10 月 11 日公布的零售版公告内容显示："小米手机将于 10 月 20 日面向预订用户开始发售，20 日之后的第一周每天 1000 台，第二周每天 2000 台，第三周每天 3000 台，后续发货计划稍后公布。30 万台预订用户发货完毕后，将面向所有用户进行发售。"消费者在等待中度日如年。

小米手机难求，消费者望"米"兴叹。从小米的一系列动作来看，不难发现其"饥饿营销"手段的影子。

何谓"饥饿营销"？这要从一个古代的故事说起。

传说，古代有一位君王，不但吃尽了人间一切山珍海味，而且从来不知道什么叫作饿。因此，他变得越来越没有胃口，每天都很郁闷。

有一天，御厨提议说，有一种天下至为美味的食物，它的名字叫"饿"，但无法轻易得到，非付出艰辛的努力不可。君王当即决定与他的御厨微服出宫，寻此美味。君臣二人跋山涉水找了一整天，于月黑风高之夜、饥寒交迫之时，来到一处荒郊野岭。此刻，御厨不失时机地把事先藏在树洞之中的一个馒头呈上："功夫不负有心人，终于找到了，这就是叫作'饿'的那种食物。"

已饿得死去活来的君王大喜过望，二话没说，当即狼吞虎咽地把这个又硬又冷的粗面馒头吃下去，并且将其封为天下第一美味。

俗话说，"饥不择食"。对于一个饥饿至极的人来说，一个又硬又冷的粗面馒头也会被视为天下第一美味。"饥饿营销"书面一点的说法是：商品提供者有意调低产量，以期达到调控供求关系、制造供不应求"假象"、维持商品较高售价和较高利润率，以达到维护品牌形象、提高产品附加值的目的。

这一常识，被西方经济学者归纳为"效用理论"。"效用"是指消费者从所购得的商品和服务中获得满足感。效用不同于物品的使用价值。使用价值是物品所固有的属性，由其物理或化学性质决定。而效用则是消费者的满足感，是一个心理概念，具有主观性。这种做法在营销学界被冠以"饥饿营销"之名。

事实上，"饥饿营销"能否成功，与市场竞争度、消费者成熟度和产品的替代性三大因素有关。也就是说，在市场竞争不充分、消费者心态不够成熟、产品综合竞争力和不可替代性较强的情况下，"饥饿营销"才能较好地发挥作用。所以说，饥饿营销比较适合一些不容易产生单个商品重复购买的行业。同时，产品或服务有一定的差异性或领先优势，业已形成一定范围的品牌黏性。

雷军是个聪明人，发现并创造了需求，发展壮大了小米，小米同时也成就了雷军。

小米公司在需求营销的道路上，将会越走越宽广。

马云——中国经济界炙手可热的人物

马云，浙江杭州人，1988 年毕业于杭州师范学院外语系，获文学学士学位，曾在杭州电子工业学院执教英语。

2008 年获日本第十届企业家大奖。

2009 年获评"中国经济十年商业领袖十人"之一。

2012 年获评 CCTV 中国经济年度人物。

他是中国电商老大。

他被称作"中国的互联网之父"。

他创建了世界上最大的互联网应用公司之一。

他已经成为中国最聪明的高科技公司的企业家之一。

2014 年，阿里巴巴海外上市，马云一举成为亚洲新首富。

是什么成就了马云，让他成为中国经济界乃至世界经济界炙手可热的人物？

初次创业海博翻译社，说明马云长着善于发现需求的眼睛

1988 年，24 岁的马云从杭州师范学院毕业，被分配到杭州电子工业学院担任英语讲师。他在西湖边发起了一个"英语角"，在翻译界慢慢地有了一些名气。当时改革开放已经走过了 10 个年头，全国经济飞速发展，而在杭州乃至全国，既懂英语又懂贸易的人才非常稀缺。在杭州做外贸生意的民营企业逐渐增多，对英文翻译服务的需求也越来越大。于是，很多老板请他做英语翻译。

在兼职做英文翻译的时候，马云发现身边很多同事和退休教师都赋闲在家。于是，创办一个翻译机构，把他们全动员起来的念头油然而生。1992年，还在大学教书的马云和同事一起成立了海博翻译社。这是杭州第一家专业的英语翻译机构，海博取英文"hope"的谐音，寓意"希望"。翻译社成立后，运营状况没有想象中那么好，第一个月的营业额不足千元。入不敷出的状况令翻译社的员工们动摇了，但马云坚信翻译社可以做下去，一定会很有作为。为了翻译社的运营，马云采取以副补主的方式。当时他是这样做的：将翻译社30平方米的有限空间一分为二，一半经营鲜花礼品，用其收入补贴翻译业务。但是随之，马云的同事们建议他只开礼品店，不要做赔本的翻译业务了。马云却力排众议，逐个说服同事，打消了他们的顾虑，最终将翻译社保留了下来。

他陈述了自己的看法："当初成立翻译社的目的是什么，是为了满足市场需求，并解决老师们的问题。"如今，海博翻译社已如当年马云所愿，成为杭州最大的翻译社。多年以后，关于这段创业经历，马云轻描淡写地说道："我当时认为一定会有需求，应该能成功。"

现任海博翻译社社长张红在回顾马云当年的创业经历时，感慨地说："当大家都还没想到这个行业的时候，当大家都还没看到这个商机的时候，马云首先想到了，他的想法是具有前瞻性的。那时，我们杭州没有翻译社，我们是第一家独立存在的这样一个公司，大家都不看好，而且一开始也不赚钱，但马云坚持下来了，没有放弃。所以，我很佩服马云，他说的话会让你振奋，没有希望的东西在他看来也充满生机，他能带给身边的人生活的激情。"

偶然机会认识互联网，发现巨大商机，说明马云是一个善于洞察需求的人

最初的创业无法成就今天的马云。成立翻译社是马云第一次创业的项目，他那时会做并且唯一能够做到的，其实就是英语翻译，那是他的专

长，用他自己的话说，就是很多人要翻译一些东西，他们找到他，他在这个需求中看到了创业的可能性。但是，马云选择的翻译社是个无法大规模扩张的项目。如果马云在这个项目上一直往下走，即使再努力，他的企业也只会是个有价值，也许有特色，但长不大的企业。因为一个公司要长大、要规模化，必须进行裂变。企业裂变的途径大体有四条：一是流程的标准化和优化，二是运用品牌的力量，三是技术的手段，四是资本的介入。如果是翻译社，可以把口碑做好，在品牌上发发力，但难以运用技术手段。由于翻译业务与生俱来的差异性致使流程无法标准化，其规模也就无法无限度地扩大，而资本的特性就是嫌贫爱富，只能"锦上添花"，不能"雪中送炭"。于是，资本对这种无法大规模运作的项目根本不会感兴趣。所以这个翻译社，就会像中国千千万万个公司一样，停滞在一定的规模而进入一种自转的状态。无法实现规模的扩大，就不会有量的扩张，更不会产生质变，财富也不会剧增。

1995 年，马云去美国帮助一家中国公司追账时，在极其偶然的情况下，知道了世界上有个叫作"互联网"的新生事物，他就急切地向朋友了解互联网到底是什么玩意儿。在美国朋友的帮助下，马云在雅虎的搜索引擎中输入了"啤酒"和"中国"两个词语，但是并没有出现任何结果，他突发灵感：为中国公司创建网站。马云的翻译公司的主页就这样被建立起来了，取名为"海博网路"。

马云从美国回来后，做的第一件事，就是去学院办理了辞职手续，在当时来说，那得需要多大的勇气？他借了 2000 美元，创办了"中国黄页"（China Pages），这是中国第一批互联网公司之一。其后在不到 3 年的时间里，马云团队利用这个网站赚到了 500 万元，在当时，这可是个了不起的大数目。马云又一次成功了。

在朋友们的帮助下，马云开始为中国公司建立主页。他回忆说："在连上网的那天，我邀请了朋友以及电视台的人来我的房间观看，那是速度很慢的拨号上网连接方式，我们足足等了三个半小时才打开一半的网页。为了等网页出来，我们喝酒、看电视、打牌。但是，我仍然相当自豪。我向他们证明了互联网的存在。"

随后，马云的事业一发而不可收。1997年，马云和他的团队在北京开发了外经贸部官方网站、网上中国商品交易市场、网上中国技术出口交易会、中国招商、网上广交会等一系列国家级站点。

1999年3月，马云开设了通过电子商务连接全球中小企业的Alibaba.com，开拓电子商务应用，尤其是B2B业务，目前已成为亚洲最大的在线交易平台；同年9月，马云在香港成功进行法人注册，出任首席执行官。他是《福布斯》杂志创办50多年后成为封面人物的首位中国大陆企业家，曾获选为未来全球领袖。除此之外，马云还担任中国雅虎董事局主席、杭州师范大学阿里巴巴商学院院长、华谊兄弟传媒集团董事、艺术品中国商业顾问等职务。

2003年，马云独立创办的第三方电子支付平台——支付宝，在中国市场占有率位居第一。

2005年，与全球最大门户网站雅虎合作，兼并其在华所有资产，阿里巴巴也因此成为中国最大的互联网公司。

马云率领他的阿里巴巴运营团队会聚了来自全球220个国家和地区的1000多万注册网商，每天提供超过810万条商业信息，阿里巴巴成为全球国际贸易领域最大、最活跃的网上市场和商人社区。

2012年11月，阿里巴巴在网上的交易额突破一万亿大关。

2013年5月10日，马云卸任阿里巴巴集团CEO一职。

2013年5月28日，马云和阿里巴巴、银泰集团、富春集团以及申通、圆通、中通、韵达、顺丰等快递公司共同宣布，正式启动"中国智能骨干网"项目，合资公司名为"菜鸟网络"，由他担任董事长。计划首期投资1000亿元，第二期继续投入2000亿元。在未来5—8年内打造一张遍布全国的超大规模物流基础设施网络，调动现有机场、港口、公路的运输潜力，让全国任何一个地区都能做到二十四小时内送货必达。

2014年9月19日，阿里巴巴在纽约证券交易所上市，并在第一个交易日大涨30%以上，市值超过2300亿美元，马云也以218亿美元身价成为中国新一代首富。

2014年12月11日，彭博亿万富翁指数显示，马云身家超过亚洲原首富李嘉诚 3 亿美元，成为新的亚洲首富。

2015 年 4 月，马云成为新一届中国首善，捐赠额达 124 亿元。

成功打造全国最大的电商帝国，说明 马云具有整合需求、创新需求的能力

目前，阿里巴巴集团公司旗下已经有 12 家子公司，分别是阿里巴巴、淘宝、支付宝、阿里软件、阿里妈妈、口碑、阿里云、中国雅虎、一淘网、天猫、中国万网、聚划算。阿里巴巴集团涉足电子商务、金融、物流、大数据、云计算和数字娱乐，按照市值计算，在纽约证券交易所上市的阿里巴巴集团是全世界最大的互联网公司之一。这是一家体量庞大的公司。马云的全国最大乃至亚洲最大的电商平台"阿里巴巴帝国"诞生了。成功打造全国最大的电商帝国，说明马云具有整合需求、创新需求的能力。

互联网作为一种新型渠道和超级终端，与传统渠道和终端相比，具有天然的优势，它能够实现供需之间的无缝对接和深度融合。马云依靠的是市场机会、创意和市场力量，是市场资源的整合者。

第一，创办淘宝网，解决中小企业的压力需求。马云创办的个人零售网站——淘宝网，成功走出了一条中国本土化的独具特色的道路，从 2005 年第一季度开始成为亚洲最大的个人零售网站。

作为新生事物的淘宝网出奇制胜——没和 eBay 易趣争抢既有的存量市场，而是收割疯狂生长的增量市场；仅仅经过 1 年时间，这家"倒过来看世界"的互联网公司，就成了中国网络购物市场的领军企业。观察者将之定义为"本土智慧与美国思维交锋，极其耐人寻味"。事实并非如此简单。几乎没有人意识到，位于浙江的淘宝网和位于上海的 eBay 易趣或是位于北京的 8848 等电子商务企业之间，至少有一点脉络完全不同——淘宝网选择的业务拓展中心是江浙一带，这里中小微企业密集，产品的成本压力和销售压力巨大，而电子商务这种新生事物恰到好处地满足了它们的迫切需求，给背负"双重压力"而焦头烂额的中小企业主们带来了新的希望。

2005 年，淘宝网超越 eBay 易趣，并且开始把竞争对手们远远抛在身后。2006 年，淘宝网成为亚洲最大购物网站；同年，中国网民突破 1 亿。2007 年，淘宝网不再是一家简单的购物网站，而是亚洲最大的网络零售商圈，这一年，淘宝网全年成交额突破 400 亿元，这 400 亿元不是 C2C 创造的，也不是 B2C 创造的，而是由很多种零售业态组合在一起创造出来的。

2008 年，在一个商务研讨会上，有专家如此说："如果要定义淘宝网的成功道路，那么只可能是这么一句话：它终于将一个商业工具转变为一个生活工具。"只要你肯动手，随时都可以在淘宝网上开一家小店，依靠低成本的运营，就足以过上体面的生活……

第二，网货的核心就是反暴利，满足消费者的超值需求。马云在广州首届"网商交易会"上曾经说过："网货关键是把暴利还给了消费者！网货的概念来自它的网络渠道。而网络渠道的优越性让网货把暴利还给消费者，还给制造业。网货的本质就是货真价实，这是我们的革命，消费生产模式的革命，它是财富的重新划分，网货的核心就是反对暴利。"

马云举了两个活生生的事例，让人看后，就觉察出网货还给消费者的利益到底有多大。"前些年我让一个很要好的商人将生意搬到网上做，他没听。现在他向我抱怨生意都被淘宝网上的孩子抢走了。去年（2008 年），淘宝成为中国最大的综合卖场，年交易额达到 999.6 亿元，约占全国社会消费品零售总额的 1%。这相当于 2008 年每一个中国人在淘宝上平均消费 80 元。最近，淘宝上每一天至少送出 400 万个包裹。"马云说："淘宝为什么会这么火，就是因为它把暴利还给了消费者。"

"有个朋友从香港购买了玩游戏的筹码，1.3 万元一套，也有 1.5 万元一套和 9000 元一套的。我在淘宝上查了一下，是 350 元。所有的人就想，一定是假的，不可能是真的。我发现生产筹码的工厂是在浙江金华，将筹码出口到美国，香港从美国进口，中国大陆的人再从香港购买，价格自然就高了。现在的情况是金华的工厂直接在淘宝上卖，也就是卖 350 元。"

第三，"小而美"战略满足个性化的需求。以"网商之势、电商之道"为主题的第九届全球网商大会于 2012 年 9 月 8—9 日在杭州召开，阿里巴巴集团主席和首席执行官马云在大会上发表闭幕演说称："'小而美'是未来电子商务的方向，今年的评选让人们看到了草根的创造力。网商已经从十年前的一个概念成为今天的一个职业，入围年度十佳的网商都是未来的企业家。"由此，"小而美"作为一个电商新概念被正式提出。

"小而美"从本质上说，是从关注价格、规模、体量，转向关注消费者个性化需求、商品品质及多样性，就是能让那些有特色、令人流连忘返的店铺从海量的网店中凸显出来，从而展示出淘宝网汇聚自由、自主营业的万千网店和琳琅满目的商品与服务品类、满足人的全方位需求、与其他电商平台差异化竞争的独特魅力。

马云告诫：21 世纪，创业者要学会倾听客户的需求。中小企业，尤其是做批发生意的企业，必须通过互联网迅速了解消费者，了解中央客户群体的消费需求。"以前工厂生产东西寻找客户，而现在是客户需要什么东西，工厂按照需求生产。永远用自己独特的眼光去看市场。"

第四，"双十一"的天量成交，证明了创新需求的力量。2014 年 11 月 11 日，天猫"双十一"交易额 571 亿元，"史上最疯狂"的单日进账震惊世界。

曾有评论说，中国的商家充满智慧，总能让任何一个与消费有关或者无关的节日最后都变成拉动内需的购物节。已经搞不清这个无厘头的节日到底是怎么跟购物狂欢扯上关系的，但让这个日子彻底变成大促销和大抢购的代名词不能不说是马云的成功。然而，马云却不认为这是一场电商大战，而是一场新营销模式挑战传统营销模式的大战。

在谈到"双十一"创出巨量交易额时，马云显得很谦虚："'双十一'不是我创造的，是我同事创造出来的，这些年轻人训练有素，经过设计并准备充分，还是能够创造奇迹的。"

他们对"双十一"的理解是：把"双十一"变成整个中国消费者和厂家的感恩节，真正把它变成一个消费者日。消费者和厂家之间不应该是对立矛盾的，"双十一"应该变成厂家感恩消费者一年的支持，拿出最好的商品，拿出最便宜的价格去感恩消费者，寄希望于变成全民消费的节日。

第五，帮助美国将产品销售到中国，满足美国企业和中国消费者的双向需求。2015 年 6 月 9 日，美国《华尔街日报》刊登了一封阿里巴巴董事局主席马云的公开信——中国将成为美国中小企业的下一个希望。阿里巴巴要帮助美国创业者将产品向不断增长的中国消费阶层销售，这会为美国创造就业机会，同时增加美国对中国的出口。

"中国网上消费者的跨境购物自从 2010 年以来增长了 10 倍，从不到 20 亿美元增长到 2014 年的 200 亿美元。这个市场不仅仅包括奢侈品、服装和配件。"在介绍完这组数据之后，马云总结说："中国消费者在网上想买到各种各样的高品质产品，包括生鲜、母婴用品和化妆品，而且他们希望从美国和欧洲获得。"

马云还特别指出中国中产阶层对海外网购的巨大需求："今天的中国和十年前的中国完全不同，第一波全球化浪潮创造了中国工薪阶层，其后的增长创造了一个欣欣向荣的中产阶层。中国中产阶层的购物者们上网消费，不仅仅是为了买到中国产品，更是希望买到全球产品。"

马云称："阿里巴巴创于中国，为世界而生。现在正是我们进一步努力的大好时机，把西方的中小企业和东方最大、增长最快的市场连接起来。"

智慧马云，前面要走的路还很长，但愿这不是神话，而是传奇。

知识链接：

B2B：B2B 是电子商务的一种模式，是英文 Business-to-Business 的缩写，即商业对商业，或者说是企业间的电子商务，即企业与企业之间通过互联网进行产品、服务及信息的交换。B2B 中的两个 B 均代表 Business，"2"则是英语"two"的谐音，代表"to"。因此，一般我们对 B2B 仍然按照英文的读音来念。但现在有很多人已经习惯把"B2B"按照中文读音来念了，并且在谈论电子商务时也不会引起误解，因此，无论怎么念，通常都可以理解。

B2C："B"是 Business，商业组织，如公司、商场等。"2"是 to，对的意思。"C"是 customer，客户、消费者。B2C 特指一种电子商务的模式，即"商家对个人"，典型的如爱东西网、卓越网。B2C 在中国的发展只算刚刚起步，因为至关重要的信用问题受到一定的限制，而相对于个人，消费者对商业组织就很信任，所以 B2C 就相当于一个大型的超市、商城。

C2C：C2C 实际是电子商务的专业用语，是个人与个人之间的电子商务。C2C 即消费者间，因为英文中"2"的发音同"to"，所以 C to C 简写为 C2C。C 指的是消费者，因为消费者的英文单词是 Customer，所以简写为 C，而 C2C 即 Customer to Customer。

史玉柱为何总能东山再起

大家是否还记得中国奇人史玉柱？

要谈史玉柱，就得从巨人大厦开始。

1994年，巨人集团在珠海获得了9万平方米土地。在政绩工程的诉求下，1994年年初，巨人大厦开工典礼，描绘了"争做中国第一高楼"的美好蓝图。史玉柱当年成了中国十大改革风云人物之一。

最终结果是：初始设计18层、最后加码到78层的巨人大厦，成了巨人集团不堪承受之重。1997年年初，巨人大厦因资金链断裂未能按期完工，只建至地面三层的巨人大厦被迫停工。

随后，巨人集团的财务危机爆发，史玉柱背负2.5亿元的债务，从公众视野里消失了。随着巨人集团的倒下，巨人大厦也因此成为中国最著名的烂尾楼之一。

4年后，史玉柱传奇般复出，很快还清了巨人大厦的所有债务，这本身也是一个传奇。2008年《福布斯》全球互联网富豪排行榜中，史玉柱以28亿美元的身价列第七位。

在中国改革开放30多年的浪潮中，史玉柱无疑是最具传奇色彩的人物之一。

史玉柱的传奇人生

史玉柱，1962年生，安徽怀远人。1984年毕业于浙江大学数学系，被分配至安徽省统计局。1989年1月，毕业于深圳大学研究生院，软科学硕士，随即下海创业，在深圳以巨人汉卡起步。1993 年，史玉柱因珠海"重奖"科技人员而闻名全国，成为改革开放知识分子创业的"典型"。1994年，意气风发的巨人集团开始凭借脑黄金"狂飙突进"，同时，史玉柱作出了建造 78 层巨人大厦的决策。1997 年，因巨人大厦，史玉柱成为"最著名的失败者"。1998 年，脱胎换骨的史玉柱携脑白金卷土重来。2004年，重返 IT 行业，以一款《征途》点燃了网游产业发展的第二把火，史玉柱也借巨人网络在纽交所成功上市的"东风"，跻身中国 IT 业富豪之列。2013 年，卖脑白金，投资银行，进军网络游戏，成就了超过 500 亿元的财富。

"不死鸟""著名的赌徒""史大胆""史大仙""偏执狂"等，史玉柱集众多称谓于一身。从巨人汉卡到巨人大厦，从脑白金到黄金搭档，再转战网游，史玉柱从未被媒体冷落过，始终是备受争议的焦点，不过这些都未能阻挡史氏财富帝国建立的步伐。

被称为"垃圾广告"的脑白金、让青少年沉迷的网络游戏，这些充满争议性的话题，总是围绕在这位中国富豪的身边。一本英文杂志曾评论说，史玉柱最大的本事是"销售一些本不值钱的玩意儿，同时挣得盆钵满盈"。

有那么多骂名，又伴有那么多争议，史玉柱为何还能东山再起？

🔍 史玉柱何以成功 ‹

答案很明确，那就是，史玉柱和他的团队善于洞察人性的弱点并激发他们的巨大需求，成就巨人伟业。概括起来，史玉柱主要在七大需求上下了功夫。

第一，孝顺需求。

人性：孝顺父母、长辈。

原理：送礼需求扎根中国文化。

具体案例：脑白金定位为礼品，这里有他一个真实的故事。

1998 年，山穷水尽的史玉柱找到朋友借了 50 万元钱，开始运作脑白金。手中只有区区 50 万元，容不得史玉柱像以往那样高举高打，大鸣大放，最终，他选定江阴作为东山再起的根据地。

江阴是江苏省的一个县级市，地处苏南，购买力强，离上海、南京都很近。在江阴启动脑白金，投入的广告成本不会超过 10 万元，而 10 万元钱在上海还不够做一个报纸版面的广告费用。

启动江阴市场之前，史玉柱首先做了一次既全面又详细的"江阴调查"。他走村串巷，挨家挨户寻访。在江阴这个地方，有一个奇特的现象：白天年轻人都出去工作，留在家里的都是老年人，在村落的街道上，半天也见不到一个人。史玉柱一去，这些老人特别高兴，史玉柱就搬个板凳坐在院子里跟他们聊天。

在聊天中，这些老人告诉史玉柱："你说的这种产品我想吃，但我舍不得买。我等着我儿子买呢！"

史玉柱敏感地意识到其中大有名堂，他因势利导，推出了家喻户晓的广告："今年过节不收礼，收礼只收脑白金。"

广告俗得出奇，效果却好得出奇。2000 年，公司创造了 13 亿元的销售奇迹，成为保健品的状元，并在全国拥有 200 多个销售点，规模超过了鼎盛时期的巨人。这一年，他悄悄还清了所欠的全部债务。

这则广告无疑成为中国广告史上的一个传奇，尽管无数次被人诟病为功利和俗气，但已被播放了 10 多年，累计带来 100 多亿元的销售额，这两点中的任何一个都足以让它难觅敌手。

脑白金的一炮走红并没有让史玉柱满足，他立刻开始琢磨手中的另外几个产品，降血脂的、抗感冒的、补血的、治疗胃病的，还有维生素。最终，史玉柱决定力推维生素和矿物质的混合类产品——"黄金搭档"。

2001 年，黄金搭档上市，史玉柱为它准备的广告词几乎和脑白金一样俗气："黄金搭档送长辈，腰好腿好精神好；黄金搭档送女士，细腻红润有光泽；黄金搭档送孩子，个子长高学习好。"

在史玉柱纯熟的广告策略和成熟的运作套路推动下，黄金搭档很快走红全国市场。

这两个产品，成了保健品市场上的常青树，畅销多年仍能保持销售额的持续大幅增长。2007 年上半年，脑白金的销售额比 2006 年同期增长了160%，这又是一个巨大的成功。

第二，眼球经济——视觉需求。

人性：眼见为实。

原理：人是视觉动物。

具体案例：脑白金正式投放市场之前，史玉柱让策划部门拿着设计的脑白金盒子到销售终端，到药店去，与其他的药品、保健品摆放在一起，就放一个空盒子，然后在门口调查消费者第一眼看到的是哪个产品。开始的时候，被调查者首先看到的不是脑白金，于是他们就对包装盒进行了几番修改，之后再调查，发现大多数消费者进店后很快就能发现脑白金，这个包装盒才算定下来。对于消费者来说，往往最先映入眼帘的产品就是他要购买的同类产品。这就是先入为主的效应。后来仔细调研发现，三盒放在一起最能吸引消费者的注意。

第三，记忆咒语——强化记忆需求。

人性：记住一个陌生的品牌需要时间。

原理：重复就是真理。

具体案例：广告，它其实是一个投资。它是对消费者大脑做的一项投资。

如果广告语经常变化，一两年就变个广告语，那么前面的记忆积累就全部丢掉了，前面的投资就等于全浪费了。脑白金广告打到大概第五年的时候，在消费者脑海里，一提起"送礼"，就开始和"脑白金"不自觉地画等号了。

以上三个需求，主要是史玉柱东山再起时推销脑白金和黄金搭档的营销切入点。

以下四个需求，更多的是史玉柱和他的营销团队在推广网络游戏时激发需求的切入点，在这四个需求中，荣耀需求是首位的。

第四，荣耀需求。

人性：获得他人认可。

原理：马斯洛自我实现需求。

具体案例：玩家之所以来玩游戏，其内心深处第一个需求是获得其他人的尊重，获得荣耀。

在这里，史玉柱要说的就是玩家在游戏中上电视，从它推出到现在，效果一直非常不错。当上电视单为荣耀服务的时候，其作用还是很大的。

上电视是很简单的事情，但玩家还是很在乎的。这是他们游戏团队的一个小发明，它在满足玩家需求的方面远远超过其他很多功能。由此说明，荣耀对玩家来说是非常重要的。

第五，情绪需求。

人性：喜怒哀乐。

原理：网络游戏随机性。

具体案例：随机性会深刻影响玩家的情绪，好事会让他们更快乐地玩游戏，坏事会让他们想在游戏里得到补偿。

为什么游戏好玩呢？因为它除了随机还需要玩家付出努力。人类所从事的所有活动，都具有一定的随机性。俄罗斯方块就是这样，因为你始终不知道下一个出来的会是什么形状，这也是随机。赌场也是，如果没有随机，就不会有人那么热衷了。因为有了随机性，才有神秘感，才有好奇心。因此，只要是游戏，就有随机性。

第六，友情需求。

人性：为游戏中的好友花钱。

原理：网络游戏需要互动。

具体案例：在游戏里打拼世界的人、闯天下的人，他可能没有钱，他可能是个学生，但他很会玩，他和有钱的人玩得很投缘，就让有钱的人为他花钱。一般人都是有良心的，你为我花钱了，你需要帮忙时，我肯定会两肋插刀，于是有钱的人就更愿意为其他人花钱。

第七，男女情感需求。

人性：男方为女方埋单。

原理：游戏玩家需要荣耀。

具体案例：情人节当天，在游戏里卖玫瑰花。1朵玫瑰花卖1个虚拟币，制造成本为零。卖玫瑰花，规则是让男士去买，献给女士。起初，有的人买 99 朵，献给一个女孩子。只要他一献花，游戏中马上发出公告："××献给××99 朵玫瑰。"于是大家就拼起来了，有的人买 999 朵，有的人买 9999 朵，看谁更爱自己游戏里的另外一半。那天，卖玫瑰花就赚了大概 5000 万元。

另一个案例：对于吸引眼球，史玉柱有很多手段。某年 3 月，史玉柱宣布将《巨人》打造成为一款美女玩家最多的网络游戏："《巨人》男女玩家比例至少要达到 6∶4，让所有男玩家都在游戏里找到'太太'。"根据新的游戏规则，在游戏中，男玩家可以抱女玩家。而女玩家只要携带身份证到全国各地的巨人网络办事处现场认证，符合"五官端正、身材匀称"八字标准，便被认可为"美女"，同时获得 6000 元的游戏充值。有人评论说，为了吸引玩家，史玉柱不惜进行"色诱"。

幸运的是，史玉柱成功了。2008 年《福布斯》全球互联网富豪排行榜中，史玉柱以 28 亿美元的身价列第七位，《福布斯》称他是"最富有的上海居民"。

张恭运得益于企业文化而豪迈

2015 年 3 月 4 日晚，豪迈科技发布了 2014 年度业绩公告：实现营业收入 18.15 亿元，同比增长 54.45%；净利润 5.02 亿元，同比增长 50.59%。次日开盘，豪迈科技股票应声涨停。

2014 年，豪迈集团公司实现产值 30 亿元，净利润 7.2 亿元，纳税 3.5 亿元，职工薪酬福利和股东收益各 7 亿元。在速度与效益、生产与分配、按劳分配与按股分红等方面，都实现了高速、高效、协调、统筹发展。

这一年，豪迈集团创造社会财富超过 16 亿元。

这一年，豪迈集团提供就业岗位 4000 多个，员工人数过万。

追溯豪迈公司 20 年的发展历程，以年均 50% 以上的速度成长，生产效率年均提升约 10%，现在的主营产品净利率达 30%，而且职工收入、股东收入、纳税额实现协调增长。

豪迈公司已成为世界轮胎模具制造基地、世界气门芯生产基地，还成为我国最先进风洞的制造者、高效节能换热器标准的制定者、中国橡胶模具及制造装备产业技术创新战略联盟的盟主。

豪迈公司连续四次登上美国《福布斯》"中国潜力企业榜"，2010 年位列第十。他们的上市公司——豪迈科技，2014 年在《福布斯》"中国上市潜力企业一百强"中，位列第四十。

豪迈作为山东省高密市的一家装备制造企业，在世界宏观经济持续下行、企业发展步履维艰、产业转型谋求破壁的时候，却以惊人的增长速度、骄人的发展业绩，迅速声名鹊起，各级领导相继考察调研，各大媒体纷至沓来，连番解读其成功诀窍所在。

豪迈的发展活力如此旺盛，原因何在？

这源于豪迈的企业文化，源于豪迈人所构建的共同价值观，凝聚了各个层面、各个方面的需求，产生了巨大的向心力、凝聚力、创造力。

豪迈文化的要义是什么？豪迈公司董事长张恭运认为，做企业就是做平台，就是"把企业办成让每一个员工实现自我价值并奉献社会的理想平台"。在这个平台上，企业逐渐形成三个共同体，即利益共同体、事业共同体、精神共同体。三个共同体不是后者否定前者，而是互相依存、循序渐进，不断上升到新的层次。让员工从产生利益满足感，到生成事业成就感，再到形成共同的价值取向，构建起豪迈团队精神。

"合伙合作、诚信为基"的利益共同体，契合了员工、企业和社会三方的需求

豪迈像华为一样推崇合伙人制度。他们认为，社会化大生产条件下，办企业就是以人为中心的各类要素的整合，也就是我以资本，你以技术，他以劳动来进行合作。因此，迈入豪迈大门的每一个人，接受的是合伙合作的理念，摆脱了民营企业雇用与被雇用关系的困扰。

看一下豪迈集团对合伙合作给出的四个条件：一是必须平等；二是必须自愿；三是必须诚信；四是必须是互有价值。对第四条，他们是这样解读的：企业认为员工能为企业创造价值，员工认为在企业能够实现自我价值，企业与员工实现价值的双向结合。

在这四个条件中，诚信是他们所倡导的合伙制的基础和前提。在豪迈这个企业里，无论你有多大本事，能给企业带来多大利益，只要不讲诚信，就会被拒绝合作。仔细分析，不难发现，豪迈文化所打造的诚信主要表现在四个方面。

在企业层面，表现为公司作为"法人伙伴"诚实对待员工。不克扣工资、加班费，按时缴纳"五险"，按时发放住房、交通等各种补贴，离职时可以拿到应得的报酬。下面这个感人的事例，足以证明这一点：1995年，是豪迈公司成立的第一年，企业发展非常艰难，全年亏损18万元，这

在当时可是一个不小的数目。但在员工已经放假的农历小年，张恭运和另一位股东骑着全厂唯一的摩托车，拿着刚刚筹来的钱，挨家挨户给员工送工资、送奖金。

在集体层面，表现为员工与企业之间、员工与员工之间讲诚信。入职豪迈第一课先学诚信，公司发展史上虚报3元钱账目的"烧鸡事件""虚报加班事件""误发奖金事件"，作为范例屡被提及，人人知晓。在接下来的工作生活中，一旦发生类似事件，即便是普遍看来微不足道的小事，在豪迈也会被当成"违背信仰、苦兄害弟"的大事、要紧事，组织起来进行主管大辩论、员工大讨论、通报甚至辞退，一旦被辞退将不得再次入职豪迈。

在企业管理层面，表现为诚信合作使员工对企业产生认同感和归属感，进而形成了"我的公司我做主"的主人翁意识。

在豪迈，班组长、主管等"领导层"的产生，要经候选人报名、车间面试、一线员工投票、竞选演讲、现场接受提问等严格的民主程序产生，然后由班组长或主管挑选自己的合作伙伴。合作合伙关系确立后，并不意味着一劳永逸，每年公司都会举行一次全员评议，员工与员工、员工与主管、管理人员之间都要进行互评，这使得领导和下属、师傅和徒弟都想成为对方眼中喜欢的伙伴，并为此自我要求、自我约束、自我改造；专门的短信平台、公开的高管手机号码，让每一位员工都拥有畅通的诉求表达渠道。

豪迈集团通用的规章制度稀少，任何涉及员工利益的奖金和福利分配、条件改善、培训机会、荣誉称号的分配制度和评选办法都由员工决定。所有工作流程、操作规范的制订和修改都由员工自行确定。这种员工自己参与制定的制度规范，最大限度地吸收了员工的意见建议，回应了各方诉求，保证了制度正义，减少了员工对制度的抵触和反感，提高了制度的执行力。

在豪迈，职工的任职、转岗、提升、去留都由员工本着合伙合作的理念，通过民主评议做出抉择。对他人的评议就是对自己的检点，每一次权利的行使都是对自己精神的洗礼，也助推了公司文化理念的落地。

在社会层面，表现为企业只与诚信的上下游客户合作。豪迈本着合伙合作的理念对待上下游客户，关注客户需求，追求共赢。坚决反对"店大欺客"或"客大欺店"，合作中特别要求双方"重合同，守信用"。

豪迈公司对诚信的坚守，使人际关系变得轻松简单，让"少琢磨些人，多琢磨些事"成为公司氛围。内化于心的信念还大大降低了企业的制度成本。例如，遍布公司各处的诚信超市自动投币、无人值守，加班时间自己报，根据需要自己选择出差所乘交通工具和入住的酒店，电话和私车公用的费用自己报，收到回扣或主动上交财务或退回或冲抵货款，收到礼品自觉上交礼品库等。好多年前，公司为江苏无锡一家供货商派遣一名技术员培训员工，这家企业出于感谢而请他吃了一顿饭，这人盛情难却，饭后悄悄跑到书店买了几套培训用的专业书籍送给培训对象。这种"慎独"的道德境界令无锡供货商惊诧不已，在工厂里挂起了"豪迈精神激励我们不断攀登"的标语，成为公司忠实的合作伙伴。良好的声誉令许多国际高端客户纷至沓来。目前，豪迈拥有法国米其林、日本普利司通、美国 GE、德国西门子等 20 多家世界五百强客户。虽然公司 80% 以上的产品是为客户配套，但在这种"配角"的地位上，他们成就了多项世界隐形冠军，尽享诚信合作的丰硕成果。

"人合资合、恒产恒心"的事业共同体，契合了企业和员工价值同步实现的需求

时下，在一些民营企业中，资本与劳动的分离所产生的离心力愈益明显，劳动关系越来越紧张，有的劳资双方甚至处在一种缺乏信任的"冷战"状态。而豪迈公司从开始创办就致力于促进资本与劳动的融合。豪迈集团董事长张恭运认为，在资本、技术、土地、劳动力等诸多生产要素中，人的因素最重要。因为人的潜力是无穷的，无论是人的学识和创造力，还是人的忠诚与激情，都可能与日俱增，而增长的动力应该建立在共同的利益追求和事业追求之上。因此，优秀人力资源入股形成的"资合人合"的经营价值远远大于单纯的"资合"经营，优秀员工的认股权使其具

有了相应的价值评价。实践证明，豪迈吸收优秀员工入股，通过"资合"实现"人合"，最终达到"心合"。

豪迈公司发起之初，就由张恭运与三名合伙人共同出资。到2000年，公司经营状况有了很大改善，公司敞开大门吸收员工入股。在个人自愿并经员工评议的基础上，当年股东达到46人，占员工总数的60%，体现"资合人合"理念的员工持股机制在豪迈正式确立。截至2013年年底，集团在册员工6000多人，股东已近千人。目前，已经形成董事长占35%，管理层占50%，基层员工占15%的股权结构。

为保证员工持股的正向激励，避免出现食利阶层，豪迈有一套完善的股东退出机制。每两年组织一次全员参与的股东资格及认股评议活动，将"不合格股东"弹劾出股东队伍；继承、退休、病退股东持有的股份，只按财务年度分配现金，其股本不再增长；较大股权的股东不再拥有认股权，以让出更多的机会给小股东和新股东。

近千名"资本员工"如今手里捧着"铁饭碗"，养家轻松自如；公司里藏着"小金库"，养老高枕无忧。当年的初中生、农民工王钦峰通过不断创新，连续多年获得较高的认股权，现已成为公司的第八大股东，其股权市值已近亿元。王钦峰还成为全国劳动模范和全国人大代表，走进全国人大会议这样的最高政治殿堂。2011年，莫言曾到公司采访，他深情地写道："王钦峰通过努力实现了自己的梦想，而这种梦想如果符合人类社会的基本道德，那这个社会就是健康的，反之则是病态的。"豪迈为来自社会最底层的人提供了上升和发展的通道，像于海洋、徐华山、邓辉、张大志等在基础教育中掉队的初中生、技校生，他们的潜质在豪迈得到了充分的开发，成为一颗颗耀眼的明星。我们不禁感叹：豪迈是初中生的天堂吗？当然，那些毕业于名牌大学、能力超群的时代骄子，更是如鱼得水，大展才华。这就是豪迈的独特之处。正像王钦峰所说的，婚姻中找对了人，可以有幸福的家庭；事业中找对了平台，才能成功，才能实现自我价值。

目前，员工入股已经成为一种身份和价值的"标签"，拥有入股资格及认股权已经成为豪迈员工工作能力的标志，也成为不少青年向父母亲朋证实自己价值的依据，甚至成为未婚青年谈婚论嫁的品行参考。

"尊重劳动、关爱员工"的精神共同体，契合了员工追求进步的需求

张恭运在大学里曾经读过蒋学模编的《政治经济学》，他深知一切人类文明成果都是劳动创造的，资本只有在劳动的作用下才能增值。因此，豪迈公司尊重劳动达到了劳动至上的地步。尊重劳动者的自主选择权。豪迈认为，合伙合作的前提是自愿平等，"强扭的瓜不甜"。因此，入职豪迈不会被收取限制离职的押金，不会被扣押工资、奖金。如果员工有更好的出路和选择，公司还会用欢送会的形式送其高就。现在，劳动力自由流动本来是正常的，但在豪迈，员工的年流动率仅为3%，股东离职率仅为1%。在"用工荒"的背景下，豪迈2014年招收员工4000多人，录取比例为5:1。

豪迈的奖励名目繁多，除了创新奖、标兵奖、先进奖、新人之星奖等，还有培训、旅游、父母体检等各种各样的奖励。

豪迈于2000年在高密市的民营企业中第一个缴纳社会保险，并逐步完善了各种保险，2015年又开始实行带薪休假制度。豪迈的幼儿园、小学、初中及职工公寓、经济适用房，为员工提供了配套舒适的生活服务；而免费早餐、廉价自助午晚餐、免费体检、生日蛋糕、节日礼品，以及婚恋网站、联谊相亲等为员工带来的人文关爱，让这一群合作伙伴"工作着、学习着、进步着，创造着、收获着、快乐着"。

在豪迈文化的感召下，员工关注企业的未来，表现在积极创新创造上。王钦峰在2015年的全国人民代表大会山东团讨论时发言说，创新已经成为豪迈公司前进的发动机，因为公司的股权机制激发了全员创新的热情，很多像他一样的普通劳动者由于创新创造而成为"富豪员工"。"改善就是创新，全员皆能创新"给了他们创新的信心。凡是阻碍工作高效运行的地方就是创新点；凡是将工作质量或者效率提高的行动就是创新；凡是提出创新想法并能够调动公司资源完成的人就是创新者。创新在豪迈成为"人人可做、时时可做、事事可做、处处可做"的事情，而公司"鼓励创

新，宽容失败"的氛围给了大家创新的勇气。张恭运多次讲，创新失败的成本是可以控制的，而创新成功后的价值是不可估量的。工程师许倍强发明的爆胎稳向系统，获得国内外多项发明专利，公司投入300多万元，因陷入"逻辑真空"而被束之高阁，公司却奖励他一部68万元的汽车。王钦峰入职豪迈20年来，辗转16个岗位，接触了车、铣、刨、磨等多项操作技术，先后创出10项专利成果，最终成就了潍坊市首个"工人院士"。

现在，请大家仔细想一想，豪迈的理念其实并没有高大上，无非就是诚信、合伙合作、彼此带来价值等再朴素不过的人之伦理，是"对常识的遵从、敬畏和坚守"，豪迈的做法正是"把作为人应该做的正确的事情，以正确的方式贯彻到底"。豪迈"三个共同体"的建设，把利益、事业、精神三个层面的追求融合在一个平台上，在利他中实现利己。这本来是人性本质的回归，体现了物质与精神、个人与企业、企业与社会的有机统一。

20年来，对诚信近似理想主义的建设，使豪迈的诚信在高密已经家喻户晓。豪迈万名员工通过各自的社会交往，将在公司形成的价值观、行为规范和精神面貌传播到社会，使豪迈不再仅仅是物质财富的创造者，更成为社会正能量的传播者。

企业是社会的基本单元，如果更多的企业能像豪迈这样影响社会，我们的社会将变得更加美好！

现实见证成败

也有成功，也有失败，成功或许已成为昨日的笑容，失败或许已成为苦涩的泪水。经历过成功与失败，或是一蹶不振，或是愈战愈勇，是什么力量让曾经的和现在的大企业、大集团、大产业或是彻底倒下，或是重新站立起来，或是永立潮头？

在新的经济形态中，市场是可创造的，要学会开发产品的新功能，来满足消费者的新需求。

——著名经济学家　厉以宁

柯达大厦的倾倒

2012 年伊始，曾经在摄影、胶卷领域独步全球的美国柯达公司宣布接到纽约证券交易所的退市警告，即将申请破产保护传闻和评级下调等坏消息接踵而至，令这个胶片帝国摇摇欲坠。

柯达，曾经是行业的代名词，绝对的"龙头霸主"。

在中国，柯达"穿起每一刻，别让它溜走"的广告语曾经深入人心，然而谁也不会料到，曾经辉煌长达百年的柯达会让这一刻"溜走"，被市场无情淘汰的厄运笼罩在它的头上。

大家先看一看曾经的柯达：伊斯曼柯达公司（Eastman Kodak Company），简称柯达公司，前身是由发明家乔治·伊斯曼和商人亨利·斯壮在 1881 年建立的"伊斯曼干版公司"（Eastman Dry Plate Company），曾是世界上最大的影像产品及相关服务的生产者和供应商，总部位于美国纽约州罗切斯特市。1883 年，伊士曼发明了胶卷，摄影行业发生了革命性的变化。后来，由于生产的第一部傻瓜型胶卷相机名为"柯达"（Kodak），公司名称遂改为"柯达公司"。

柯达作为感光行业的王牌，曾经创造出一系列的辉煌成绩。在胶卷一统天下的时代，柯达曾是绝对王者，是整个胶卷业的代名词，鼎盛时期占据全球 2/3 的市场份额，拥有全球超过 14.5 万名员工，养活了美国纽约州的罗切斯特，也养活了三代柯达人。

柯达，作为百年老店，曾经利用先进的技术为客户提供不断创新的产品和服务，帮助无数个家庭留住了美好的回忆。

柯达，一个美国式成功品牌的代表，一个曾经占据寡头地位的企业，一个被看作像可口可乐一样拥有品牌忠诚度，但比可口可乐的市场份额还要高的企业，曾经所向披靡，业务所到之处，势如破竹，但是这样令我们景仰的公司却在 2012 年 1 月传出因股票低迷面临摘牌退市的消息。在惊愕之余，人们不禁感慨：没有永远的市场宠儿，只有奋勇当先、永立潮头，企业才能立于不败之地。

未来柯达的归宿是哪里？最有可能的地方，将是商学院的失败案例中。

到底是什么原因导致这一商业巨头宣布破产呢？这得从它的兴衰史去探讨。

曾经的柯达洞察市场趋势，创造需求欲望，成就业内老大的霸主地位

柯达公司自 1881 年成立以来一直在全球影像行业保持领先地位，创造了无数的行业第一，柯达 130 多年的历史正是世界影像行业发展的缩影。回顾柯达的发展历程，之所以能够发展壮大，是因为它曾经准确洞察了市场趋势，利用先进的技术、广阔的市场覆盖面和一系列的行业合作伙伴关系，为客户提供不断创新的产品和服务，以满足他们对影像中所蕴含的丰富信息的需求。

柯达的成功离不开它强有力的品牌"柯达"。柯达相机诞生之日，伊斯曼就选中了这个名字。他认为"K"是一个幸运的字母，更为重要、更为特别的是，这个字母在世界任何国家发音都相同。后来，"柯达"连同它那黄底红字的标志在全世界家喻户晓。这除了证明伊斯曼的准确判断外，与柯达公司建立品牌忠诚度的持续努力也是分不开的。

柯达建立品牌忠诚的着眼点在于建立清晰而有力的品牌识别。回顾往昔，柯达公司用产品说话，他们选择的经典广告词虽言简意赅却深入人心。"分享此刻，分享生活"和"你只需按动快门，剩下的交给我们来做"，这是公司创始人乔治·伊斯曼发明第一台照相机后使用的绝佳推销语。

柯达的品牌识别可以总结为两个词：简单、家庭。"简单"主要针对产品特征而言，"家庭"主要通过营销沟通和视觉形象来传播。20 世纪初，柯达推出了两个重要人物来代表产品，即男孩儿布朗尼（Brownie）和女孩

儿柯达（Kodak）。两个人物形象不仅代表着产品容易操作（因为连小孩儿都可以操作），而且能够与家庭联系起来。柯达早期的广告多表现为有孩子、狗和朋友的家庭场景，而且多为发生在我们身边的、易于拍摄到的镜头。20 世纪 30 年代，人们经常可以从电台上收听到"柯达时刻"的特别节目，节目主要描述一些家庭影集，让人听后有亲切感、认同感和温馨感。1967 年，柯达的一则广告获了奖。广告内容是：一对 60 多岁的夫妇在整理阁楼时发现了一些旧时的照片，有的是 20 来岁，正值青春年少；有的是结婚、度蜜月、生第一个孩子时的照片，还有的是参加儿子毕业典礼的照片。结尾是，这位女人，确切地说已经是一位老奶奶，正在用立即自动相机为刚出生的孙子拍照。柯达正是通过宣传这一幕幕难忘的时刻来拨动消费者的心弦。"这就是柯达一刻，别让它溜走""柯达穿起每一刻"，在一幕幕动人的画面中，这些广告语深深地刻进了消费者的脑海，使消费者自然而然地把享受快乐时光与"柯达"这一名字联系在一起。

柯达建立品牌忠诚度所努力的另一个方面是经常举办或赞助一些摄影大赛或文体活动。1897 年，柯达举办了一次业余摄影大赛，参加者达 2.5 万人之众。1904 年，柯达又发起了一次旅游柯达摄影展，展出了 41 幅摄影作品。1920 年，柯达在美国许多公路两旁的风景点竖起写有"前面有风景"的路标，提醒开车的人注意安全。1984 年洛杉矶奥运会之前，柯达一直垄断着世界体育大赛的胶卷专售权。

柯达公司昔日的成功和崛起，源于掌握了刺激需求的方法。20 世纪 70 年代中叶，柯达垄断了美国 90% 的胶卷市场以及 85% 的相机市场份额。鼎盛时期，该公司的业务遍布 150 多个国家和地区，资产市值高达 310 亿美元。

盲目自信，源于对需求的错误认知，导致柯达英雄末路

毫无疑问，柯达公司在摄影行业中长期居于霸主地位。从 1935 年开始，柯达推出了首批彩色胶卷——克罗姆胶卷，以色彩鲜艳、颗粒细腻、稳定时间长等优点，深受专业摄影人士和业余爱好者的喜爱。高质量的彩色胶卷记录了

战争、和平、总统大选、登月旅行、各种意外事件和生活情趣，所留下的精彩瞬间让生活变得丰富多彩、回味悠长，柯达公司也由此而发达。

面对优良的销售业绩，柯达公司高层滋长了极度的自信。他们认为，自己在感光工业上的龙头老大地位不可能被任何对手所撼动，甚至放出了"美国人已经不可能放弃柯达，购买其他公司的胶卷"的大话。

正是因为领导者有这样的心理，致使柯达公司陷入长期麻木的状态，错过了成为1984年洛杉矶奥运会官方胶卷赞助商的机会。在世界进入数码时代不过十数年后，胶片时代的王者柯达已经走到"英雄末路"。

2007年9月，刊载在《北京商报》上的文章《市场仍然有需求 柯达称不会放弃传统胶卷业务》这样报道："柯达大中华区公共关系总监在接受记者采访时表示，柯达不会对未来市场作出预测，但只要客户有需求，传统业务就不会轻易放弃。据他介绍，在中国，虽然东南沿海一带数码相机普及率比较高，但由于价格原因，在中西部传统胶卷还有很大的市场。另外，像一次性相机、传统胶片、电影胶片、一些摄影发烧友也对传统业务有很大的需求。"

2007年下半年，针对市场的不断下滑以及原材料价格的大幅攀升，柯达公司宣布上调价格。柯达（中国）有关负责人认为："提高价格不会影响胶卷市场的销售。因为，一方面，传统相机相对于数码相机有独特的优势，比如成像质量高，不需要配套电脑、USB等设备，必然有部分用户依赖于它；另一方面，现有传统相机的用户需求弹性小，对价格的敏感度不高，因此价格上涨对其需求的抑制效果比较小。"

企业想长久发展就要顺应时代的变化，不可故步自封，停滞不前，老品牌要抓住良机赢得市场，需要密切关注行业、市场、消费者需求的变化。然而，由于对需求错误认知的盲目自信，导致柯达英雄末路。据英国《泰晤士报》2009年6月23日报道，美国伊斯曼柯达公司宣布，将于当年停止生产其公司主打产品——拥有74年历史的柯达彩色胶片。2011年9月，彭博社消息称，由于市场对传统胶卷的需求日益减少，以及数码相机的强大竞争力，柯达公司的收益一落千丈。数据显示，1997年以来，柯达仅有2007年一年实现全年盈利。而柯达的市值从1997年2月最高的310

亿美元降至 2011 年 9 月的 21 亿美元,十余年间市值蒸发了 99%。

柯达不理解用户拍照目的,无视消费者的社交需求,致使其一败涂地

柯达的没落,不仅是由于技术创新的滞后,更是由于淡漠市场需求趋势变化导致产品更新缓慢,以及其对消费体验的忽视。实际上,就是忽视了消费者自我表现的自尊需求。

"黄色巨人"柯达申请破产保护后,一些评论家将柯达品牌的灭亡归咎于三大原因:创新失败;从胶片相机到数码相机的转型失败;无法抗衡逐步兴起的手机摄像头。其实,柯达没落的真正原因并不是创新失败、转型失败、手机摄像头兴起等,而是并未理解人们拍照的目的;人们现在拍照的目的已经从单纯的回忆用途转变为通信媒介、社交网络分享。

在胶片相机时代,人们拍照的主要目的是留住回忆。但是据有关专家学者调查认为,现在,个人摄影作品已经从单纯的回忆载体,转变成了强调通信和个体身份的物品。

研究人员发现,变化最为明显的就是年轻人。这一转变恰好得到了潜在技术和社交网络平台的"无阻碍"照片视频分享的支持。"无阻碍"意味着从照片拍摄到通过社交网络分享的过程被简化了。

再从技术层面讲,摄影技术的真正转变源自手机拍摄质量的提高。现在很多手机配备的摄像头至少是 500 万像素分辨率,在人们选择使用手机摄像头拍摄还是用傻瓜相机拍摄时,500 万像素分辨率成为作出决定的关键因素。

市场无情的竞争法则,只认可顺应潮流、满足消费者需求的产品。现代营销学之父菲利普·科特勒教授认为,新时代的营销需要非常重视企业和消费者的关系。从这个角度来说,企业中关注消费者的应该不仅仅是营销部门,整个企业都需要以消费者为核心。但是柯达公司没有看到消费者需求的变化,没有实现与时俱进,失败实属必然。

柯达——昔日的"龙头霸主",最后走向了"英雄末路"。我们除了感叹,还能怎样?

"商界航母"亚细亚缘何折戟

改革开放 30 多年了，每每触及"改革"这个字眼儿，国人仍不禁会想起 20 余年前名震全国的"中原商战"。

20 年，弹指一挥间。如今在郑州，每当走过二七商圈，不少人依然会油然而生一种悲喜交加的复杂感情。就当时而言，可以说，亚细亚满足了人们对美好购物体验的一切想象。

时势造英雄，英雄造时势。尽管那段刀光剑影的商战时代早已远去，但郑州商战灵魂人物——王遂舟对中国商业的贡献，不仅有敢为天下先的勇气和敢于破冰的过人胆略，更有盲目扩张的教训。

1988 年，30 岁的王遂舟从空军转业后，就职于郑州市信托公司下属二马路家电商场，担任副经理。如果不出意外，他会在国有商业企业里按部就班。但是，正在筹建中的郑州第一个大型股份制商厦——德化商场——让他热血沸腾了。1989 年 5 月，王遂舟毛遂自荐，当上了郑州亚细亚商场总经理，成为中国第一个著名的"职业经理人"。

这个举动，成就了整个 20 世纪 90 年代中国商业史上最浓墨重彩的一笔。在 20 世纪 80 年代末 90 年代初，中国零售业普遍还是一派短缺经济年代沿袭下来的景象。商场环境陈旧昏暗，营业员白眼朝天，货物摆放混乱。亚细亚的出现像一缕清风，吹遍神州大地。"亚细亚现象"，被认为是中国百货零售业改革的一座里程碑。

王遂舟曾经的"三板斧"，激发了民众的消费体验需求

1989 年 5 月 6 日，营业面积达 1.2 万平方米的郑州亚细亚商场正式开业。其间，王遂舟带领几个铁哥们儿，发挥铁人精神，没日没夜拼命干，只用 198 天就完成了开业筹备，创下当时河南商场的历史纪录。

"亚细亚"这个店名出自王遂舟的手笔，1990 年的亚运会及其宣传歌曲《亚洲雄风》给了他灵感，将商标图形设定为一轮初升的太阳。

这个新商场不同于传统国营商场的暮气沉沉、售货员面若冰霜，而是满足了当时人们对美好购物体验的一切想象。在硬件设施上，王遂舟不惜血本，按照星级宾馆布置，四处鲜花绿草，还把人工瀑布引入营业大厅。

在服务上，亚细亚设置了前所未有的迎宾小姐、公关小姐和歌舞表演，大厅中央每隔半小时就有乐手登台演出。更具创意的是，王遂舟招聘了当时郑州最漂亮的年轻姑娘，经过三个月严酷军训，打造出类似天安门国旗班的仪仗队，每天清晨在商场门口升国旗奏国歌，为围观的顾客做队列表演，一度成为郑州最著名的景点。在郑州亚细亚刚开业时，许多市民都去摸笔直站立在商场里的迎宾小姐是不是真的，副总程理周回忆说："亚细亚招来了郑州大部分的美女。"媒体则称："如果想拍红楼梦大观园，来亚细亚一个地方就足够了。""当时郑州最漂亮的姑娘，都以在亚细亚工作为荣。"在不少老郑州人的记忆中，到亚细亚看美女成为假日一大爱好。

在营销上，王遂舟的大手笔是做广告。在 20 世纪 90 年代，中国百货业尚无做广告先例，而亚细亚的广告却铺天盖地。翻阅 1990 年 7 月的《郑州晚报》发现，曾经一度设立"亚细亚"专栏。1988 年年底，商场尚未开业，王遂舟就拿出 10 万元在中央电视台投放广告。"中原之行哪里去——郑州'亚细亚'""星期天哪里去——郑州亚细亚"，在国人记忆中，"亚细亚"这三个字，从此开始跟中国百货业连在了一起。一位天津小学生给亚细亚商场总经理写信说，老师布置作文题为"我的理想"，班里很多同学写的是"到亚细亚当营业员"。

这"三板斧"今天看来是平常之举，但在当时所引起的效应却是石破

天惊。商场开业当日，郑州城万人空巷，保安排成人墙分批往里放人，到下午6时被迫提前关门，因为柜台上90%以上的货物被抢购一空。

🔍 时局与政治需要，成就了王遂舟和亚细亚 ‹

王遂舟的"三板斧"，让亚细亚十分光鲜地升起。1990年，亚细亚的营业额达到1.86亿元，一举名列全国大型商场第三十五位，成为发展速度最快的一匹黑马。此后三年，亚细亚的营业额以年均30%以上的速度递增，稳居河南第一。

亚细亚的成长并非一帆风顺。在当时特殊的历史条件下，股份制的亚细亚作为"无主管单位"，不在正规的商贸系统之内，也就无正常的供货渠道。当时中国因为价格闯关而物价飞涨，处于"国营主渠道"的商贸企业，在货源上相对丰富；而亚细亚在货源供应上不仅价高，而且缺货。这逼迫王遂舟不得不剑走偏锋，伤人伤己。在开业时，亚细亚连柜台陈列商品都补不上，只得向关系较好的国有商场求援，由于王遂舟采取薄利快销策略，反使这些国营兄弟商品积压。这种行为激怒了郑州商界，1990年前后，郑州商界五巨头——华联商厦、郑州百货大楼、商业大厦、商城大厦、紫荆山百货大楼，联名成立"郑州市大型国营商业零售业总经理联谊会"，不点名指责亚细亚"在经营中搞不正之风，造成不良影响"；要求各成员单位和供货单位不要与"这样的单位发生业务往来"。

王遂舟被迫同国有商界一战到底，他把亚细亚组建成一个标准的军事化组织，自己一言既出似军令如山。军人出身的他整天高喊三句口号："为股份制争气！为年轻人争气！为河南人争气！"

王遂舟成为"反传统斗士"，也成为中国商业改革的先锋人物。他敏锐地捕捉住当时商业部部长胡平首倡的"商业文化"，以"商业文化"视角系统总结亚细亚的创新试验，一度赢得国家主管部委高度赞许而成全国典型。

1992年1月，中央电视台竟然以亚细亚为主线播出了一条长达六集的电视系列纪录片《商战》。节目一经播出，震动全国，王遂舟的名声也登峰造极：每月有 100 家企业到亚细亚取经；中央领导、外省领导乃至外国首脑也被安排到亚细亚观光。

1992 年 10 月，王遂舟当选为"第三届全国十大杰出青年"，稍后被选为第八届全国人大代表。1993 年 2 月，河南省人民政府特别发布嘉奖令，对王遂舟个人通令嘉奖。此时的王遂舟，已成为中国商界乃至政界冉冉升起的一颗新星。

众多投机需求，将亚细亚推向了事业的巅峰

王遂舟赖以成功的"与众不同"差异化战略渐渐偏离商业轨道，滑入政治准则。这个"与众不同"的商业典型，为了政治需要的"典型"，不惜代价地塑造"与众不同"。

王遂舟最爱向手下人说的一句话是："我们就是要与众不同！不管别人怎么攻击我们这一点，不管别人怎么千方百计地想磨平我们的棱角，亚细亚绝不退让。因为只有与众不同，才能引起别人的关注和议论；越议论，亚细亚就越出名；越出名，别人就越想来看看稀罕，想来买我们的商品。"这种差异化策略，早期能给亚细亚带来商业成功。但在亚细亚成为全国典型后，其商业差异化被泛政治化，为了差异化而差异化，直至极度差异化，不惜商业成本地差异化。王遂舟对连锁百货商场的内部装修要求是"新奇特加超豪华"。广州仟村百货当时的装修花费是 3000 万元，郑州亚细亚五彩购物广场的装修花费则突破了 1 亿元。

更糟糕的是，"与众不同"的暂时成功给了王遂舟一个幻象：我可以靠"一招鲜"一直成功下去。这是当时中国商界的普遍心态。于是，在面对政府和股东的扩张压力时，王遂舟没有保持清醒的头脑。国家有关部委乐于看到亚细亚向全国扩张，建成全国性连锁百货商场模范；郑州市政府更是力推大商贸战略，乐见其成。1992 年新加入的股东均为海南房地产泡沫的成功投机者，他们希望借扩张圈地。压力之外还有动力：各地政府拿

出土地和税收优惠，希望亚细亚去落户；各大银行排着队找王遂舟，希望给亚细亚贷款。尽管已经不是纯粹的商业目的，但在王遂舟看来，这是一顿免费的午餐。郑州亚细亚开业之初，他用 200 万元注资撬动了 4000 万元的贷款。他曾说："零售业是天下最没有风险的生意。"用别人的钱，玩自己的游戏，圆自己的梦。

1994 年，在省内的连锁店遍地开花后，王遂舟带领军团大举进军外省，到北京、广州、天津等大城市布点。亚细亚先后开出了 15 家大型连锁百货分店，平均每 4 个月一家。其中，省内 6 家均以"亚细亚"命名，省外 9 家均以"仟村百货"命名。王遂舟还宣称，2000 年以前，要在全国开设 125 家连锁百货商场，年销售额达到 500 亿元，排名全国商业第一。亚细亚还要在北京或上海盖 120 层摩天大楼，象征亚细亚的雄伟。

急剧缩水的消费需求，迫使亚细亚败走麦城

经济学家总结了温州人赚钱的"三面镜子"：望远镜、显微镜、放大镜。借此，把握社会发展趋势，体察市场需求，做到运筹帷幄。然而，王遂舟在后来的事业急剧扩张中，没有很好地把握这"三面镜子"，他和亚细亚的光荣与梦想没有持续太久。

按照王遂舟的完美计划，将亚细亚的差异化模式复制到全国就能成功。于是，亚细亚每到一地，就大做广告，搞价格战，大手笔促销。而不幸的是，王遂舟的"三板斧"已经丧失了魔力，因为模仿者众，中国人已经屡见不鲜。更因为中国的短缺经济转变成过剩经济，百货零售业出现变局，众多商场陷入买方市场和恶性竞争。至此，亚细亚所拥有的大众消费需求份额急剧缩水。而此时，过高的运营成本导致亚细亚连锁系统内一家店跟着一家店出现亏损。商业魔棒的失效加上亚洲金融危机效应，让银行借贷资金立刻断流，亚细亚脆弱的扩张戛然而止，帝国瞬间崩溃。

1996 年 11 月，天津亚细亚商厦倒闭，商品被供应商哄抢一空。接下来，其他门店以四个月一家的速度接连倒闭。1997 年年底，前几年销售额

一直名列郑州商业企业前茅的亚细亚商场滑到全市七大商场中的倒数第二名，账面显示亏损 700 多万元，拖欠银行债务 7000 余万元，拖欠厂家货款 1 亿元，资产负债率达 168%。

1997 年 3 月 5 日，郑州商战的灵魂人物王遂舟抱病出走。同年 8 月，300 多家供货商代表围堵亚细亚商场大门，要求清偿货款，这家曾在商战中独领风骚的商场，爆发全面危机，并迅速走向没落，等待破产重组或者拍卖。亚细亚自有资本总额不过 4000 万元，郑州亚细亚商场年利润仅 1000 多万元，却进行着一场投资将近 20 亿元的超级大扩张。

时至今日，亚细亚已辉煌不再。亚细亚商场以及以它为母体成立的亚细亚集团就像一艘没有舵手的船，被市场经济的大潮冲打得千疮百孔后又被无情地甩到了岸边。

商界奇才王遂舟——曾经的"野太阳"——陨落了。

在网络上曾经流传着这样一首诗：

中原商战未曾休，月近中秋过郑州。

灯火阑珊回望处，英雄不见王遂舟。

在商业高度发达的今天，不知这位曾经的亚细亚教父身在何处。

荣华鸡为何败走麦城

上海荣华鸡快餐公司成立于 1991 年 12 月 28 日，以其适合中国人的口味和比肯德基（KFC）更便宜的价格，受到了消费者的欢迎。

当荣华鸡扬起挑战"肯德基"大旗的时候，一时间门庭若市，效益最好的黄浦店，一年就 300 多万元利润。北到黑龙江，南到江西，都有红底白字的"荣华鸡"分店。刚成立的头两年，最高日流水 11.9 万元，累计流水高达 1500 万元。在一些地段，荣华鸡生意超过了洋鸡，让中式快餐店真实地扬眉吐气了一番。可随着时光的推移，荣华鸡在与肯德基的较量中逐渐落入下风，到了 2000 年，随着荣华鸡快餐店从北京安定门撤出，荣华鸡为期 6 年的闯荡京城生涯，画上了一个不太圆满的句号，在与肯德基大战中落荒而逃。荣华鸡未能涅槃成凤、浴火成凰，昔日"流水"成泪水，昨日"荣华"成一梦。

短命的荣华鸡，曾经有过辉煌，辉煌过后却迅速走向衰亡。荣华鸡，成为一个曾经的时代标记被记录在了历史的影像中。为什么在竞争中"土鸡"干不过"洋鸡"？这不得不引发我们的深思。

🔍 荣华鸡高举民族大旗，迎合民众的感情需求 ‹

20 世纪 80 年代的上海城中，商业经济开始进入一个新的繁荣时期。代表美式快餐业的肯德基、麦当劳登陆中国，上海城中第一家肯德基店就开设在外滩的东风饭店前。不久，便出现了与之抗衡的中国西式快餐——荣华鸡连锁快餐店。

当时的荣华鸡连锁快餐店，在南京路上就有两家，一家在上海图书馆（现在的上海美术馆）大门左侧，现在那里已成为工商银行营业点；另一家则坐落在市百一店的对面，即现在新建成的世贸大酒店门前广场处，当时建造的西藏中路南京路人行天桥一端，辟有通道可以直接进入其内。想当年，荣华鸡的品牌也曾经风靡一时，那时店里的位子都被坐得满满的，要去享用，一般都要在门口排队等候才行。遇到周末或星期天，大人们会带着如今被称为"80后"的那些孩子，来这里品尝一番我们自己品牌的炸鸡腿。

荣华鸡振臂一呼，高举"振兴民族快餐"的大旗，使其一夜扬名。荣华鸡以"弘扬国货，大力发展祖国烹饪文化"为口号，强调的是"民族性"，打的是"民族牌"，其目标消费群定位为所有华人。在对外宣传上，荣华鸡喊出了"荣我中华"的口号，当荣华鸡扬起挑战肯德基的大旗时，各分店门庭若市。刚成立的两年内，上海荣华鸡快餐公司月平均营业额达150万元，职工发展到近300人，堪称"中国第一快餐"。北京、天津、深圳等20多个省、市、地区纷纷向荣华鸡发出了落户当地的邀请。甚至连新加坡、捷克等国也请求荣华鸡"飞"出国门。

1994年年底，荣华鸡在北京开了第一家分店，并打出"荣华鸡，香喷喷"的旗号。与肯德基一样，初来乍到的荣华鸡一度创下顾客冒雪排队等位的盛况，于是，荣华鸡一口气在北京前门、东四等繁华地带开出了四五家分店，并声称："肯德基开到哪儿，我就开到哪儿！"

如此豪情壮志大大鼓舞了国人竞拼洋品牌的信心，激起了国人的民族感，一时间，全国上下，从电视到电台，从报纸到杂志，铺天盖地均是"斗鸡"新闻，荣华鸡也因此名声大振。

荣华鸡的简单模仿，难以满足经久不衰的要求

荣华鸡作为上海的一个中式快餐品牌，1994年进驻北京，虽与肯德基一墙之隔，但肯德基往往人潮汹涌，荣华鸡这边却是一片萧条，有人说：

"如果说肯德基是企业，那这荣华鸡只能算是作坊。"作为服务行业，决定其成败的是顾客的需求。设想，如果把荣华鸡和肯德基两家餐厅放在一起，则差别显而易见，那就是就餐的自由度相差太大。难怪有人说，西式快餐可以走着吃，中式快餐只能坐着吃。荣华鸡之所以走到今天的地步，除了客观原因影响外，从起步时就面临着三大难题：第一，生产难以工业化。中式快餐经营的品种是从传统食品中筛选出来的，这类食品在生产的关键环节只能依靠手工操作来完成，其工业化程度低下。第二，标准化产品必须有标准化过程。前一个问题解决不了，标准化问题是没有办法解决的。第三，连锁化。快餐产品是否有特定的快餐消费群体，在没有足够和稳定的消费群体之前，建立连锁企业的风险可想而知。这三大问题解决不了，荣华鸡注定难以经久不衰。

据说，当时荣华鸡的老总口袋里总是揣着一块怀表，亲临肯德基排队买鸡，掐着秒表计算油炸时间并估算油温，回去后，自配几种调料，做了油炸鸡，这就是当时荣华鸡的一个产品，还有罗宋汤、酸辣菜、咸菜、炒毛豆。产品口味是适合中国人的，但是，中式产品由于制作工艺复杂、火候要求较高，往往因为厨师的手艺高低甚至心情好坏而造成产品质量极不稳定。产品质量的不稳定，就造成了客源不稳定，乃至流水不稳定。

这不由得让我们想起春秋时期"东施效颦"的故事。那个故事讲述了东施只知道西施皱眉的样子很美，却不知道她为什么美，只是简单地模仿她的样子，结果反而被人讥笑。看来，盲目模仿别人的做法是愚蠢的、不可取的。做企业更需要的是真功夫，不可浮于表面。

荣华鸡不懂肯德基所打造的消费文化需求，最终完败归故里

按照常规思维，快餐的三大要素不外乎方便、美味和便宜的价格。在这三点上，荣华鸡并不逊于洋快餐。从价格上说，荣华鸡比肯德基要便宜；在口味方面，洋快餐味道并不比中餐好；在方便性方面，如果仅考虑吃饱而不考虑其他因素，也没太大差别。那么，肯德基到底施了什么魔

法，国人经常光顾呢？

上海的荣华鸡输给肯德基，并不是因为口味、环境不好，也不是因为价格问题，而是在荣华鸡这里很难找到享受文化的感觉。这好比两个女孩儿，漂亮程度相当，服装各有千秋，薪水也差不多，但谁的文化内涵较深，谁的追求者自然就多。

企业也是一样，当企业的品牌跳脱功能和价格竞争时，企业就需要为品牌注入更多文化内涵，开始更高层次的竞争——文化竞争。或者说，文化竞争是超越功能和价格竞争的一个法宝。

其实，肯德基卖的不仅仅是鸡，他们卖的更是一种时尚、一种文化、一种价值观。肯德基从购物环境、服务，到布局和灯光乃至洗手间等配套设施的设计上，都替顾客想得周全，处处透着温馨的气息，有一种"宾至如归"的感觉，让客人感受到轻松与享受，客人甚至可以在餐厅娱乐、做作业、谈生意，整个餐厅设计得极其人性化。餐厅环境卫生舒适，加上他们标准化产品的加工生产，这些满足了消费者的深度需求，构成了肯德基的卖点。而荣华鸡卖的仅仅是鸡，大家都是卖鸡的，谁的卖点充分，消费者就会去光顾谁。消费者认的是实惠，在消费的一刹那，有谁会想到荣华鸡是不是民族品牌呢？最终，荣华鸡不得不败下阵来。

荣华鸡的败落，倒下的不仅仅是一只"鸡"，而是一种发展的"机遇"，一种成功挑战西式餐饮的"机遇"。

适应时代需求，走规范化加个性化的中式快餐发展之路

中式快餐要有较大的发展，实行连锁扩张，必须引进现代化的连锁经营观念和管理方法。

第一，走中餐特色，明确中式快餐市场定位。

在博大精深的东方饮食文化基础上发展起来的中式快餐，要具有中国特色，确定与西式快餐不同的市场定位。西式快餐品种单一，而中式快餐有很多传统的特色品种，从皇宫贡品到民间小吃，数不胜数。营养方面，

西式快餐主食以高蛋白、高脂肪、高热量为特点，人体所必需的纤维素、维生素和矿物质含量则很少，多吃对人的健康不利；而中式快餐则采用中国传统的烹饪方法，大多有着较为合理的营养和膳食搭配。针对这些差异，中式快餐可以进行差异化定位：①针对青少年儿童成长发育的特点和需求，研制开发营养配餐，解除双职工家长的后顾之忧。②针对企业员工工作忙、节奏快的特点，开发营养、卫生、快捷、方便的工作快餐。③针对流动人口用餐地比较随意的实际情况，开发一种快捷、卫生、便宜的食品解决临时就餐问题，中式快餐应该走出厅堂发展快餐车、快餐配送等。④研究中国消费者的特点及需求，开发一批为大众所喜爱并适合工业化快速生产的特色快餐食品。

第二，实行标准化，打好连锁扩张的基础。

形成规模化经营是中式快餐发展的关键，也是难点。而连锁正是规模化扩张的利器，连锁经营把传统餐馆的单兵作战，改造成了具有专业化分工的产业。采用连锁经营的快餐企业总应该是便于统一制作、统一质量、统一口味，利于标准和流程制订，可以"中餐西做"并可推陈出新满足顾客好奇心、新鲜感的一些产品。

第三，统一管理，提升食品质量与服务，注重品牌建设。

作为饮食业，食品质量和卫生是一大要素。由总部统一采购，既保证原料的正宗统一，又可以进行质量把关，在各个分店销售中，总部集中管理，定期对各个分店进行食品质量检查。由于注重质量管理，同时加强对环境的改善和服务的提升，现代快餐已经发展为口味、服务、卫生、环境、娱乐和价格等全方位的竞争，消费者到快餐厅除了希望消费快捷实惠的美味食品之外，还希望在一个舒适的环境中享受高档的服务，追求一种有品位的生活。打造舒适生活，这才是快餐业品牌的真正内涵。

第四，大力发展特许加盟，扩大品牌影响力。

特许加盟是一个"双赢"的经营策略。随着市场竞争的加剧，传统的单体运营的小企业已没有多少生存余地，而连锁经营的优势在于：一方面，能够提升加盟企业的竞争力和生存能力。当一个小企业加盟一个连锁体系时，其购买的是一整套经过实践验证的、长期形成的、有效的经营模式，加盟者不必从头开始，而是直接继承特许方良好的品牌形象和成功的连锁经验，降低了失败的风险和创业的成本。另一方面，餐饮业总部可以通过特许经营发展加盟店，积累资金，借力发展，扩大品牌影响力。

第五，多元化经营方式——餐饮业走进 e 时代。

随着互联网的发展，网上订餐服务成为快餐业新的发展方向。餐饮网络营销也越来越受到重视，并开始冲击餐饮业传统管理模式。在快餐业逐步走向科学化、标准化、工厂化的时候，比拼的将是订餐的网络化，配送过程的专业化、即时化和智能化服务。传统的餐饮行业已经进入 e 时代，这对中式快餐来说是一个不错的契机，应抓住发展机遇，实行餐饮业多元化经营。

中式快餐想发扬光大，还有很长的路要走。但愿不久的将来，中式快餐的大旗能在国际舞台上高高扬起，走出国门，走向世界。

"三株帝国"的跌宕兴衰

在中国企业群雄榜上，"三株"是一个在人们的记忆中永远也绕不过去的名字。

1994 年 8 月，当吴炳新在山东济南扬起"三株口服液"大旗的时候，中国的保健品市场已经进入了退潮期。在此前的七八年间，太阳神、娃哈哈、中华鳖精以及各种花粉、蜂蜜口服液、蜂王浆构成了第一轮保健品销售浪潮。然后，乐百氏的生命核能、巨人的脑黄金以及东北的沈阳飞龙等也已经感受到从鼎盛到衰落的跌宕。

就是在这样的大背景下，三株来了，顺应形势，经过积极运作，创造出中国保健品行业最辉煌的历史，成就了"三株帝国"的辉煌。在1994—1996 年的短短三年间，三株集团销售额从 1 亿多元跃至 180 亿元（有的资料说是 80 亿元）；从 1993 年年底 30 万元的注册资金到 1997 年年底 48 亿元的公司净资产。三株在全国所有大城市、省会城市和绝大部分地级市注册了 400 多个子公司、2000 多家县级办事处和 13000 多家乡镇工作站，吸纳了 15 万名销售人员。迅速崛起的三株不仅达到了自身发展的顶峰，更创造了中国保健品行业史上的纪录，其年销售额 180 亿元的业绩至今在业内仍然无人可及。在中国市场经济刚刚起步的 20 世纪 90 年代，"三株口服液"这个红遍大江南北、妇孺皆知的保健品品牌，创造了医药保健品的营销奇迹，被中国经济学界称为"三株现象"，三株集团也被称为中国医药保健品行业的"黄埔军校"，巨人集团史玉柱的营销精英，有很多就来自"三株"团队。

Q "三株帝国" 的成功在于契合了农村需求 ‹

　　三株公司起步的时候，正处于我们国家从计划经济体制向市场经济体制转轨的时期，董事长吴炳新敏锐地意识到产品的成败将取决于市场的需求，而不再是商业渠道，产品宣传是刺激消费者需求的重要手段。当时进入农村的保健品还寥寥无几，农村无论是人口基数还是发病率都高于城市，这些在当时并不为行业人士注意的因素与三株公司的农村市场策略相吻合，使"上山下乡""农村包围城市"的战略得以成功实现。

　　"三株"的特色营销激发了农村消费者的巨大需求，其做法具有独特性。

　　在中国农村，地广人多，看似最具有市场潜力，可是低下的消费能力、不通畅的道路、闭塞的广告通路和难以建立的销售网络，让诸多垂涎于此的企业徘徊再三，最终无功而返。崇拜毛泽东采用"农村包围城市"战略思想的吴炳新，显然更具有战略家的眼光和能力，他并没有匆忙地靠硬性广告开路，而是耐下心来，花费了将近一年的时间来构筑他的营销"天罗地网"。

　　三株公司的组织网络是基于地理区划和人口密度建立的，这张网络密集地分布在整个中国大陆地区。当年吴炳新有句名言："除了邮政网，在国内，我还不知道有哪一张网能比我的销售网大。"

　　三株公司投下巨额的广告费用，而且其战术尤为巧妙，它不像秦池酒业那样只在中央电视台黄金时段投放，而是"组合投放"，即在央视及一些中心城市电视台购买大量的非黄金时间的广告段位，用以播放拍得虽嫌粗糙却充满语言诱惑力的三株系列形象片。其中，最突出的一个主题便是"三株争当中国第一纳税人"和振兴民族工业。

　　与此同时，吴炳新还创出了一种"无成本广告模式"，即发给每个宣传站和村级宣传员一桶染料和数张三株口服液的广告模板，要求他们把"三株口服液"这五个大字刷在乡村可以刷字的土墙、电线杆、道路护栏、牲口栏圈和茅厕上。以至当时每一个到乡村的人都非常吃惊地发现，在每一个角落里，几乎都可以看到"三株口服液"的墙体广告。

此外，三株公司还极为大胆且具有创意地走出了一条"让专家说话，请患者见证"的道路。三株在全国同行业中率先推出了"专家义诊"这种行销模式，可以说是开创中国营销界的先河。在大中城市，每到周末，三株聘用的"白大褂"们就会走上街头义诊，其主旨就是推销三株口服液。再到后期，三株更把这股"专家义诊风"刮到了乡镇、农村。据不完全统计，在鼎盛时期，三株每年在全国各地起码要举办上万场这样的义诊咨询活动，数量之多确实惊人。

就在如此"战略、战术"的奇妙配合下，三株缔造了帝国基业。

"三株帝国"的轰然倒塌源于失去了市场需求

1998 年 3 月 31 日，湖南常德中院就"八瓶三株喝死一位老汉"事件，作出三株公司败诉的一审判决，要求三株公司向死者家属赔偿 29.8 万元。随之，国家卫生部下发了红头文件，责令三株停产整顿。常德中院的这份判决书，几乎同时将三株口服液判了"死刑"。

1999 年 3 月，事件性质和结果发生了大逆转，湖南省高院对此案作出了三株胜诉的终审判决。但此时三株集团的 400 多个子公司已经停业，几乎所有的县级办事处和乡镇级工作站全部关闭，昔日那个年销售额高达 180 亿元、累计上缴利税 18 亿元、拥有 15 万名员工的"三株帝国"几近崩溃。

"三株"两个字，从那时起，也开始慢慢地从人们的记忆中淡去，与人们渐行渐远。

"三株帝国"的轰然倒塌源于"常德事件"失去了公众信任，消费者对三株失去了好感，导致市场需求丧失。

早在 1997 年的年终总结大会上，吴炳新在痛陈三株失误时，就提到了需求问题，他说："市场营销策略、营销战术与市场消费需求出现了严重的不适应。对城市市场缺乏开拓，没有培育起新的经济增长点。对投入产出比强调不够，仍旧坚持大规模投入，造成无效投入和广告费浪费严重。有些子公司还在随意扩大疗效范围，宣传三株口服液百病皆治，引起消费者很大的反感。"

吴炳新找到新的需求，将重建"三株帝国"

对待目标消费者不变化的需求，就必须用不同的概念产品来满足和引导消费者。"常德事件"之后，吴炳新进行了长时间的深入调研，面对社会的新需求，确定了新的东山再起战略。

吴炳新为昔日那个凭借三株口服液一款主力产品打天下的"三株帝国"调整产品方向，让其重新起航。

他东山再起的新战略是"以药品为龙头，巩固和发展化妆品，保健品不恋战不放弃"。一定程度上可以说，吴炳新放弃了令他声名鹊起的三株口服液，及时转换思维，调整思路。

"如果一个人不能跟上时代前进的步伐，那他必然会被淘汰。"吴炳新这样解释三株变局求生的原因。他认为，随着中国消费者的消费心理日趋成熟和国家对于保健品行业政策的改变，这里指国家取消药健字号的产品，保健品行业已经告别了"暴利时代"。因此，向非保健品行业及时转移，才是"明智之举"。

正是基于上述判断，三株的产业触角转向以化妆品和中药制品为主业，并于2000年和2005年分别成立了三株生态美集团和三株医药集团。

2009年11月18日和19日，吴炳新专程去上海参加为期两天的生态美工作会议。在会议上，吴炳新满怀激情地说："要创造一个属于生态美人的新的激情燃烧的岁月。"

"三株帝国"的跌宕兴衰无一不与需求相关。成也需求，败也需求，东山再起也因需求。

好莱坞——世界影视业的 No.1

如果要在全世界的影视业中评出个 No.1，好莱坞毫无疑问会以头票当选。

美国电影在商业上的成功，无论是从单纯的票房价值、产业的规范良性发展，还是美国电影的全球化影响、文化传播的博弈渗透，均在电影界和经济领域得到广泛的认可。好莱坞代表着美国影视业，好莱坞大片代表着它的成功与辉煌。

好莱坞，英文：Hollywood，又译为"荷里活"，位于美国加利福尼亚州洛杉矶市区西北郊，面积 1204.4 平方千米，是洛杉矶的邻近地区，也是世界闻名的电影城。

1914 年 1 月 30 日，前舞台监督兼剧作家赛西尔·B. 德米尔，在加利福尼亚的好莱坞建立了一个电影中心。

好莱坞不仅是全球时尚的发源地，也是全球音乐电影产业的制作中心，拥有着世界顶级的娱乐产业和奢侈品牌，引领并代表着全球时尚的最高水平，梦工厂、迪士尼等电影巨头，还有像 RCA JIVE Interscope Records 这样的顶级唱片公司都汇集在好莱坞。这里的时尚与科技互相联动发展，自然而不造作，拥有深厚的时尚底蕴和雄壮的科技做支持，一直被全球各地争相模仿。

现在，"好莱坞"一词往往直接用来代指美国加州南部的电影业。

好莱坞近百年来一直保持电影行业"领头羊"地位，成为电影产业发展的风向标。好莱坞如何能保证这么多年始终在世界影坛甚至是整个文化经济领域立于不败之地？

主、客观条件的推拉作用需要影视业进军好莱坞

第一，适宜的天然资源能够满足影视业拍摄和发展的需要。

1907 年，导演弗朗西斯·伯格斯带领他的摄制组来到洛杉矶，拍摄了一部曾经获得奥斯卡金奖的《基督山伯爵》。他们发现，这里明媚的自然风光、充足的光线和适宜的气候是拍摄电影的天然场所，真是上天的恩赐。

20 世纪初，导演大卫·格里菲斯被 Biograph 公司派到西海岸拍电影，他带着丽莲·吉许、玛丽·璧克馥等演员来到洛杉矶北部一个热情的小镇，那就是好莱坞。Biograph 公司发现这里的条件非常好，于是陆陆续续地拍了好几部电影。渐渐地，许多业内人士都知道了这块宝地，到好莱坞拍摄的电影剧组越来越多，美国电影业移师好莱坞由此拉开了序幕，好莱坞向电影之都迈进。

许多著名的电影公司在好莱坞落户，有米高梅电影公司（Metro Goldwyn Mayer，MGM）、派拉蒙影业公司（Paramount Pictures，Inc.）、20 世纪福克斯公司（20th Century Fox）、华纳兄弟公司（Warner Brothers）、迪士尼（The Walt Disney Company）、环球公司（Universal）、狮门电影公司（Lions Gate Films）、哥伦比亚影业公司（Columbia Pictures）。这些大体量的世界知名公司，以工厂的方式，产出了海量的大片，满足了海内外观众的视觉需求，成就了好莱坞的世界影坛地位。

第二，初期影视业移师好莱坞是出于逃避专利权的需要。

好莱坞成名的最主要因素是受到世界大发明家爱迪生所创办的电影托拉斯的强大压力。这里有一个故事，情节也堪称"美国大片"。大多数人只知道爱迪生是个大发明家，却不知道他因追逐利益最大化而被称为"大知识贩子"。然而，这恰好促成了"好莱坞"的诞生。爱迪生在电影器材方面有许多发明设计革新，并拥有相应的专利权。1897—1918 年，爱迪生在美国发起电影专利权之争，和众多电影制造商对簿公堂。同时，他看准了电影事业的发展远景，利用手中的电影器材王牌，将当时在美国东部的

九大电影公司合并为他的电影专利公司，由此控制了美国东部电影市场。那些不甘从命的制片人，纷纷寻找新的出路，以摆脱爱迪生的垄断。一家原在美国东部新泽西州的电影制片厂，在好莱坞廉价租到厂房，快速地拍出了第一部好莱坞电影《她的印第安英雄》，这部片子扩大了好莱坞的知名度，那些欲寻找出路的电影制片人，为好莱坞优越的自然外景和发达的交通条件所吸引，纷纷来到好莱坞开创基业。另外，加州距离新泽西州非常遥远，爱迪生很难在这里控制他的专利权。爱迪生的死对头卡尔·雷穆也在好莱坞大兴土木，并创建了环球公司，成为新的影业大王。

以消费者为中心的品牌营销，引导新需求

当前，随着生产力的发展和人类文明的进步，以人为本的营销显得越来越重要。著名的管理理论大师彼得·德鲁克说："营销的目的是在充分认识、了解顾客的基础上，让产品或者服务能够完全符合顾客所需，从而使其自动购买。"营销策划必须始于消费者，这样才能真正获得消费者的满意，并成为吸引他们继续消费的动因。这种以消费者为导向的营销观，在美国已被普遍接受，从事艺术媒介营销的商人更是认识深刻。

好莱坞深谙其道，将观众的需求放在第一位，将以消费者为中心作为电影品牌的指导思想，早已是他们公认的营销法宝。他们的惯用手法：一是进行大量的市场调研和制定策略，剖析观众心理；二是投其所好制作符合观众需求的影片。通过对消费者的关注，他们能够轻易把握消费者的需求，并根据不同的消费群体制定不同的营销策略。在反面人物的处理上也非常谨慎：如果坏蛋是中国人，中国可能禁映影片；如果坏蛋是俄罗斯人，电影可能进不去俄罗斯；但如果片中的坏蛋是丧失了道德伦理的美国人，那么电影会同时被美国和其他国家观众所接受。

好莱坞不仅重视本国观众的消费喜好与需求，也密切关注世界各国观众的消费取向，经常在对外国电影市场进行详细调研的基础上，有的放矢地开展营销计划。举例来说，"每一部好莱坞电影都是量身定做的'全方

位'电影"这种说法带有一点夸大性。好莱坞将电影受众划分为男性、女性、25 岁及以上和 25 岁以下四个象限，通常情况下，只有覆盖两个象限以上的电影才会被批准制作，主流商业大片一般会覆盖全部四项。

宣传造势和促销手段刺激影视需求

好莱坞根据影片的类型、明星及导演的影响力大小等实际情况选择相应的宣传手段，以刺激需求，拉动消费，赚个盆满钵满。

其基本的促销手法有以下几种。

一是预告片。预告片的主要诉诸对象是已经表现出消费意愿的观众，同时也可在普通观众中起到引导购买的作用。预告片一般通过影院、电视、网络等渠道在电影公映之前率先让观众一睹为快，其长度一般为 150 秒，能够让观众了解自己是否想看这样一部电影，产生观影欲望。

二是大量投放电影海报。这种通过传统媒介进行大量宣传推广的方法是影片营销的通用模式。除了把大导演、大明星的名字及其所扮演的角色安排到醒目位置外，还会加入富有煽动性的宣传语，突出强调视觉冲击力，以此来使观众产生愉悦感，并将之转化为消费欲望。

三是对症下药，采用媒体宣传。报纸、广播、电视、网络上的广告轰炸是人们认识一部电影的最佳手段，其中，《洛杉矶时报》和《纽约时报》主要轰炸的是普通观众，而《好莱坞报道》和《综艺》则是针对电影业内人士。对宣传资金不多的小制作电影而言，网络则是最好的广告媒介。在互联网上制造热点与话题，混淆虚拟与现实。他们正是通过各种各样的技巧创建消费者的口碑。

四是借助首映式扩大社会影响。首映式是电影最常见的一种营销手段，对于大片发行而言，营造盛大、奢侈的首映式，以精彩的片花、宏大的场面、耀眼的明星阵容重磅刺激社会，引发大众的关注，尽量以良好的形象吸引观众注意。

五是通过电影节等活动制造品牌影响。电影节是电影产品的博览会和展销会，电影获奖之后，得到的不仅仅是荣誉，对电影品牌的形成至关重要，同时也是票房和收视率的保障。美国是世界上举办国际电影节数量最多的国家之一。

六是选择最佳档期。上映档期是各类影片营销活动成败的关键。美国电影市场的每个年度，分为春、夏、秋、冬和圣诞假日五个档期。其中以夏季、秋季和节日档期最为重要，前二者对全年的票房几乎起到了决定性的作用，而后者则对影片能否入围奥斯卡举足轻重。在这三个档期上映的影片数量几乎占全年总数的70%，而且票房的收入也占全年总收入的70%左右。

好莱坞电影的商业性需要巨大娱乐需求支持

在传统的文化中，娱乐一直被当成负面的东西，是一种纯粹的消费和消耗。新观点认为：电影是现代工业文明的产物，和以前不同，现代工业文明把时间分成了工作时间与闲暇时间。作为一个消费者，买票看电影，实际上是在头一段娱乐休闲的时光。在对待电影的娱乐性问题上有两种态度：一种是寓教于乐，这是我们旧有的思维方式；还有一种是欧美文化的态度，对看电影这种娱乐不必去严肃对待。对待电影娱乐性的态度认同，促成了好莱坞影视业的商业化，赚钱就成了王道，寻找需求成为其制作、营销的重中之重。

中国作为好莱坞新兴的海外市场，占据着越来越重要的地位。中国因其巨大的电影消费需求和庞大的人口基数，无论在消费现状还是消费潜力上，都成为好莱坞眼中的重中之重。好莱坞大片《阿凡达》上映仅三天，在中国的票房即破亿元，为该电影海外票房成绩之最。好莱坞在中国市场所取得的利润十分可观，加之好莱坞眼中中国居民巨大的消费潜力，争夺中国市场成为其发展的必由之路。这从好莱坞进军中国市场的营销可见一斑。

有媒体曾总结，好莱坞大腕来中国造势路数相似，"套交情""亮实力""秀王牌"是惯用的"三板斧"。有评论指出，联系到"中国特供版"、中国元素植入等现象，好莱坞导演、演员、有影响力的制作公司纷纷来华寻求合作，且相继来华宣传影片，这些以前不多见的营销手法的出现，反映的是中国电影市场全球地位的跃升，好莱坞看中的是中国亿万观众的娱乐需求。

随着近几年中国电影市场的繁荣，好莱坞片方开始为打开中国市场找噱头、动脑筋了。除了《功夫熊猫》《阿凡达》等采用中国元素外，中国明星加盟自然是最直接的方法。越来越多的华人女影星也开始露脸好莱坞大片，例如，《敢死队2》中的余男、《环形使者》中的许晴、《云图》中的周迅、《生化危机5》中的李冰冰。影评人周黎明说："好莱坞影片增加一个华人角色，就更容易进入中国市场，并且有了票房的基本保证。"

至于中国影星如何加盟好莱坞大片，有影评人说："这就要看明星的经纪公司或者经纪人有多大能量了，片方有了这种需求，不会排斥与中方接洽。只要有适合的途径和时机，谈判其实是很简单的事。有时，美国片方会主动找到某个明星。"

国内国外的庞大市场为好莱坞影视业发展提供了巨量的需求

美国观众从一开始就表现出对电影的热爱。1905年6月19日，第一家5分钱影剧院，又称镍币影院，在美国宾夕法尼亚州匹兹堡开张。从此，美国的电影放映活动有了专门场所，主要顾客是社会中最贫困的移民阶层。由于票价低廉，新潮的电影艺术受到民众的热烈欢迎，一天的辛劳过后，走进镍币影院观看影片成为一种新式娱乐。镍币影院的成功在美国各地掀起仿效热潮，到1908年，全美大约有8000～1万家镍币影院，观影人数占美国人口的近1/5。之后，美国电影放映业先后经历了"3M"阶段，即电影宫殿（Movie Palace）、多厅影院（Multiplex）、巨型多厅影院（Megaplex）等，使影片观赏活动朝着舒适性、多样化的方向发展，成为美国民众重要的娱乐休闲方式，也使得美国电影业成为娱乐经济的重要组成部分。20世纪40年代，美国每年观影人次达到40亿，电影票房收入一度占到美国娱乐经济的20%。强大的国内市场需求保证了美国电影业的持续发展，美国本土的电影市场基本可以确保电影投资商收回成本。

而海外市场的持续扩张更是好莱坞电影发展的另一强劲动力。20世纪80年代以来，伴随着经济全球化进程的加快，好莱坞文化霸权也在全球市场得到了急剧扩张。好莱坞电影一度成为先进文化和潮流时尚的代名词，需求空前，迅速蔓延到世界各地，受到全球范围内的支持和青睐。全球市场的扩张给好莱坞影视业提供了强大的票房来源。美国影片2012年的全球票房为276亿美元，其中，本土票房为107亿美元，占全球票房的39%；海外票房为168亿美元，占全球票房的61%。2012年，美国十大本土电影票房收入中，海外票房均已占到60%，《冰河世纪》更是占到80%，这充分说明全球市场为美国影片提供了巨大的消费需求。

看来，好莱坞作为世界影视业的No.1，名不虚传。

碧桂园——房地产界杀出的一匹黑马

当你打开碧桂园的官方网站，首先跳入视野的是：

碧桂园是中国城镇化进程的身体力行者，20 多年为近 200 个城镇带来现代化的城市面貌，让当地人民的生活条件得到提升。

碧桂园所在城市都是亮丽风景线和名片。花园、绿化使当地人流连忘返，会所、物业服务令人生活舒适、安全。

每个城市新建的建筑环境、管理都应禁得起历史的检验，碧桂园在每个地方都将小区品质做到一步到位：建世界一流的小区！所以现已有超过 150 万业主选择在碧桂园安居乐业。

作为拥有超 7 万名员工的企业，碧桂园大多数带装修产品平均售价仅为每平方米 6600 多元，是十强房企中最低的。碧桂园努力为全世界建造最高性价比的房子。

立业至今，碧桂园创始人及集团累计参与社会慈善捐款已超 19 亿元。

这就是碧桂园，一直在为人类社会的进步而不懈努力。

碧桂园——给您一个五星级的家。

碧桂园集团创建于 1992 年，位于中国广东顺德，是一家以房地产为主营业务，涵盖建筑、装修、物业管理、酒店开发及管理、教育等行业的国内著名综合性企业集团，2006 年获评"中国驰名商标"，为全国最早获评的两个房地产行业驰名商标之一。

2007 年，碧桂园集团在香港联交所主板上市；同年 9 月，成为摩根士丹利资本国际环球标准指数成分股、恒生综合指数及恒生中国内地综合指数成分股；2014 年销售约 1288 亿元，纳税超 120 亿元。

看一下这个集团获得的部分荣誉：

2011 年最具潜力中国企业（房地产）；

2011 年度十大慈善企业；

第七届中华慈善奖"最具爱心捐赠企业"；

2012 年中国房地产开发企业一百强；

《福布斯》全球企业一千强（位列中国地产企业第四）；

2012 年中国建筑"百强之星"安全质量管理优秀施工单位；

2012 年度地产上市公司综合实力五十强（第五）；

2012 年中国房地产上市公司综合实力十强；

广东地产资信二十强（连续十一年）；

中国房地产与建筑业五百强。

这是房地产界的一匹黑马，是什么力量成就了碧桂园？

社会责任感的理念，契合了大众在情感上的需求认可

碧桂园期望每位员工都心怀如下理念并全力做到："希望社会因我们的存在而变得更加美好"；"我们要做有良心、有社会责任感的阳光企业。"这是一个有着社会责任感的企业，它的理念容易与大众的情感产生共鸣。

正如碧桂园董事局主席杨国强在各类场合多次所讲："碧桂园的利润主要来自超前的民生地产发展战略，来自超强的成本控制能力，来自战略合作伙伴的让利。碧桂园要少赚老百姓的钱，要多建老百姓买得起的精品民生住宅。"

作为国内著名的综合性房地产开发企业，碧桂园集团下辖国家一级资质建筑公司、国家一级资质物业管理公司、甲级资质设计院等专业公司；旗下已有 30 余家挂牌五星级或五星级标准酒店。据资料显示，20 余年来，碧桂园直接提供就业岗位 5 万多个，间接创造就业岗位逾 20 万个。

碧桂园集团矢志成为"有良心、有社会责任感的阳光企业"；同时，碧桂园及其创始人热心于社会公益慈善事业，集团建立了完善的社会责任

体系，包括定点扶贫、公益教育、医疗卫生、志愿服务等系列公益项目，历年捐赠约合 17 亿元。

"四位一体"营销理念，实现了营销军团在事业上的价值需求

由碧桂园营销团队总结出的"四位一体"核心营销理念，实现了营销战术上的精确指导。"四位一体"将产品、广告、拓客、销售手段总结为营销推广的四大要件，"策略"则是贯穿其中的准绳。"四位一体"核心营销理念，最终实现了营销军团在事业上的价值需求。

碧桂园营销团队在购买土地之前就开始全面参与，服务几乎贯穿项目整个生命周期。碧桂园的营销团队不仅可以做到细致的前期市场调研，提交详细的调研报告以及货量、产品配比建议，也会根据市场的反馈，在货量规划、个性化改造、环境体验等方面提出专业化、实用化的建议。

在碧桂园营销的"战阵"中永远不缺乏令人眼花缭乱的"奇谋良策"：改"终端"为"前端"，变坐销为行销，化"零散"为"圈层"，全民营销，跨区域客户召集，夜间营销，自媒体运营，组建"海外投资考察团"……

碧桂园营销军团对精英人才极为重视，仅 2013 年通过"猎英行动""海盗计划"就网罗超过 3000 名资深甚至冠军级销售员。在团队内则实施严格的绩效考核和奖惩。对销售人员用"大吃小"竞争机制、"案场准入制"激发潜能；对最优秀的销售人员则提供行业罕见的高额重奖，让人看到眼红，听到心动。碧桂园营销团队把每年年底业绩冲刺的跨区域支援称为"猎豹行动"，数以千计的营销人员就像敏捷的猎豹那样，马不停蹄地"战斗"在各地营销"战场"，虽然不见硝烟，但见干事创业的激情。碧桂园营销团队在年终评奖中专门设有"优秀支援员工"和"优秀支援管理人员"奖项，用于表彰那些为了事业无私付出的营销人员，让他们的无私奉献得到肯定。

碧桂园营销团队从不放过任何适合自己的创新策略，更是能够及时总

结归纳，完善后立即向整个营销团队推广。据资料显示，碧桂园营销系统2013 年共组织各类大小专场培训 2234 场，不间断地为一线人员提供最精良的"秘密"装备。

在 2014 年营销管理人员培训班上，碧桂园集团执行董事杨永潮发自肺腑地说道："我希望我打造的平台能够给我们的员工更多发展机会，我们追求的是策略大师，希望我们能够培养出世界一流的营销专家。"

超高的性价比，引爆消费者在置业上物美价廉的追求

高性价比产品是其出奇制胜的法宝，它能够满足中低收入阶层的优质住房需求。凭借这种优势，碧桂园创造了一个又一个传奇，令业主震撼，令媒体震惊，令业内人士惊叹。

2013 年 10 月 8 日，在新浪房产上刊载的《天津碧桂园十一销售额破亿元大关　点燃南天津置业需求》这样写道："10 月金秋国庆之时，天津碧桂园组团盛大开盘。当天全新推出致臻花园美墅，精致洋房。销售中心热闹非凡，取消了家中懒觉计划、推迟了出游计划的业主们早已在此等候多时，各个凝神静气、紧张异常，等待选择心仪的房子。整个十一期间，天津碧桂园销售额已经破亿元大关，南天津的火爆需求再次被点燃。"

"除了双拼花园别墅产品，为答谢新老业主，十一期间，天津碧桂园还将推出'一口价'精品特惠房源，其中 260 平方米的双拼花园美墅以 230 万元的震撼价格，144 平方米水岸公馆以 73 万元的超低震撼价格，再一次将碧桂园产品超高性价比的特点表现得淋漓尽致。"

同行业老大万科集团曾对碧桂园模式进行过总结，认为：①布局三四线城市，获取大面积廉价土地；②参与土地一级开发，同时全方位配套提升产品及区域价值，在优化项目的同时满足政府需求，进一步获取地价优惠；③碧桂园业务涉及行业上游的建材、设计、施工，行业下游的装修、家具家电、物管、酒店会所运营，全产业链布局，内部化交易控制成本；④工作前置，缩短开发周期，规模复制，垂直一体化，集中采购，从各个

环节控制成本；⑤集团—区域公司—项目公司，集团相对集权，资金集中管控，物资统一采购，运营一体化。

碧桂园集团负责人透露，碧桂园从设计到开发，再到全方位的物业管理，均由集团一条龙完成，其规模化和标准化生产大大降低了产品成本，实现了整个集团"低价跑量"的运营目标，这是碧桂园产品物超所值的最主要原因。同时，碧桂园从不"捂盘惜售"，只要一达到销售条件就会推向市场公开销售，只赚取合理的利润，以确保产品快速销售，资金快速回笼，快速滚动。

高性价比，既要价格较低，又要求质量较好。碧桂园集团负责人认为，优质是碧桂园挑选承建商的重要标准，与品牌承建商合作能最大限度地降低资源的消耗，从而最大限度地降低成本损耗，保证了极具竞争力的产品价格，更能保证产品质量。

碧桂园，真是房地产界的一匹黑马！

Part 3

苦难与梦想

历史上，苦难总是与梦想联系在一起，这里有伟人面对危机的力挽狂澜，也有民众为享受美好生活所采取的理性行动。

苦难也因需求

　　世界经济危机造成了经济大萧条，十面"霾"伏让人心惊胆战，大智大为的罗斯福令世人称赞，中国率先走出经济危机影响，树立负责任大国的良好形象，这些惊叹与感叹，无不与需求紧密相连。

> 　　消费需求是最终需求，投资需求是中间需求，只有最终需求旺了，经济才能真正启动起来。
>
> 　　　　　　　　　　　　——著名经济学家　厉以宁

令人惊恐的世界经济危机

自从有了货币经济以来，在西方资本主义国家就发生了很多大大小小的各类经济危机，在不同程度上影响了西方国家的经济发展进程，在有些年甚至造成致命打击。到了 20 世纪 90 年代以后，经济危机的影响，已不仅仅局限于西方国家，而是波及全球的经济实体国家，就连亚洲的一些国家也未幸免于难。这里列举几次比较严重的经济危机，以便读者加深了解。

1720 年的"南海泡沫"让英国第一次尝到需求不足的苦果

17 世纪，英国经济兴盛，人们拥有大量的闲置资金，社会储蓄膨胀。当时股票的发行量极少，拥有股票成为一种特权的象征。为此，南海公司觅得赚取暴利的商机，即与政府交易以换取经营特权。由于公众对股价看好，促进了当时债券向股票的转换，进而反作用于股价的上升。

1720 年，为了刺激股票发行，南海公司接受投资者分期付款购买新股的方式。社会投资十分踊跃，股票供不应求，导致价格狂飙到 1000 英镑以上。南海公司的真实业绩与人们的预期严重背离。后来，为了抑制投机行为，英国国会通过了《反金融诈骗和投机法》，内幕人士与政府官员趁机大举抛售股票，南海公司股价一落千丈，南海泡沫破灭。

1720 年倒闭的南海公司给整个伦敦金融业带来了巨大的阴影。

Q 第一次世界经济危机给资本主义国家 带来了巨大的伤痛 ‹

1857 年经济危机在资本主义历史上是第一次具有世界性特点的普遍生产过剩危机。这次危机也是第一次从美国而不是从英国开始的。

随着危机的爆发，美国的银行、金融公司和工业企业大量倒闭。仅 1857 年一年时间里，就有近 5000 家企业破产，5000 家在当时的美国可是个非常大的数目。粮食生产过剩，粮价和粮食出口下降，加上英国工业品的激烈竞争，促使美国经济危机加深。反过来，英国的经济发展也受到美国经济危机的打击。由英国向之提供资金的美国银行、铁路、商业公司纷纷破产，也使英国投资者持有的有价证券急剧贬值。

祸不单行。1857 年秋季，美国还爆发了货币危机，导致整个银行系统瘫痪。美国的货币危机在 10 月中旬达到顶点，当时纽约 63 家银行中有 62 家停止了支付，仅有 1 家银行还能勉强营业，停兑率达到了 98.41%，贴现率竟然超过了 60%，股票市场行情下跌了 20%～50%，许多铁路公司的股票跌幅达到 80% 以上。美国的经济危机迅速蔓延到英国和欧洲大陆，引发了一阵又一阵的破产浪潮。

Q 石油危机打乱了西方国家的经济发展 步伐 ‹

1971 年，由于美国国际收支赤字不断增加，同时西方外汇市场大量抛售美元、抢购黄金和西德马克，为防止美国黄金储备严重枯竭，美国尼克松政府宣布暂停按布雷顿森林体系所规定的以每盎司黄金换 35 美元的价格向美国兑换黄金；当年 12 月，美元贬值 7.8%。1972 年，美国总统尼克松在这个关键时刻访华，打开中美外交关系的大门，也是其挽救国内危机的需要。1973 年 1 月，新的美元危机再度爆发；2 月 2 日，美国再度宣布美元贬值 10%；3 月，西欧各国对美国实行浮动汇率。至此，以美元为中心的布雷顿森林货币体系宣告瓦解，开始爆发整个西方资本主义国家的又一次经济危机。

1973年10月，第四次中东战争爆发，阿拉伯石油生产国削减石油输出量，造成油价飞涨，立即打乱了西方国家经济发展的节奏，从而引发了经济危机。

这是战后最严重的一次全球资本主义经济危机。在危机发生一年之后的1974年12月，美国汽车工业下降幅度达32%，道琼斯股票价格平均指数比危机前的最高点下跌近50%。1975年，美国的失业率高达9.2%。在此期间，整个西方资本主义世界的工业生产下降了8.1%；英国的股市比危机前的最高点下跌了72%；危机最严重的1975年，西方发达国家的月平均失业总人数达1448万。

最为可怕的是，此次经济危机造成了西方资本主义经济较长时间的"滞胀"。一方面，危机之后，经济回升极其缓慢；另一方面，通货膨胀与萧条共存。危机过后，各发达国家的通胀率依然居高不下，美国的通胀率甚至还不断上升，1979年消费物价上涨率达到13.2%。

美国次贷危机引发了世界经济大萧条

2007年发生的美国次贷危机，发展成全面金融危机，而且向实体经济渗透，向全球蔓延，给世界经济带来严重影响。用"席卷全球"来形容一点也不为过。下面的这些事件，足以让你胆战心惊。

2008年：

1月15日，花旗银行宣布，该行四季度亏损98.3亿美元，并表示将通过公开发行及私人配售方式筹资125亿美元。

1月22日，美联储宣布将联邦基金利率下调75基点至3.50%，隔夜拆借利率下调75基点至4.00%。

1月30日，瑞士银行宣布，受高达140亿美元的次贷资产冲减拖累，2007年第四季度预计出现约114亿美元亏损。

1月31日，美联储将联邦基金利率下调50个基点，至3.0%；将贴现率下调0.5%，至3.5%。

3月12日，美联储宣布，将扩大证券借贷项目，向其一级交易商出借最多2000亿美元的国债。

3月16日，美联储决定，将贴现率由3.5%下调至3.25%，并为初级交易商创设新的贴现窗口融资工具。

9月7日，美国联邦住房金融管理局将出面接管房利美和房地美。

9月15日，雷曼申请美国史上最大破产保护债务逾6130亿美元。

9月17日，在雷曼兄弟申请破产保护后不足两天，美联储开创先河，宣布向危在旦夕的美国国际集团（AIG）提供850亿美元紧急贷款，变相接管该集团。

9月18日，以美联储为首的六大央行再度联手，宣布共同向金融体系注入高达1800亿美元的资金，以缓解货币市场的吃紧状况。

9月30日，美股经历"黑色星期一"，道琼斯指数跌幅6.98%，分别创下有史以来的最大点数跌幅和2001年"9·11"事件以来最大单日跌幅。

10月8日，美联储、欧洲央行、英国央行等降息50个基点；中国降息27个基点，并暂停利息税。

10月13日，日本大和生命保险公司向法庭申请债权人保护，成为日本在金融危机中破产的首家金融机构。

12月30日，在金融危机的冲击下，以出口为主的日本企业遭受沉重打击，到年底，单是日本的汽车制造业就有10万名员工被解雇。

2009年：

1月19日，英国首相布朗再次宣布推出大规模金融救援计划，以促进银行发放贷款。

2月4日，美国新任总统奥巴马积极敦促美国参议院通过一项总额高达8190亿美元的拯救美国经济的新经济刺激方案。

2月10日，瑞银集团发布四季报显示，该集团当季出现约69亿美元的亏损，主要来自投资银行风险头寸损失，全年亏损170亿美元。

2月12日，美国国会两院达成妥协，总额为7980亿美元的新政府经济刺激方案最终文本形成。

2月15日，日本GDP萎缩12.7%，降幅超过预测，为自1974年石油危机以来最严重一次。

2月24日，经济危机对匈牙利、波兰等东欧国家的影响日益加深，汇率直线上升、外资逃离，使得部分东欧国家可能考虑不再偿还债务，金融危机"第二波"担忧蔓延。

3月6日，英国央行和欧洲央行先后将基准利率大幅下调50个基点，分别降至0.5%和1.5%，各自基准利率已降至历史最低水平。

3月9日，俄罗斯过去5个月耗尽了35%的外汇储备，GDP单月同比下降8.8%，工业生产总值同比下降16%，创15年来最大降幅。

历次经济危机，都造成世界性经济的大萧条、大衰退。那么，到底怎样认识经济危机？究其原因，严重的需求不足成为"真凶"。

经济危机是指经济系统没有产生足够的消费价值，也就是生产能力过剩、需求表现不足的危机。有的学者把经济危机分为被动型危机与主动型危机，其中，被动型经济危机对社会危害尤其严重，是指在该国宏观经济管理部门没有准备的情况下出现经济严重衰退或货币大幅度贬值，从而引发金融危机，进而演化为经济危机的情况。世界经济危机指的是整个世界经济在比较长的时间内不断收缩。经济危机是市场经济发展过程中轮回式爆发的生产相对过剩的危机。

经济危机的共性突出表现为：商品滞销、利润减少导致生产急剧下降，失业大量增加，企业开工不足并大批倒闭，生产力和产品遭到严重的破坏和损失，企业资金周转不灵，银根紧缺，利率上升，信用制度受到严重破坏，银行纷纷遭遇挤兑风潮甚至宣布破产，等等，社会经济陷入瘫痪、混乱和倒退状态。

在经济大萧条中力挽狂澜的美国总统——罗斯福

下面先请看一组 1929—1933 年美国大萧条时期的真实照片。

1929—1933 年的美国经济大萧条的影响，比历史上任何一次经济衰退都要来得深远。从股票市场崩溃到 1932 年（大萧条时期最惨的一年），经济一直在螺旋式下降。

——摘自威廉·曼彻斯特《光荣与梦想》

在布鲁克林区的"血汗工厂"里，15 岁左右的童工每周只挣二元七角八分。女工每周工作 50 小时，报酬是二元三角九分。

——摘自威廉·曼彻斯特《光荣与梦想》

1932 年 6 月，美国东北各名牌大学的应届毕业生也在拼命找工作。那时，连在纽约百货公司开电梯也要有学士学位，而且对他们当中好些人来说，这已是最好的差事了。

——摘自威廉·曼彻斯特《光荣与梦想》

1932 年 10 月，纽约市卫生局报告说：公立学校的小学生有 20％营养不良。在俄亥俄、西弗吉尼亚、伊利诺伊、肯塔基和宾夕法尼亚各州的矿区，营养不良的儿童有时达总数的 90％以上。

——摘自威廉·曼彻斯特《光荣与梦想》

经济危机让以美国为首的西方资本主义国家一片狼藉

经济大萧条（Great Depression），是指1929—1933年间全球性的经济大衰退。大萧条是第二次世界大战前最为严重的世界性经济衰退，是20世纪持续时间最长、影响最广、强度最大的经济衰退。这次经济危机，最终的结果是导致旷世持久的第二次世界大战的爆发。

随着1929年10月美国华尔街股市崩盘，一场毁灭性的经济大萧条席卷了几乎所有的工业化国家，并在一些国家持续十年之久。大萧条期间，美国最高失业率达到25%，德国、澳大利亚和加拿大的失业率一度接近30%。美国经济在1933年陷入谷底，工业产出下降到衰退前的65%。

1929年上半年，纽约股市经过不断哄抬，持续上扬，呈现一片"繁荣"。10月23日，股价开始急剧下跌。29日，股市出现了灾难性的风暴，一天之内抛售了1600多万股，一些主要股票的价格下跌了40%，转眼间，许多人破产。到11月，纽约股市的各种股票损失达260多亿美元。据统计，1933年年初，美国已经有50%的银行倒闭。

这场持续到1933年的"大萧条"，比以往任何一次经济衰退所造成的影响都要深远得多。在这期间，美国钢铁公司的股票从262美元下降到22美元，下跌率91.6%；通用汽车公司的股票从73美元降到8美元，下跌率89.04%，国民经济的每个部门都受到了相应的严重损失。在经济萧条的这三年中，有5000家银行倒闭，至少13万家企业破产。通用汽车公司的生产量从1929年的550万辆下降到1931年的250万辆，下降率达54.54%。1932年7月，钢铁工业仅以12%的生产能力运转。到1933年，工业总产量和国民收入暴跌了将近一半，商品批发价格下跌了近1/3，商品贸易下降了2/3以上；占全国劳工总数1/4的人口失业。

当时，美国经济对其他资本主义国家经济和世界市场有着极其重要的影响。美国出现的经济危机很快引发了其他资本主义国家的经济危机。1930年，严重依赖美国资本的德国发生经济危机；接着，英、日等国经济出现了严重的衰退；1932 年，法国经济也开始萧条。各国不得不相继宣布放弃金本位。

1929—1933 年，整个资本主义世界的工业产量下降了 1/3 以上，贸易额减少了 2/3。其中，美国和德国受影响程度最大。美国的进出口额下降了 70%，英、法、德、日也都下降了一大半。

美、英、法、德共有 30 万家企业倒闭，资本主义世界的失业工人竟达到 3000 万人以上。许多昔日机器轰鸣的工厂，变得死气沉沉，野草丛生，成为各式机器设备的"墓地"。广大劳动人民饥寒交迫，流离失所，但垄断资本家为了维持他们的利润，稳定商品价格，却大量销毁商品。大量的玉米、小麦、棉花、牛奶等产品，或被当作燃料，或被倒入河流、大海。

1929—1933 年大萧条时经济指数变化　　　　单位:%

	美国	英国	法国	德国
工业产值	− 46	− 23	− 24	− 41
批发价格	− 32	− 33	− 34	− 29
对外贸易	− 70	− 60	− 54	− 61
失业率	607	129	214	232

罗斯福新政力挽狂澜

1933 年年初，富兰克林·罗斯福取代了焦头烂额的胡佛，当选为美国第 32 届总统。他是美国历史上唯一蝉联三届（第四届任期未满）的总统，美国迄今为止在任时间最长的总统，美国历史上最伟大的三位总统之一，同华盛顿、林肯齐名。

罗斯福针对当时的实际情况，顺应广大民众的意志，大刀阔斧地实施了一系列旨在克服危机的政策措施，历史上被称为"罗斯福新政"，新政的主要内容可以用"三 R"来概括，即复兴（Recover）、救济（Relief）、改革（Reform）。实际上就是通过创造新的需求解决失业问题，进而盘活金融，发展经济，赢得民众的支持以及日后综合国力的强大。

一是复兴计划创造社会就业需求。罗斯福在解决银行问题的基础上，竭力促使议会先后通过了《农业调整法》和《全国工业复兴法》，这两部法律成了整个新政的左膀右臂。罗斯福要求资本家遵守"公平竞争"的规则，定出各企业的生产规模、价格、销售范围；给工人定出最低工资和最高工时，从而限制了垄断，减少与缓和了紧张的阶级矛盾。

在得到大企业的支持后，罗斯福随之又尽力争取中小企业主的支持。他说，大企业接受工业复兴法固然重要，"而产生丰硕成果的领域还在于小雇主们，他们的贡献将为 1～10 人提供新的就业机会。这些小雇主实际上是国家骨干中极重要的部分，而我们计划的成败在很大程度上取决于他们"。中小企业的迅速发展，为美国社会的稳定、经济的复苏发挥了积极的作用。

二是救济计划创造公益性用工需求。1933 年 5 月，国会通过联邦紧急救济法，成立联邦紧急救济署，将各种救济款物迅速拨往各州，第二年又把单纯救济改为"以工代赈"，给失业者提供从事公共事业的机会，维护了失业者的自力更生精神和自尊心。

罗斯福执政初期，全国 1700 多万名失业人员及其亲属维持生计全靠州政府、市政府及私人慈善事业的帮助。但这部分财源相对于如此庞大的失业群体，无异于杯水车薪。为解决这一复杂的社会问题，罗斯福新政的第一项措施，就是促请国会通过民间资源保护队计划。该计划专门吸收年龄在 18—25 岁，身强力壮而失业率偏高的青年人，从事植树护林、防治水患、水土保持、道路修筑、开辟森林防火线和设置森林瞭望塔，第一批招募了 25 万人，在遍及各州的 1500 个营地劳动。到美国参战前，先后有 200 多万名青年在这个机构中工作过，他们开辟了 740 多万英亩国有林区和大量国有公园。平均每人每期工作 9 个月，月工资中拿出绝大部分作为赡家费，这样，在整个社会扩大了救济面，并相应提高了购买力。

新政期间，全美国设有名目繁多的工赈机关，综合起来可分成两大系统：以从事长期目标的工程计划为主的公共工程署和民用工程署，后者在全国范围内兴建了 18 万个小型工程，包括校舍、桥梁、堤坝、下水道系统及邮局和行政机关等公共建筑物，先后吸引了 400 万人工作，为广大非熟练失业工人找到了用武之地。后来，还相继建立了几个新的工赈机构。其中最著名的是国会拨款 50 亿美元兴办的工程兴办署和专门针对青年人的全国青年总署，二者总计雇用人员达 2300 万，占全国劳动力的 50% 以上。

到第二次世界大战前夕，联邦政府支出的种种工程费用及数目较小的直接救济费用达 180 亿美元，美国政府借此修筑了近 1000 座飞机场、12000 多个运动场、800 多座校舍与医院，为工匠、非熟练工人和建筑业者创造了就业机会，是迄今为止美国政府承担执行的最宏大、最成功的救济计划。这一笔钱经过工人的口袋，通过不同渠道和消费，又回流到资本家手中，成为以政府投资刺激私人消费和个人投资的"引动水"。

三是改革计划创造新的消费需求。从 1935 年开始的第二期"新政"，在第一阶段的基础上，着重通过社会保险法案、全国劳工关系法案、公用事业法案等，以立法的形式巩固新政成果。罗斯福认为，一个政府"如果对老者和病人不能照顾，不能为壮者提供工作，不能把年轻人注入工业体系之中，听任无保障的阴影笼罩每个家庭，那就不是一个能够存在下去或是应该存在下去的政府"，社会保险应该负责"从摇篮到坟墓"的整个一生。为此，制定了《社会保险法》，规定：凡年满 65 岁退休的工资劳动者，根据不同的工资水平，每月可得 10～85 美元的养老金。关于失业保险，罗斯福解释说："它不仅有助于个人避免在今后被解雇时依靠救济，而且通过维持购买力还将缓解一下经济困难的冲击。"保险金的来源，一半是由在职工人和雇主各交付相当于工人工资 1% 的保险费，另一半则由联邦政府拨付。这个社会保险法，反映了广大劳动人民的强烈愿望，受到美国绝大多数人的欢迎和赞许。

1937 年 5 月 24 日，罗斯福向国会提交了受到广泛关注的关于最低工资最高工时立法的咨文。咨文承认，"我国人口的 1/3，其中绝大多数从事农业或工业，吃不好，穿不好，住不好"；"我们必须铭记我们的目标是改善而不是降低那些现在营养不良、穿得不好、住得很糟的人的生活水平。我们知道，当我们工人的一大部分还没有就业的时候，超时工作和低水平的工资是不能提高国民收入的"。这个法案于 1938 年 6 月 14 日通过。这就是《公平劳动标准法》（又称《工资工时法》），它的主要条款包括每周 40 小时工时，每小时 40 美分最低工资；禁止使用 16 岁以下童工，在危险性工业中禁止使用 18 岁以下工人。这些立法，虽属社会改良的范畴，但对广大民众特别是工资劳动者非常有好处。它解决了保障性问题，解除了劳动者的后顾之忧，激发了人们的消费热情，创造了新的消费需求。

🔍 罗斯福新政取得了巨大成功 ‹

到 1939 年，罗斯福总统实施的新政取得了巨大的成功。新政几乎涉及美国社会经济生活的各个方面，其中多数措施是针对美国摆脱危机，最大限度减轻危机后果的具体考虑；还有一些则是从资本主义长远发展目标出发的远景规划，它的直接效果是使美国避免了经济大崩溃，有助于美国走出危机。从 1935 年开始，美国几乎所有的经济指标都稳步回升，国民生产总值从 1933 年的 742 亿美元增至 1939 年的 2049 亿美元，失业人数从 1700 万下降至 800 万，国民恢复了对国家制度的信心，摆脱了法西斯主义对民主制度的威胁，使危机中的美国避免出现激烈的社会动荡，为后来美国参加反法西斯战争创造了有利的条件，并在很大程度上决定了二战以后美国社会经济的发展方向。

这次罗斯福新政，变被动为主动，抓住了发展的契机，为奠定美国的世界霸主地位做出了极大贡献。

洪水猛兽般的财政赤字有其积极的一面

通常，大家一谈到财政赤字，就认为是洪水猛兽，其实那是因为我们只看到事物阴暗的一面，没有看到光明的一面、积极的一面。下面，我们通过财政赤字的基本常识入手，认识其作用。

什么是财政赤字

所谓财政赤字即预算赤字，是财政支出大于财政收入而形成的差额，由于会计核算中用红色字迹标记，以起警示作用，所以称为财政赤字。财政赤字是财政收支未能实现平衡的一种表现，是一种世界性的财政现象。

在国家实际执行财政的过程中，经常需要大量财富来解决一系列的问题，会出现入不敷出的局面，这是导致财政赤字不可避免的一个原因。不过，这也反映出财政赤字的一些作用，即在一定限度内，可以刺激经济增长。当居民消费不足的情况下，政府通常的做法就是加大投资，以拉动经济的增长。

数据显示美国财政赤字连续四年过万亿

据新华社 2012 年 10 月 13 日专电，美国财政部 12 日发布数据，显示 2012 财政预算年度赤字接近 1.1 万亿美元，连续第四年超过万亿。

得益于就业改善和企业税收增加，美国财政收入与上一预算年度相比增加 6.4%，总额超过 2.4 万亿美元。

奥巴马在任总统 4 年间，美国年度财政赤字均超过一万亿美元。下图足以形象地告诉你，美国的财政赤字规模到底有多大。

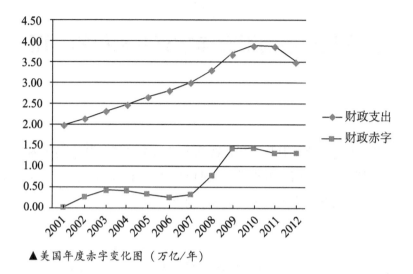

▲美国年度赤字变化图（万亿/年）

一直增长的美国财政赤字

2015 年 4 月，《经济日报》一则"529.1 亿美元　美国 3 月联邦财政赤字同比增 43%"的消息是这样说的：

美国财政部公布的数据显示，受社会福利和医疗服务开支增加的影响，3 月美国联邦政府财政赤字同比大幅增加。

数据显示，2015 年 3 月，美国联邦政府财政收入约 2341.9 亿美元，财政支出约 2871 亿美元，财政赤字 529.1 亿美元，同比增加 43%。截至 3 月的 2015 财年（始于 2014 年 10 月）上半年，美国联邦政府财政赤字 4394.7 亿美元，同比增加 6%。

美国为什么有财政赤字

财政赤字是财政年度内政府预算收入小于预算支出所产生的，弥补的方式是发行国债，由民众、包括银行在内的金融机构，以及外国政府来购买，到期后还本付息。美国的财政赤字主要是通过发行美国国债来弥补的。美国的银行包括中央银行和普通商业银行，美国的商业银行全部是私有的，没有国有制银行。根据美国法律规定，美国的中央银行（美联储）是不允许购买政府债券的，而私人商业银行是允许的。当然，不只是美国商业银行在购买，中国政府也购买了美国的国债，我们国家的外汇储备很大一部分就是以美国国债的形式存在的。

赤字财政的起源

赤字财政出现于 20 世纪 30 年代以后。1929—1933 年，在西方资本主义国家，发生了世界经济危机，为解释和解救危机，赤字预算论纷纷出现，其中，英国经济学家凯恩斯和美国经济学家汉森的理论最具代表性。

资本主义经济之所以陷入长期萧条和危机，原因在于有效需求不足。国家为了促进就业和消除危机，应该积极进行经济干预，采用扩大国家预算支出的方式，建设公共基础工程，增加政府投资，增加军事装备采购，加大出口补贴等。国家在实行这些政策时难免会出现赤字，但可以刺激社会总需求，增加就业，从而增加国民收入，缓解或消除经济危机。第二次世界大战以后，西方的许多国家纷纷使用这种政策，逐步走出了经济危机的影响。

赤字财政的积极作用主要表现在扩大总需求上

赤字财政政策是在经济运行低谷期使用的一项短期政策。在短期内，经济若处于非充分就业状态，社会的闲散资源并未得到充分利用，财政赤字可扩大总需求，带动相关产业的发展，刺激经济回升。

1998 年以来，为有效抵御亚洲金融危机对中国的冲击，抑制经济下滑趋势，中国实施了以扩大国债投资为重点的积极财政政策。积极财政政策主要通过两种方式来实行：一是增加政府开支，二是减税。在减税不太可行的情况下，政府采取了赤字政策，通过发行国债来增加政府投资，刺激社会需求。1998年8月，中国首次发行1000亿元长期国债；1999年发行1100亿元；2000—2002年，每年增发国债均为1500亿元；2003年增发1400亿元。截至2002年，中国用长期建设国债资金安排的国债项目总投资规模已达到6600亿元。这些国债重点用于农林水利、交通通信、环境保护、城乡电网改造、粮食仓库建设、城市公用事业和西部大开发等方面。国债的发行，带动了地方、部门、企业配套资金和银行贷款等投资。通过国债项目的建设，办成了许多想办而限于财力未办的、关乎经济社会发展全局和对长远发展具有重大意义的事，对国民经济保持适度快速增长起到了重要的拉动作用。据统计，1998年之后的5年间，我国增发国债分别拉动经济增长1.38、1.44、1.81、1.66和1.8个百分点，带动投资3.2万亿元，累计新创造就业岗位750万个。

在经济萧条时期，赤字财政政策是增加政府支出，减少政府税收，这样就必然出现财政赤字。凯恩斯认为，财政政策应该为实现充分就业服务，因此，赤字财政政策不仅是可行的，而且是必要的。

在当前世界经济增长乏力的情况下，中国经济能够保持平稳增长态势，扩张性赤字财政政策功不可没。从这个角度说，财政赤字是国家宏观调控的手段，它能有效动员社会资源，积累庞大的社会资本，支持经济体制改革，促进经济的持续增长。实际上，财政赤字是国家为实现经济发展、社会稳定等目标，依靠国家坚实和稳定的信用调整和干预经济，在经济调控中发挥作用的一个表现。

也许有人会问："财政赤字扩大为什么会增加总需求？"

简单地说，人们手中可支配的现金多了，有钱花了，花钱买东西就会刺激消费，人们对物品的需求量自然会增加。换句话说，赤字扩大也可以理解为超前消费——今天花明天的钱，对今天来讲，总的需求就增加了。所以说，财政赤字扩大会增加需求。

总的来说，财政赤字的社会效应利好是很大的，有些很明显的例子，例如，美国就是通过大量发行国债来发展经济的，现在我国也连续多年保持财政赤字。当然，赤字过大也不好，要把握好一个度。适度赤字有一定的好处，若赤字过大，则会引发通货膨胀、货币贬值等一系列复杂的社会、经济、金融问题。国际上衡量财政赤字有一条警戒线，财政赤字占 GDP 的比重不能超过 3%，超过 3% 就会产生风险，我国目前仍然控制在这个范围之内。

中国的财政政策也很积极：稳健扩大赤字率

2010 年中央决算报告显示，中央公共财政赤字 8000 亿元，比预算减少 500 亿元。年末中央财政国债余额 67548.11 亿元，在年度预算限额以内。

2014 年安排财政赤字 13500 亿元，比上年增加 1500 亿元，其中，中央财政赤字 9500 亿元，由中央代地方发债 4000 亿元。财政赤字和国债规模随着经济总量扩大而有所增加，但赤字率稳定在 2.1%，体现了财政政策的连续性。

扩大支出是积极财政政策的重要方面，2015 年积极的财政政策明显加力增效，主要表现为扩大了财政赤字。根据财政预算安排，2015 年安排财政赤字 1.62 万亿元，比上年增加 2700 亿元，赤字率从 2014 年的 2.1% 提高到 2.3%。

扩大财政支出的方向包括加大投资和增加财政补贴等，一方面增加了投资需求，另一方面拉动了消费。中央财经大学税务学院副院长刘桓认为："扩大财政支出是积极财政政策的核心，对经济的拉动最为直接。"

财政赤字并不可怕，我们要用其所长，避其所短。

4 万亿投资计划赢得经济率先复苏

2008 年的全球性金融海啸来袭，给世界经济造成重创，中国政府迅速、及时应对，于同年 11 月推出 4 万亿投资计划以及一系列扩大内需的刺激措施，虽然被后人所诟病，但就是由于这个庞大的刺激计划，在世界各国经济疲软的情况下，中国经济实现了率先复苏（见下图）。

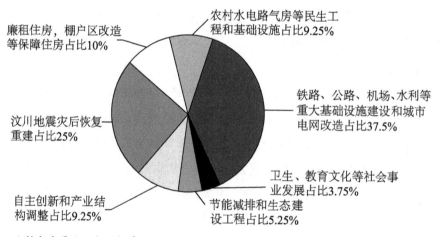

廉租住房，棚户区改造等保障住房占比10%

农村水电路气房等民生工程和基础设施占比9.25%

铁路、公路、机场、水利等重大基础设施建设和城市电网改造占比37.5%

汶川地震灾后恢复重建占比25%

自主创新和产业结构调整占比9.25%

节能减排和生态建设工程占比5.25%

卫生、教育文化等社会事业发展占比3.75%

▲扩大内需 4 万亿元投资投向构成示意图

🔍 4 万亿投资计划出台背景 ‹

2008 年，由美国次贷危机引发了全球金融危机。美国、欧洲和日本等发达经济体，以金砖国家为代表的新兴经济体，以及发展中国家都受到严重的冲击，各国实体经济受到严重影响，出现不同程度的放缓或衰退。在全球金融危机的影响下，我国经济也未免其难，深受其害。

经济增速明显回落。我国经济从 2008 年下半年起受到影响，经济增长幅度明显下滑。从 GDP 季度增长情况看，2008 年前两个季度，增速还略高于 10%，而到第三、四季度就分别下降到 9% 和 6.8%，到 2009 年第一季度滑落到 6.2% 的谷底。工业生产月度增长率由 2008 年 2 月的 17.8%，直线下滑到 2009 年 2 月的 3.8%，同样降至谷底。

出口额急速下降。从 2008 年 11 月开始，我国出口额连续 13 个月负增长。2009 年 2—8 月，出口额下降幅度都在 20% 以上。2009 年，我国外贸出口额下降了 16%，增速比 2008 年下降了 33 个百分点。2008 年，我国净出口对国内生产总值增长的贡献率下降到 9%，对经济增长的拉动只有 0.9 个百分点；2009 年，净出口的贡献率只有 -37.4%，拉动经济增长 -3.5 个百分点。这一轮外需下降，远远超过 20 世纪 90 年代末期的亚洲金融危机。

负面影响波及范围广。纺织、钢铁、房地产等行业步入寒冬，生产经营陷入困境。一些劳动密集型产品产量增速明显放慢，沿海地区的加工贸易型企业大批破产。钢材销售量急剧下滑，钢价持续下跌，钢厂减产，铁矿石库存不断增加。全国企业家信心指数由 2008 年第一季度的 140.6% 下降到 12 月的 94.6%；制造业采购经理指数（PMI）由 2008 年 3 月的 58.4% 下降到 11 月的 38.8%。

通货呈现紧缩态势。居民消费价格指数（CPI）从 2008 年 2 月的 8.7% 迅速落到年底 1.2% 的低水平。2009 年还出现了通货紧缩的局面，全年 CPI 比上年下降 0.7%，其中城市下降 0.9%，农村下降 0.3%。生产者价格指数（PPI）由 2008 年 8 月高峰值的 10.1% 下降到年底的不足 2%，2009 年各月继续收缩，到 10 月，PPI 同比下降了 5.8%。房地产开发综合景气指数由 2008 年 1 月的 106.59% 直线下降到 2009 年 3 月的 94.74%。

全球金融危机对我国经济的冲击相当严重。为了抵御外部环境对经济的不利影响，必须采取积极灵活的宏观经济政策，出台更加有力的扩大内需政策，以应对严峻复杂的形势。就当时情况看，企业和消费者信心不足，贷款需求明显下降，单纯依靠宽松的货币政策是解决不了根本问题的。实施积极的财政政策，扩张中央政府投资，不仅能有效扩大内需、促进增长，更重要的是可以起到重振市场信心的作用，对于国内乃至全球经济都是重大利好。

🔍 4 万亿投资计划投向 ◁

金融危机爆发后，世界各国纷纷出台重大举措，力挽狂澜，力主救市，力保国家民族利益，力争将损失降到最低限度。其中，救市是最耀眼也最能让老百姓直观感受到的。因为"救"，能让民众看到希望，看到未来。然而，"救"中有玄机，如何"救"，"救"哪一块，却大有讲究。

针对国内外经济形势的变化，中央及时调整宏观经济政策取向，迅速出台扩大国内需求措施，从 2008 年第四季度到 2010 年年底，实施两年 4 万亿投资计划。那么，当时国务院出台的 4 万亿救市资金，救的是什么呢？

好钢要用在刀刃上。扩大内需和加强经济社会薄弱环节在当时显得尤为重要，对于提振发展信心，其积极作用非常突出。

国务院出台的 4 万亿元规模的经济刺激计划，惠及诸多行业领域。4 万亿投资的具体构成主要包括：近一半投资于铁路、公路、机场和城乡电网建设，总额 1.8 万亿元；用于地震重灾区的恢复重建投资 1 万亿元；用于农村民生工程和农村基础设施 3700 亿元；生态环境 3500 亿元；保障性安居工程 2800 亿元；自主创新结构调整 1600 亿元；医疗卫生和文化教育事业 400 亿元。

我国在针对投资、消费、出口的一揽子经济刺激计划的拉动下，进一步扩大内需，促进经济平稳较快增长，使经济在短期内全面复苏，度过了21 世纪以来经济发展最为困难的时期。

🔍 4 万亿投资计划创造巨大的需求成就 ⟨

4 万亿投资计划创造了新的需求，直接拉动了经济增长。自 2009 年第一季度中国经济增长陷入谷底的 6.2% 之后，2009 年第二、三、四季度，我国经济增长率分别达到 7.9%、8.9% 和 10.7%，全年增速保持在 9.2% 的高水平。工业增速持续上升。从分季度数据看，规模以上工业增加值增长率分别为 5.1%、9.1%、12.4% 和 18%，形成强劲回升势头。全年工业增加值增长 8.7%，只比 2008 年回落 1.2 个百分点。大多数工业产品产量增长率得到提升。无论是从国内生产总值还是从工业增加值季度增长率来看，都走出了一个标准的"V"形反转。我国在全球率先实现了经济形势总体回升向好。

4 万亿投资计划创造了新的消费需求动力，有力地促进了结构调整。4 万亿的投向安排，紧紧围绕着改善人民群众生产生活条件、缩小城乡和区域发展差距、缓解基础设施瓶颈制约等目标，在新的发展阶段和更高层次上调整和优化了投资结构，为国民经济的长远发展夯实了基础。一批交通、能源基础设施投入使用，显著提高了经济运行的质量和效率，加快了人员和物资的流动速度，推动了城乡居民消费水平的提升。大力发展保障性安居工程，继续推进医疗卫生、教育、文化事业的发展，成为促进消费结构升级、刺激消费扩张的重要举措。尤其是自主创新和结构调整投资，有力促进了企业的技术进步，集中突破了一批关键技术和关键环节，完善了产业链和价值链，提高了我国企业在国际分工中的地位。

4 万亿投资计划创造了大量就业机会，有力地推动了就业。据测算，只考虑建筑工程投资，4 万亿投资带动的建筑工程类项目性就业岗位约为 5000 万个，项目建成后可创造生产性就业岗位约为 560 万个，因此，4 万亿投资可直接创造就业岗位 5600 万个。根据"中国 2007 年投入产出表分析应用"课题组的计算，2009—2011 年间 4 万亿投资可分别带动就业 1433 万人、3017 万人和 2202 万人。从实际运行结果看，2009—2010 年，我国城镇就业人员分别增加了 1219 万人和 1365 万人，一直保持在较高的水平。

因此，4万亿投资对于在国际金融危机的局面下稳定就业发挥了积极的、不可替代的作用。

4万亿投资计划已经成为过去，它在特殊时期发挥了其积极的作用，这是有目共睹的。也许有人事后在批评、在议论，这无可厚非，但在当时，还有什么更好的举措吗？

四大需要倒逼京津冀协同发展

京津冀地区同属京畿重地，战略地位十分重要。

近年来，京津两地面临的人口资源环境压力日益凸显，土地供应紧张，交通拥堵严重，大城市病加剧；而环绕京津的河北省，重化工业密集，经济转型升级诉求强烈。京津冀共同面临产业结构大调整需求，环境治理也显得尤为急迫。

 有问题就有需要

实现京津冀协同发展、创新驱动，推进区域发展体制机制创新，是面向未来打造新型首都经济圈、实现国家发展战略的需要。京津冀空间协同发展、城镇化健康发展，对于全国城镇群地区可持续发展具有重要示范意义。具体来说，主要体现在"四个需要"对京津冀协同发展的倒逼上。

实现京津冀协同发展，是面向未来打造新的首都经济圈、推进区域发展体制机制创新的需要。目前，北京的产业结构以服务业为主，天津以工业为主，河北以粗放型工业为主，发展水平不高。京津冀之间的产业结构互补性不明显。北京的服务业辐射主要在城市内，对周边城市的带动能力较小。天津的工业辐射也主要是对下辖区域的辐射，对友邻河北的带动不大。北京是政治中心，天津是港口城市，无论是在特色优势还是在地区优势上，河北都无法与这两座城市比拟，这也是河北省发展相对落后的原因之一。由于首都经济的"虹吸现象"，河北省环京津地区出现了一个经济落后的贫困带。2012 年，北京输出到外省市的技术合同成交额 1385 亿元，其中向天津、河北输出 78 亿元，仅占 5.6%。

京津冀一体化水平较低，原因在于本地区市场化程度和水平偏低，受到"行政区"的掣肘，形成"经济区"发展的模式和路径，导致逐渐形成结构固化和利益固化。目前在京的各类政府机构、事业单位和教育机构等优势公共服务资源明显优于天津和河北，北京未来人口增长却成为一个不可避免的趋势，城市承载压力巨大。

实现京津冀协同发展，是探索完善城市群布局和形态、为优化开发区域发展提供示范和样板的需要。北京的"大城市病"在基础设施方面产生以下两大突出问题。

一是建设用地迅速扩张，用地资源趋于枯竭。中国科学院地理研究所根据遥感影像估计，2003—2012 年，北京建设用地年均增加 106.9 平方千米，总计增加了 962.3 平方千米，也就是说，北京建设用地估计已由 3085 平方千米增加到 4047.3 平方千米。北京用地资源趋于枯竭，建设用地规模已远远超过了《北京市土地利用总体规划（2006—2020 年）》设定的 2010 年 3480 千米的控制目标，而且较 2020 年控制目标 3817 平方千米高出 230.3 平方千米。

二是交通拥堵严重，通勤时间增加。近年来，高峰时段路网拥堵成为常态。据北京市交通委员会提供的材料，2010 年 9 月 17 日，高峰时段路网平均速度低于 15 千米/小时，造成北京城大拥堵事件；日均拥堵持续时间都在 3 小时以上，2007 年达 6 小时 45 分钟，其中严重拥堵时间高达 2 小时 45 分钟。北京市区居民的平均通勤时间从 2005 年的 38 分钟增加到 2010 年的 43.6 分钟。

实现京津冀协同发展，是探索生态文明建设有效路径、促进人口经济资源环境相协调的需要。问题主要表现在以下三个方面。

一是地下水超采严重，生态破坏严重。随着人口和经济聚集，加之长时间持续干旱，北京缺水形势日益严峻，不得不把地下水作为主要水源，严重超采地下水。2001—2012 年，年度地下水供水量保持在 18.3 亿立方米，地下水年均超采约 5.6 亿立方米。地下水严重超采，导致自然生态严重破坏，这主要表现在：地下水位快速下降，沉降区持续扩大，主要河流断流、干涸，自然湿地大量消失，河床大面积荒芜和沙化，一些多沙河道成为风沙源；河湖稀释和自净能力显著降低，河湖水质严重污染。

二是空气质量显著下降，大气环境问题突出。改革开放以来，随着工业化、城市化的迅速发展，机动车保有量和能源消耗量剧增，北京大气悬浮颗粒物 PM_{10} 和 $PM_{2.5}$ 的浓度有较明显上升，大气污染已从典型的煤烟型污染转为复合型污染，细粒子及霾污染已经成为大气污染的关键。频繁出现的霾天气不仅影响交通安全和正常的社会生活，而且对首都的国际形象造成极其负面的影响。十面"霾"伏已经成为北京、天津、河北地区空气环境污染的生动写照。

三是外来人口急剧膨胀。1978—2012 年，北京非户籍常住外来人口，总量从 21.8 万人扩张到 773.8 万人，增加了 34.5 倍，占常住人口的比例从 2.5% 上升到 37.4%。由于外来人口和户籍人口的社会权利和保障实行双轨制，人口急剧膨胀不仅给北京资源、环境、交通带来巨大压力，而且扩大了北京社会分割的规模，进而给社会秩序和稳定带来巨大挑战。

实现京津冀协同发展，是实现京津冀优势互补、促进环渤海经济区发展、带动北方腹地发展的需要。京津冀作为我国三大城市群之一，总人口 1 亿多，土地面积 21.6 万平方千米，地理位置重要，资源要素集中，产业基础雄厚，市场腹地广阔，在历史文脉、资源禀赋、产业结构、发展基础等方面互补性强、合作开发潜力巨大。加快协同发展步伐，大幅度提升综合竞争力，有利于加快形成环渤海经济带，推进东中西互动，带动北方地区发展，打造我国经济增长和转型升级的新引擎，有利于探索完善城市群布局和形态，为促进开发区域发展提供示范样板。

破解难题，京津冀协同发展迈出坚实步伐

为了彻底解决各类需要，中共中央总书记、国家主席习近平 2014 年 2 月 26 日在北京主持召开座谈会，专题听取京津冀协同发展工作汇报后指出，京津冀地缘相接、人缘相亲，地域一体、文化一脉，历史渊源深厚、

交往半径相宜，完全能够相互融合、协同发展。

推进京津冀协同发展，要立足各自比较优势，立足现代产业分工要求，立足区域优势互补原则，立足合作共赢理念，以京津冀城市群建设为载体，以优化区域分工和产业布局为重点，以资源要素空间统筹规划利用为主线，以构建长效体制为抓手，从广度和深度上加快发展。推进京津双城联动发展，要加快破解双城联动发展存在的体制机制障碍，按照优势互补、互利共赢、区域一体原则，以区域基础设施一体化和大气污染联防联控作为优先领域，以产业结构优化升级和实现创新驱动发展作为合作重点，把合作发展的功夫主要下在联动上，努力实现优势互补、良性互动、共赢发展。

《京津冀协同发展规划纲要》中央已经原则通过。京津冀协同规划作为高层力推的国家级区域规划，将带来巨量投资，也将极大地改变京津冀三省市的产业格局，相对落后的河北、天津两地无疑将有巨大的发展空间，迎来加速发展的春天。

京津冀协同发展规划一旦落地，势必成为超越国家战略的一项具有里程碑意义的历史性工程，而其带来的投资机会更是不容小觑。2015 年，北京加快疏解非首都功能，天津自贸区已经挂牌，河北优势产能也正在"走出去"。据财政部预算，京津冀一体化未来 6 年需要投入 42 万亿元。这将给房地产、建材、交运、环保等方面带来确定性投资机会。当然，类似的投资机会还有很多。

京津冀成为资本青睐的热土，已成定局。

用脚投票的老百姓制造社会热点

　　曾几何时，中国游客到国外抢购马桶盖、"野鸡大学"强力生存、"出国热"高烧不退，成为见诸媒体的社会热点事件。它们是老百姓创造出来的，引发了社会各界关于爱国与不爱国的激烈争论，然而，到底是什么原因引发了这些社会热点事件，非常值得我们深思。

　　中产阶层的需求在质量方面、安全方面非常强烈。

　　　　　　　　　　　　——著名经济学家　温铁军

中国游客赴日疯狂抢购马桶盖为哪般

国人到底怎么啦?

2015年春节,中国游客几乎成了"会走路的钱包",大量扫货,导致日本马桶盖脱销。据日媒报道,在日本秋叶原的商场内,全部配备了能讲中文的工作人员来迎接中国游客,因为中国游客强大的购买力令人印象深刻。几乎每年春节,日本马桶盖都会断货。

日本《每日新闻》2015年2月22日的报道,题为《"中国资金"春节期间席卷日本列岛》。文章称,百货店的销售额出乎预料地创新高,日本列岛因"中国资金"而沸腾,但酒店和机场的接待能力已经达到极限。

三越百货公司东京银座店春节前3天免税品销售额同比增长2.4%。银座店员工说:"售价将近100万日元(约合5.3万人民币)的首饰等高价商品销路很好。"

在家电方面,电饭煲等"招牌"商品依然畅销,2015年人气大增的是温水洗净马桶盖。东京秋叶原一家大电器店销售人员说:"马桶盖几乎处于断货状态。"秋叶原是世界最大的电器街之一。秋叶原的家电店营业员称:"还有一次购买3~4台的中国游客,大概一个小时会卖50台,一天要从厂商那里进货许多次。"

最先关注这一现象的新浪财经专栏作家吴晓波在《中国中产为何蜂拥去日本买马桶盖》一文中这样写道:

> 2015年蓝狮子的高管开完年会飞去日本冲绳岛,飞机刚落在那霸机场,我因为参加京东年会晚飞了一天,看微信群里已经是一派火爆的购物气象:小伙伴们在免税商场玩疯了,有人一口气买了六只电饭煲!

这样的景象并不仅仅发生在电饭煲上，从这些蓝狮子高管的购物清单上就可以看出冰山下的事实——

很多人买了吹风机，据说采用了纳米水离子技术，有女生当场做吹头发试验，"吹过的半边头发果然蓬松顺滑，与往常不一样"。

很多人买了陶瓷菜刀，据说耐磨是普通钢的 60 倍，"切肉切菜那叫一个爽，用不到以前一半的力气，轻轻松松就可以把东西切得整整齐齐了"。

很多人买了保温杯，不锈钢真空双层保温，杯胆超镜面电解加工，不容易附着污垢，杯盖有 LOCK 安全锁扣，使密封效果更佳，这家企业做保温杯快有一百年的历史了。

很多人买了电动牙刷，最新的一款采用了 LED 超声波技术，重量比德国的布朗轻一半，刷毛更柔顺，适合亚洲人口腔使用。

最让我吃惊的是，居然还有三个人买回了五只马桶盖。这款马桶盖一点也不便宜，售价在 2000 元人民币左右，它有抗菌、可冲洗和座圈瞬间加热等功能，最大的"痛点"是，它适合在所有款式的马桶上安装使用。

中国人购买人气第一的商品竟然是智能马桶盖，针对这种现象，社会上不乏批评的言论，诸如"汉奸""不爱国""民族败类""好了伤疤忘了痛""土豪""暴发户"等，大都一个腔调一个声音，痛恨之意溢于言表。当然，国人表达自己的感情无可厚非。但是，日本马桶盖因中国游客扫货而脱销，这一异常火爆的销售怪象背后究竟是什么原因？

中国中产阶层有了新需求

时下，部分中国消费者消费升级的需求十分强烈，他们不再满足于商品"能用"这个基本功能，而是希望商品"好用""耐用"，甚至能够带来"享受"。这说明，党的十一届三中全会以来，经过 30 多年的改革开放和奋发图强，我国综合国力大幅提升，人民生活水平得到大幅提高，人民群众富裕了，自由支配的财富多了，选择丰富了，消费也开始追求升级了。在当前的经济社会新常态下，我国20世纪八九十年代由于工业品紧俏而形成的模仿型排浪式消费阶段已经基本宣告结束，进入21世纪后，以人为本的个性化、多样化、差异性的消费渐成主流。在日本抢购生活用品的国人并非少数富人，而是日渐庞大的中等收入群体，这是摆在我们面前的一个事实，马桶盖现象恰恰说明他们中的一些人正在上升的消费需求难以在国内得到满足。

🔍 "中国制造"还没有跟上新的消费需求 ‹

从供给方面分析，改革开放30多年来，中国制造业确实取得了令人瞩目的巨大成就，我们已经告别商品供给不足的年代，计划经济时期的粮票、布票、油票、豆腐票、肉票、煤票等，已经留在历史的记忆中，一切商品购买都需要额外加票的年代一去不复返了。从总量上看，一些传统产业的供给能力已经大幅度超出需求。然而，作为令世界侧目的中国制造，也陷入了新的发展困境，正在饱受痛苦的煎熬。

痛苦之一：成本优势的丧失。

"中国制造"所获得的成就，无论是在国内市场还是在国际市场，其核心竞争武器只有一项，那便是成本优势，我们拥有土地、人力、税收等优势，且对环境保护无须承担任何责任，因此形成了制造成本上的巨大优势。这种优势，是以牺牲科学发展为代价换来的。现如今，随着人口红利的消失，环境恶化的压力、资源倒逼的约束造成各项成本提升，尤其是与越南、缅甸、非洲等其他发展中国家和地区相比，性价比的优势已经荡然无存，企业的利润持续走低。

痛苦之二：渠道优势的瓦解。

很多年来，由于信息不对称和传播渠道的约束，中国的本土企业发挥无所不用其极的营销手段，在辽阔的疆域内纵横驰骋，构筑了多层级、金字塔式的销售网络，这种传统网络的不利之处在于层级多、反应慢、成本高、效率低。可如今，随着互联网的应用和物流业的快速发展，阿里巴巴、京东、淘宝、天猫等电子商务平台，把信息流和物流全数再造，营销渠道被彻底踏平，昔日的"营销金字塔"模式在一夜间灰飞烟灭，取而代之的是成本更低、效率更高、方便快捷的数字化营销模式。

痛苦之三："不变等死，变则找死"的转型恐惧。

"转型升级"的危机警报，已在制造业拉响很多年，然而，绝大多数局中人都束手无策。近年来，一些金光闪闪的概念又如小飞侠般凭空而降，如智能硬件、3D 打印、机器人、工业 4.0，这些新名词更让几乎所有"50 后""60 后"企业家难以适应。他们中的很多人的思维已经明显跟不上时代的步伐。

产业的转型、经济的发展、社会的进步，皆不会因为惧怕而为谁停滞不前，消费者更不会因怜悯而买账。跟不上消费的需求，最终只有死路一条。陷入困境的制造业者，与其求助于外，到陌生的战场乱碰运气，倒不如自求突破，在熟悉的行业里，咬紧牙关，力求技术上的锐意创新，实现由量的扩展到质的突变。只有通过创新，才能激活和满足多层次消费需求。

世上本无夕阳产业，只有被淘汰的企业。只要技术和理念的创新能跟上时代的步伐，产品就不会日薄西山。而创新供给不仅能满足国内消费者消费升级的需求，还能有力拉动经济增长、助力经济转型升级。

如何通过创新供给来激活消费需求

企业应占领微笑曲线的两端，提供高品质的商品。依赖土地、劳动力等原始成本优势进行加工制造获利微薄，经济新常态下更不可持续。我们一方面，要借鉴发达国家制造业的先进之处，在研发阶段下功夫，拥有自主知识产权，力争技高一筹；另一方面，也要在销售方面下功夫，形成品牌，力争名扬四海。这条路虽然很艰难，但唯有如此才能使企业走向价值链的高端，为国内消费者消费升级提供更多选择。

政府应提高供给管理能力以促进供给创新。一方面，要通过改革让个人和企业的创造力充分发挥，形成大众创业、万众创新的氛围，增加有效供给，提振经济活力。另一方面，还应完善市场规则，形成公平竞争的市场环境，打击盗版、造假等，让创新有动力、有回报、有保障。

"中国制造"的明天，不在他处，而在于能否真正"以人为本"，能否制造出打动人心的产品，能否满足个性化、差异化的消费需求。

只有时刻满足消费者需求的产业，才是朝阳产业，才是永世不败的产业。

"野鸡大学"为何活力十足

"野鸡大学"这个称呼，乍听起来，是不是让人感到很另类，很反感？

在美国，"野鸡大学"已呈泛滥之势，几乎遍布全美国的各个角落。

据美国《世界日报》报道，美国一些"野鸡大学"大摇大摆地进军中国，堂而皇之地在中国招生。一些"野鸡大学"还推出种种招生"优惠"：不用来美读书，通过中文教学就可拿到美国学位。据资料介绍，由"野鸡大学"颁发的学位不在少数，尤其是 MBA 学位最吃香，已经成为名副其实的重灾区。

2012 年 8 月，有媒体报道，从最新公布的全球"野鸡大学"名单来看，其曝光的 691 所未被认证的大学和教育机构有 342 所位于美国，几乎占据总数的一半。

所谓的"野鸡大学"，也称"学历工厂"或"学店"，是指虽然是合法机构，但不被所在国社会、用人企业认可的学校。其办学以营利为目的，通常采用易与知名大学院校混淆的名称，以混淆视听的方式来招收学生，然后钻相关国家的法律漏洞，滥发文凭。"野鸡大学"所涉及的欺骗内容，既有可能是假学校，也有可能是假学历。

由中国与全球化研究中心及社会科学文献出版社共同主办的 2013 年《国际人才蓝皮书》发布。蓝皮书指出，国外"野鸡大学"已成为我国海外留学一大隐患。报考国外"野鸡大学"的主要有三种人：第一种是不知情受骗型，父母和学生对海外学校不熟悉，加上受非法留学中介机构的误导，致使许多家庭用辛辛苦苦积攒的血汗钱，换来一张"野鸡大学"的文凭；第二种是无法完成学业型，一部分人到国外不好好读书，最后由于成绩较差，难以向家长交代，只得买一张"野鸡大学"的文凭；第三种是"主动受骗"型，这类学员以国有企事业单位工作人员为主，他们普遍年龄偏大，但由于升职晋级的需要，主动花钱买"野鸡大学"的文凭。

其实，"野鸡大学"不仅国外有，国内也有，并且数量很多。2015 年 5 月 19 日，微信公众号"南方周末民生 23 度"发布《中国 210 所"野鸡大学"完整名单全披露》，援引了民办机构"上大学网"近年来发布的 3 期"中国虚假大学警示榜"，称国内有 210 所不具备招生资格、没有办学资质、涉嫌非法招生和网络诈骗的虚假大学。虚假高校问题在北京最为严重，在 210 所被曝光的虚假高校中有 83 所，占比 44%；上海次之，有 15 所，占比 8%；山东紧随其后，有 12 所，占比 6%；天津、河北、河南、湖北、湖南、广东、江苏、浙江、山西、陕西、甘肃、安徽等地均有分布。

"野鸡大学"泛滥成灾，已成为我国留学市场的一大痼疾，对整个社会的公信力带来巨大的创伤，特别是一些政府、高校人员的"野鸡大学"文凭频频见诸媒体，对政府、高校、企业的公信力造成了极坏的影响。这显然会对全球尤其是我国的高等教育造成严重扰乱，既让许多学生、家长和正规高校深受其害，又让地方教育部门深受其害——被媒体和舆论指责为不作为、失职、渎职。

"野鸡大学"存在的原因

追逐利益是"野鸡大学"存在的根本原因，这主要表现在以下三个方面。

一是注册门槛低。在美国，开办学校的权利由各个州而不是联邦政府的授予，因而不同的州对于"野鸡大学"的管理程度也是不一样的。在加州和夏威夷州，教育消费被视为同其他消费一样，完全是市场行为，对于注册大学的管理最为宽松，没有特别的门槛限制，只需租下一个邮箱就可被视为在该州的办学地址。这两个州的"野鸡大学"最多，办学自由、手续简单、花费小，不管是不是美国人，都可以在此申请注册公司性质的大学，只要提供身份证复印件、签字样板和大学的校名就行。

二是"腾笼换鸟"。《现代快报》记者发现，虚假大学的诈骗招数千变万化，有的是空壳大学，抄袭其他院校简介和校园新闻；有的在网上快速办理该校学历文凭；还有的是"借壳办学"，而这一类最有迷惑性。上大学网内容总监谌江平说："一般来说，冠以'专修学院'之名的民办非学历教育机构大多主营自考、成人教育等培训，收费高，存活率不高。它们倒闭后，有些不法分子就利用这些民办非学历机构的办学许可证号钻空子，再去掉'专修''研修'等字样，重新在网上建个网页，实施诈骗。"

三是投入少，收益大。美国《世界日报》资深记者鲍广仁对"野鸡大学"进行了长期跟踪调查。他说，"野鸡大学"颁发假文凭、假学历有两种方式：一是向留学生收取昂贵学费，然后装模作样地给他们上点儿课后，就颁发各种学位；二是直接卖学位，留学生连学都不用上，就可以获得想要的学位。据报道，美国"野鸡大学"年收入约 16 亿元人民币。在华人数量最多的加州，"野鸡大学"最为猖獗。

巨大的学历需求在喂养"野鸡大学"

"野鸡大学"的猖狂符合一个简单的经济学定律，即需求决定供给。

所谓"有需求才有市场"，中国普通家长和留学生对于"洋文凭"的盲目信仰可能只是一个方面；另一方面，一些"知假买假"的"刚性需求"才是"文凭工厂"赖以生存的"坚强后盾"。巨大的学历需求让"野鸡大学"生命力十足。

那么，这些需求主要体现在哪些方面呢？

一是工作入职的"敲门砖"。当今在社会上找工作基本都要先拿文凭当"敲门砖",没有大学本科文凭很可能连应聘单位的大门都进不了,更不用妄想通过自身能力来打动考官。但高校是有限的,而人的生存却又是必需的,于是"跪求一证"者众多。商机无限,财富就在眼前,各类"野鸡大学"便应运而生。更有甚者,想方设法到外国的"野鸡大学"去"镀金",不管学还是不学,比较优势都会更大一些。"野鸡大学"的出身,还极大地拓展了这些人的事业舞台。"野鸡大学"毕业,照样可以在国内混得有模有样,更有甚者可以身居高位。

二是晋升的"硬杠杠"。晋升对学历的要求美国有之。2004 年 5 月,美国哥伦比亚广播公司《早安,美国》节目揭露,许多美国政府高官、五角大楼官员、核电厂工程师、生物武器专家和政府各个机构职员持有的是"野鸡大学"学历,美国调查机构在 2005 年发现 200 多个假文凭作坊,并发现惊人内幕:至少 135 名白宫工作人员曾购买"野鸡"文凭;一位国家核安全局的官员为了从中校晋升为上校,于 1996 年花 5000 美元买了一张"野鸡大学"的硕士文凭;更加荒唐的是,居然有人将购买假文凭的费用列在"培训"这一福利项目中报销。

这种现象,在中国也屡见不鲜。一位教育学者曾向《南方周末》提供某"野鸡大学"MBA 班的学员名录,其中 60% 以上为国有企、事业单位的中高层管理人员,20% 是形形色色的干部,年龄普遍偏大。在国有大中型企业中,业务繁忙应酬多的官员和干部,平日里根本就没有时间学习,却需要一纸文凭以增加晋升的资本,"野鸡大学"来中国开办的 MBA 班,不用出国,不用学英语,也不用脱产学习。至于文凭是否被认可,对他们而言并不重要,只要组织人事部门承认即可。

三是现实性需要。必须看到的是,现实中,不少用人单位充满了学历歧视,各种评先树优、升职晋级都先考虑学历问题,根本就不给那些无证者或低学历者机会。有些单位允许半工半读,不管专业是否适合,履历表上一定要有这么一笔;有些单位觉得"海龟"更高级,将拥有外国高校文凭作为取才标准。于是,有些人在无法"求证"的万般无奈之下,只有被迫把国内外的各种"野鸡大学"当成救命稻草,给这些泛滥成灾的"文凭作坊""学位作坊"输送了新鲜血液。

国内的"文凭迷信"，以及用人机制、人才评定机制的不完善，成为"野鸡大学"发展壮大的助推剂。而只要国内的"文凭迷信"与用人机制依旧，"野鸡大学"的好日子就远未到头。

多方发力清除"野鸡大学"的需求市场才是治本之策

"野鸡大学"对高教市场形成的冲击、给考生和家长带来的伤害，不容小觑。如果"野鸡大学"的需求市场仍然存在，如果重文凭轻能力的现状没有根本性的改变，"野鸡大学"便会"屹立不倒"。即使有一天国内的"野鸡大学"清理干净了，也还会有人跑到国外的"野鸡大学"弄个假文凭回来。

近些年来，"高分低能"也一直是人们非议的焦点和饭后的谈资。从小学到大学，各种题海战术、课外补习、雷人考题，以及重理论轻实践的倾向，都在有意与无意中，把学生训练成一部应对各种考试、最终获取一张文凭的机器。至于学生的认知能力、创新能力和动手能力，往往重视不够。横向看，一些发达国家，不论是大学前的教育还是大学教育，都把学生能力的开发与培养放在首位。他们的学习，一方面注重个人综合素养的生成，另一方面则是对准社会需要与创新，值得我们认真借鉴。他们注重能力而不仅仅是学历，这就杜绝了假文凭的需求。

国家前不久出台规定，大学生可以休学创业，这就是一种注重实际能力、提倡创新创业的有力导向。但仅有这一点显然不够，还需要全社会在选人用人上，在对人才的评价上，真正实现重能力不唯文凭，看本领而忽略"出身"。只有如此，才能对学校教育形成正向的引导机制，使"野鸡大学"难有立足之地。

杜绝假文凭的需求，才是根除"野鸡大学"的良策。

"出国热"为何高烧不退

美国驻华使馆签证官林凯曾经透露，2010 年共签发 10 万个签证，包括中国的留学生以及交流访问学者，比 2009 年增长了 30%，成为在美国留学人数最多的国家。目前，中国成为美国国际学生第一大生源国。

2010 年，中国社科院发布的《全球政治与安全》报告显示："中国正在成为世界上最大移民输出国，目前约有 4500 万名华人散居世界各地，流失的精英数量居世界首位。"而富豪移民一旦成为潮流，不但意味着精英和财富的双重流失，而且可能产生某种示范效应，对社会其他阶层造成严重的负面影响。

2011 年 4 月，招商银行联合贝恩资本发布的《2011 中国私人财富报告》显示：在 2600 名所调查的千万富翁中，近 60% 的高净值者已经完成投资移民或有这方面的考虑；而在个人资产超亿元的大陆企业主中，27% 已经移民，另有 47% 正在考虑移民，两者之和，是总数的 74%。从资料看，已经移民和正在考虑的移民总数在被访者中占据绝对优势。

2011 年 10 月 29 日，胡润研究院联合中国银行私人银行发布《2011 中国私人财富管理白皮书》，白皮书显示：14% 的千万富豪目前已移民或者在申请移民中，还有近 50% 在考虑移民。

2012 年有媒体报道：华中师大一附中作为湖北省非常知名的学校，一个班的学生没有一人报考国内大学，集体出国，而且出国热的情况持续升温。

是什么原因导致我国出现新一轮的"出国热"？从需求的角度分析，大致包括以下几个方面。

国内经济增长为产生"出国热"需求提供了可能

一个国家、一个地区经济发展到一定阶段，国民家庭收入达到一定水平，人们就有了在世界范围内寻找优质教育资源的意愿，这是有一定规律性的。"出国热"与中国经济趋势有很大的关联。研究发现，出国直接受到经济增长的影响。更具体地说，经济增长之后，出国人员更多；同样，经济放缓后出国人数会有相应的下行调整。中国经济在过去 30 多年发生了翻天覆地的变化，这几年的人均年收入将近 6000 美元，中国的目标是在 2020 年达到年收入 15000 美元。经济高速发展，催生的"出国热"还将继续。

"出国热"的产生体现了便利子女教育的需求

目前，国内有一个不得不引起重视的特殊现象，国内教育所提供的训练与市场需求相脱节，所以会出现大学毕业生找工作难等现象，这促使很多学生赴国外寻找教育机会，换句话说，把出国教育作为一种进口需求。优质教育资源以及就业诱惑，促成了留学持续升温。出国留学已经成了热潮，有很多家长选择让孩子出国留学，可从以下几点进行分析：一是国内的教育方式过于死板，"填鸭式"的教育让学生苦不堪言。在现实中，很多课程即使学了，在工作中也用不上，但那些用不上的课程，却可能将一个个有潜质的学生拒于大学之外，扼杀可能优秀的人才。而在国外，学生选择专业，大部分凭兴趣，并且国外教育方式比较灵活，能让孩子的视野得到开阔，有一个快乐的学习环境，孩子的兴趣爱好也会得到激发并全面发展。二是让孩子赢在起跑线上，未来更具竞争力。有的家长认为，以后的就业竞争更加激烈，不能让孩子输在起跑线上。早点出国，接受国外先进的教育，对以后申请国外大学或就业都是非常有利的。三是对未来的期望值不一样。国内的教育模式与国外的不一样，一个是"填鸭式"，一个是凭兴趣选择，两种不同的教育方式，必然造就不同的未来。

对于目前很多大学生希望到美国求学的现象，诺贝尔物理学奖获得者杨振宁认为，每一个求学者一定要弄清楚自己为什么要出国。他认为：如果自己的研究项目处于学科前沿，一旦信息不及时就会影响自己的理论研究，就应该到在该领域中处于前沿的国家去。但是如果没有这样的要求，就没有必要跑到国外去。

他认为，大学的成就主要看三个方面：第一是本科教育；第二是研究生教育；第三是对社会的贡献。在这三个方面中，杨振宁认为中国的大学在第一个方面和第三个方面做得相当不错。在本科生教育方面，"不仅我一个人这么认为，而且斯坦福大学的校长也曾说过，中国大学训练出来的本科生是世界上最优秀的"。他说，现在欧美国家中的中国留学生都是非常优秀的。在对社会的贡献方面，杨振宁说，中国的高速发展，是因为新中国成立以来中国大学培养了很多高素质人才，从这方面看，美国任何一所高校，就算是哈佛大学也比不上。

各国纷纷出台的利好"新政"促成国人的出国需求

2013 年以来，一些国家纷纷出台利好"新政"吸引留学生，使得国内再次涌现出国热潮。例如，国外一些大学相继宣布承认中国的高考成绩，考生可直接申请留学深造。美国签证申请流程简化，2013 年出台 STEM 法案，签证申请也启用新系统，将使留学、签证和移民申请更加便捷。澳大利亚 2013 年 PSW 签证政策正式实施，为在澳完成学位的学生提供 2—4 年的工作签证，推出两年制硕士课程，增设奖学金吸引留学生等各项利好政策频出，就业移民一步到位。英国推出创业签证计划：2013 年 4 月，英国启动一系列赴英留学生在签证、费用、毕业后留英工作方面的新政策。根据新政策，留学生毕业后可通过两种途径申请在英国工作：一种是申请 T2 签证。获得英国认证机构授予的学士及以上学位的应届毕业生，其雇主获得英国边境管理署的认可，并且年薪达到 2 万英镑，即可获得此签证，且申请人数不设上限，签证有效期取决于雇主。另一种途径是"毕业生创业者"签证。由英国院校甄选推荐具备优秀创意和创业技能的学生参与此计划，第一年颁发1000个此类签证。加拿大鼓励先留学后移民，提高了针对留学生的经验类移民配额。

"出国热"的产生体现了保障财富安全的需求

"出国热"总是和移民潮联系在一起的。自新中国成立以来，我国出现了三次移民潮，前两次移民潮的出现，皆有社会背景下的不得已性。最早的"出国热"，例如：改革开放初期，很多人出于海外寻亲目的选择移民，这种选择是为了家人不再天各一方，能够团聚；在整个20世纪80年代，涉外婚姻也是移民的主要原因，这种情况以上海居多，也多是由于感情因素。第二次"出国热"在20世纪90年代初，由于西方国家技术人才市场的庞大缺口，大批中国技术人才以技术移民的方式走向了世界各地。而现今的富豪投资移民，则没有上述两次移民的"不得已"，实属个人意愿下的选择，是极端的个人本位主义。

对于新富阶层来说，财产的安全是他们的主要需求。在中国人民大学教授张鸣看来，尽管我们现在有了《物权法》，但是，不管是这些富豪，还是有权有势的官员，都没有一种真切的安全感，"至少，对他们中相当大一部分而言，他们只是求一个踏实，一个保障"，"他们的行为，与其说是选择，不如说是在买保险"。

社会主义宽容的优越性，成就了新富人群的"出国热"。改革开放30多年来，我国的经济发生了翻天覆地的变化，按照邓小平总设计师的构想，"通过改革开放让一部分人先富起来，再带动其他人，共同富裕"，可现实情况是一部分人富起来，然后他们就移民了。这不是个笑话，而是赤裸裸的现实。中国的改革是一种政策上的倾斜，也是财力上的倾斜，比如，改革开放早期的沿海12个城市就是改革的产物，而这些钱大部分是银行的钱，银行的钱又是全国人民的钱，等于拿全国人民的钱让一小部分人先富裕起来。而我们社会主义的发展目标是共同富裕，这些先富裕起来的人，有责任帮助仍很贫穷的其他人，使大家共同走向富裕。然而，一些中国投资者"借道"移民，一走了之。表面上看，这是一场你情我愿的游戏；本质而言，这样做是对祖国、对人民严重不负责任的行为。

"出国热"虽然是一个现象，却关系经济社会生活的方方面面，确实需要引起国家、社会、人民的深深思考……

Part 4

走向辉煌的保障

凡成大事，必讲天时、地利、人和。顺应当今世界大发展、大变革、大调整格局，可谓得天时；承接世界各国需求，实现合作共赢，可谓得地利；解决民众需求，成就梦想，可谓得民心。三要素完美融合，促使大国走向辉煌。

顺时而为

人民币国际化、"一带一路"、亚投行、孔子学院、"互联网＋"、大众创业万众创新，这些新颖的战略，无不显示着中国人民顺时而为的智慧火花。

人所欲之先，创造其所爱（Demand：Creating What People Love？Before They Know They Want It）。

——美国管理学者 斯莱沃斯基

人民币国际化顺应市场需求

什么是人民币国际化

这里先介绍一下，什么是外汇。

目前有两种观点：观点之一，对于任一国家的居民，相对其本国的货币，把一切外国的货币称为外汇，外汇就是货币，只不过是外国的货币。观点之二，所谓的"外汇"，就是指本国以外的、能够被国际认可的、可以进行兑换的货币。

而人民币国际化是指人民币获得国际市场的广泛认可和接受，成为国际结算货币、投资货币和储备货币。

为了更好地理解人民币国际化，需要知道其本质含义是什么。如果进行一下总结，人民币国际化的本质含义主要包括三个方面：第一，人民币在境外享有一定的流通度，国际贸易中以人民币结算的交易要达到一定的比重；第二，以人民币计价的金融产品成为国际各主要金融机构包括中央银行的投资工具，以人民币计价的金融市场规模不断扩大；第三，世界多数国家接受人民币作为本国的储备货币。

人民币国际化的利好之处包括以下方面。

第一，获得铸币税收入。这里首先说明某国拥有铸币权的好处：当一国货币国际化之后，其国际意义在于该货币发行国实际上具有了一种获得国际资源的手段，一种变相负债的权利，对国际资源的配置有了巨大的影响力。例如：美国之所以在世界经济领域具有举足轻重的地位，就是因为美元在世界经济中的霸权地位。人民币国际化后，我国也能通过货币手段调节国际资源的配置，使我国每年获取相当一部分铸币税收益。

第二，降低汇率风险，扩大贸易和投资。人民币国际化的显著作用，将在经贸往来方面表现得尤为明显。人民币国际化可以降低贸易的汇率风险，成员国之间贸易量就会增长，国民收入就会增加；人民币国际化可以大大降低与各国货币兑换的交易成本，贸易与资本流动性就会增加；人民币作为国际货币，特别是以人民币作为支点货币的东亚地区，将会在贸易对价上起到关键性作用；人民币成为国际货币后，相当部分贸易可以直接用人民币计价结算，降低结算风险，扩大国际贸易。

第三，节约外汇储备。人民币国际化后，贸易结算都使用本国货币，不需要过多的外汇储备，而且，货币政策、财政政策都由本国制定，更减少了应对贸易赤字、货币投机所需要的大量外汇储备。改革开放以来，随着经济总量的大幅提升，我国外汇储备增长迅猛，这种高国际储备对稳定人民币汇率，体现我国对外清偿能力有很重要作用，但相应外汇储备的负面成本也很高。目前的高外汇储备对我国经济有两大主要的负面影响：一方面，对基础货币投放构成压力；另一方面，大量美元外汇储备用于购买美国政府公债，为美国经济做贡献，却减少了我国商业银行和企业对外汇资源的持有和支配。人民币实现国际化后，我国的清偿能力可以直接用人民币去实现，外汇储备将会大幅减少。

第四，优化外债规模和结构。人民币成为国际货币，可以大大增强我国的偿债能力并降低外债成本，优化外债结构。目前，我国的外债计价货币大都采用美元和日元，一直受制于人。尤其是美元和日元的剧烈波动使我国的外债负担不断加重，人民币作为国际货币会提高我们的偿债能力。通过人民币的稳定来稳定国际金融市场，通过人民币与美元、日元、欧元三者之间的交易降低外债风险，防止或减少外国强势货币对我国的变相剥夺。

第五，财富增长效应。人民币国际化带动我国经济增长，从而增加居民收入水平；人民币国际化需要建立稳定汇率的"资产池"。这里先解释一下什么是"资产池"。资产池主要是指政府发行的大量债券和金融产品，以供广大投资者、持有人民币的外国居民，以及政府操作，作为个人或组织的理财产品存在。为了优化理财产品，降低风险，居民会产生持有更多政府债券的偏好。人民币国际化后将会产生两大效应：一是人民币国际化后，资本项目可以自由兑换，利率实现自由化，促进我国股票市场健康发展；二是人民币国际化后，我国居民持有的现金含金量和支付能力提升，在出境旅游、对外支付等交易中，减少汇兑环节，被各国普遍接受，可以降低支付成本，提高支付效率。

人民币国际化的策略安排如下。

第一，推进人民币资本账户开放。资本账户开放是人民币国际化的一个必要条件，而人民币国际化又可以反过来促进资本账户开放。可以说，人民币国际化与资本账户开放是相互影响、相互促进的。然而，目前人民币在周边国家虽有流通，但国际化程度还很低，仍然属于非国际化货币，所以在人民币账户开放进程中，依然受到非国际货币制度的约束。但是，相对众多弱势非国际货币国家而言，人民币的境外流通态势，又有助于其树立国际信心，减轻外汇储备压力。因此，我国有条件适度加快推进人民币资本账户开放，应采取自主的、渐进的、有次序的方式稳妥推进资本账户开放。

第二，人民币汇率制度弹性化改革。人民币国际化与汇率制度弹性化相互联系、相互促进。人民币国际化过程与人民币汇率制度弹性化过程相伴相生，在人民币国际化程度不断提高的进程中，需相应加快汇率制度弹性化改革。

第三，积极主动倡导和参与区域经济合作与货币合作，为人民币走出去创造良好的国际环境。为扩大区域经济货币合作，在区域经济或货币合作组织中加强双边或多边经济与货币合作，进一步扩大人民币的影响力，提高人民币的国际地位。

第四，逐步实现两岸三地人民币区域化。目前，我国两岸三地多币种并存的现象，无论是从国家主权来讲，还是从货币流通规律来说，都将只是历史的昙花一现。最终，必定要实现两岸三地货币一体化，在大中华经济区正式进入人民币国际化阶段。在官方层次上应积极参加亚洲经济货币和金融合作，相应地为人民币结算范围的扩大和规模的增长做好前期准备。

下面了解一下人民币在周边国家流通情况。

人民币国际化是一个长期的战略。人民币作为支付和结算货币已经被许多国家所接受,据了解,人民币在东南亚的许多国家或地区已经成为硬通货。从近几年人民币在周边国家流通情况及使用范围来看,可以分为三种类型。

第一种,随旅游业兴起的国家,主要为新加坡、马来西亚、泰国、韩国等国家。人民币的流通使用主要是伴随旅游业的兴起而得到发展的。中国每年都有大批游客来到这些国家,因而在这些国家可以用人民币购买商品的店铺越来越多,可以用人民币兑换本国货币的兑换店和银行也已出现,大有"星星之火,可以燎原"之势。在韩国一些比较知名的商场、酒店、宾馆等,每天都公布人民币与本地货币、本地货币与美元的比价。人民币和美元一样,可以用于支付和结算。在韩国,几乎所有的商业银行都办理人民币与韩币、人民币与美元的兑换业务,也可以随时用人民币兑换欧元、日元、英镑等所有的硬通货。从 2005 年 12 月开始,德国、法国、西班牙、比利时和卢森堡五国率先开通了中国银联卡 ATM 受理业务;2014年,英国开通人民币资本项目。这一切,都表明人民币的国际地位进一步提高,而且推动了人民币的国际化进程。

第二种,伴随边境贸易兴起的国家,主要在中越、中俄、中朝、中缅、中老等边境地区。人民币的流通使用主要是伴随着边境贸易、边民互市贸易、民间贸易和边境旅游业的兴盛而得到发展的。人民币作为结算货币、支付货币已经在这些国家中大量使用,并能够同这些国家的货币自由兑换,从一定程度上说,人民币已经成为一种事实上的区域性货币。随着中国与周边国家、地区经贸往来的进一步扩大,人民币的流通和使用范围也越来越广,区域性货币的地位也将日益巩固,推进人民币走向国际化。

第三种,大陆特别区域,主要在中国的香港和澳门地区。由于我国内地和港澳地区存在密切的经济联系,每年相互探亲和旅游人数日益增多,人民币的兑换和使用相当普遍。据国家外汇管理局研究人员调查统计,人民币每年的跨境流量大约有 1000 亿元,在境外的存量大约是 200 亿元。人民币供给量（M2）约为20000亿元，这意味着，境外人民币大约是人民币总量的1%。由此可见，人民币已经在一定程度上被周边国家或地区广泛接受，人民币国际化处于渐进发展的阶段。

 人民币国际化顺应市场需求

原外经贸部首席谈判代表龙永图曾表示，资本项目的开放不一定是人民币国际化的先决条件，人民币国际化的关键在于需求推动。"人民币国际化进程越快，人民币的充分完全可兑换时机就会越成熟，所以用人民币的国际化进程来推动资本项目的全面可兑换。当人民币国际化到了一定程度，越来越多的国家欢迎人民币投资，愿意将人民币作为储备货币，资本项目的开放就水到渠成了。"

纠正三个"错配"选择了人民币。人民币成为国际货币，不仅中国需要人民币国际化，国际合作更是需要。目前的国际货币体系是二战后以美元为中心的"布雷顿森林体系"，这个货币体系在亚太地区出现了很多难以解决的问题，主要表现为三个"错配"。第一，货币错配。亚太地区的很多国家走的是出口导向型道路，出口活动基本以美元计价，这意味着一旦美元出问题，亚太地区国家之间的贸易都没法进行。第二，期限错配。亚洲是世界上典型的发展中地区，经济增长势头强劲，需要大量的长期资本进入，但是流入亚洲的资本大都是短期资本，或者说是投机性资本，这就出现了短期资本和长期资本期限上的错配。短期资本一遇到风吹草动，就会迅速做空，影响到长期的经济增长，甚至会影响短期的宏观金融稳定。第三，结构错配。亚太地区是全球外汇积累储备最多的地区，也是国际上储蓄率最高的地区，所收外汇主要是美元，而后又都投放回美国，然后美国金融机构反过来再把外汇投到这个地区。储蓄率高的地区不能动用自己的储蓄，反而需要外面来投资。把自己的钱送给别人，对方再用这些钱来赚自己的钱。教训亚太地区有过，警钟也多次敲响。1999年亚洲金融危机和2007年全球金融危机发生以后，人们就发现了这些错配，要纠正这些错配现状的呼声就成为改变国际货币体系的最基本要求。很核心的问题就是要减少对美元的系统性过度依赖，需要实现本币化进程。在亚洲地区，中国成为全球第一大贸易体，很多国家与中国互为贸易合作伙伴，选用中国的货币进行经贸往来，就成了顺理成章的事。人民币是为满足这样一个国际化需求而出去的，去做乘人之美的好事。

人民币国际化的趋势客观存在。近年来，全球都看到了人民币的坚挺和中国经济的成长，对中国的发展充满了信心，被中国的负责任大国态度彻底折服，大都希望持有人民币，希望用人民币来结算。持有人民币的人，也希望可以让它保值和增值，这是客观的经济需求。因此，推动人民币的跨境贸易结算，就是顺应实体经济需求。

辩证地看，历史地看，人民币国际化不是政府要去推动，而是市场力量已经孕育出来，是市场的需求催生出来的。这是现实需求的力量。

可以说，一国货币走向国际化首先是由该国的经济基本情况决定的。较大的经济规模和持续的增长趋势是建立交易者对该种货币的信心的经济基础。而经济开放度较高、在世界经济中占有重要地位的国家更能够获得交易者对该国货币的需求。国际交易者对该种货币的信心和需求，决定了该种货币必然在世界货币体系中发挥越来越重要的作用，并促使该货币最终成为国际货币。

英国财政部 2014 年 10 月 14 日发表声明说，英国政府已成功发行了首只人民币主权债券，规模为 30 亿元人民币，期限 3 年，票息率为 2.7%。这是首只由西方国家发行的人民币主权债券，也是全球非中国发行的最大一笔人民币债券。英国财政部表示，投资者对于此次债券发行的需求旺盛，在 14 日的市场认购中，共吸引了 85 笔认购单，总认购金额约为 58 亿元人民币。

人民币国际化势不可当，与其说是中国综合国力日益增强的表现，还不如说是顺应市场需求的结果。

"一带一路"承载着世界各国人民的需求梦想

"一带一路"是"丝绸之路经济带"和"21世纪海上丝绸之路"的简称。

进入21世纪，在以和平、发展、合作、共赢为主题的新时代，全球经济复苏乏力，国际和地区局势纷繁复杂。2013年9月7日，习近平主席在哈萨克斯坦纳扎尔巴耶夫大学发表重要演讲，首次提出加强政策沟通、道路联通、贸易畅通、货币流通、民心相通，共同建设"丝绸之路经济带"的战略倡议；2013年10月3日，习近平主席在印度尼西亚国会发表重要演讲时明确提出，中国致力于加强同东盟国家的互联互通建设，愿同东盟国家发展好海洋合作伙伴关系，共同建设"21世纪海上丝绸之路"。

"一带一路"是合作发展的理念和倡议，是中国借助既有的、行之有效的区域合作平台，借用古代"丝绸之路"的历史符号，传承和弘扬"和平合作、开放包容、互学互鉴、互利共赢"的丝路精神，主动发展与沿线国家的经济合作伙伴关系，共同打造政治互信、经济融合、文化包容的利益共同体、命运共同体和责任共同体。

学过中国古代史的人大都知道，距今2100多年前，中国汉代的友好使者张骞，两次出使西域，至今天的中亚地区，开启了古代中国与中亚各国友好往来的大门，开辟了一条横贯东西、连接亚欧的丝绸之路，这不仅是条贸易之路，更是世代友好的文明之路。

古代丝绸之路是中国西汉时期开创的以洛阳、长安为起点，到达西域、古罗马，连接东西方文明的陆上贸易和文化交流通道。东汉时期，印度僧人沿着丝绸之路到达洛阳，将佛教传入中国；唐代，高僧玄奘沿着丝绸之路历时19年到印度求取真经，促进了中华文明与印度文明的交流，写下了《大唐西域记》。

"丝绸之路"是起始于中国，连接亚洲、非洲和欧洲的古代商业贸易路线，从运输方式上分为陆上丝绸之路和海上丝绸之路。"丝绸之路"是一条东方与西方之间在经济、政治、文化方面进行交流的主要道路。它最初的作用是运输中国出产的丝绸、瓷器等商品。德国地理学家Ferdinand Freiherr von Richthofen最早在19世纪70年代将之命名为"丝绸之路"。

"一带一路"具有以下三大使命。

探寻经济增长之道。"一带一路"是在后金融危机时代，作为世界经济增长"火车头"的中国，将自身的产能优势、技术与资金优势、经验与模式优势转化为市场与合作优势，实行全方位开放的一大创新，通过"一带一路"建设共同分享中国改革发展红利、中国发展的经验和教训。中国将着力推动沿线国家间实现合作与对话，建立更加平等均衡的新型全球发展伙伴关系，夯实世界经济长期稳定发展的基础。

实现全球化再平衡。传统全球化由海而起，由海而生，沿海地区、海洋国家先发展起来，内陆国家和地区则较落后，形成巨大的贫富差距。传统全球化由欧洲开辟，由美国发扬光大，形成国际秩序的"西方中心论"，导致东方从属于西方，农村从属于城市，陆地从属于海洋等一系列不平衡、不合理效应。如今，"一带一路"正致力于推动全球再平衡。"一带一路"鼓励向西开放，带动西部开发以及中亚、蒙古等内陆地区和国家的开发，在国际社会推行全球化的包容性发展理念；同时，通过"一带一路"，中国主动向西推广中国优质产能和比较优势产业，使沿途、沿岸国家首先获益，也改变了历史上中亚等"丝绸之路"沿途地带只是作为东西方贸易、文化交流的过道而成为发展"洼地"的面貌。这就超越了欧洲人所开创的全球化造成的贫富差距、地区发展不平衡，有利于推动建立持久和平、普遍安全、共同繁荣的和谐世界。

开创地区新型合作。中国改革开放是当今世界最大的创新，"一带一路"作为全方位对外开放战略，运用了经济走廊理论、经济带理论、21世纪的国际合作理论等创新经济发展理论、区域合作理论、全球化理论。"一带一路"强调共商、共建、共享原则，超越了马歇尔计划、对外援助以及"走出去"战略，给21世纪的国际合作带来新的理念。比如，"经济带"概念就是对地区经济合作模式的创新，其中经济走廊——中俄蒙经济走廊、新亚欧大陆桥、中国—中亚—西亚经济走廊、中国—中南半岛经济走廊、中巴经济走廊、孟中印缅经济走廊，以经济增长极辐射周边，超越了传统发展经济学理论。

"一带一路"的共建路线包括以下几条。

"一带一路"贯穿亚欧非大陆，一头是活跃的东亚经济圈，一头是发达的欧洲经济圈，中间广大腹地国家经济发展潜力巨大。"丝绸之路经济带"重点畅通中国经中亚、俄罗斯至欧洲（波罗的海）；中国经中亚、西亚至波斯湾、地中海；中国至东南亚、南亚、印度洋。21世纪海上"丝绸之路"重点方向是从中国沿海港口过南海到印度洋，延伸至欧洲；从中国沿海港口过南海到南太平洋。

五条主导路线如下。

北线A：北美洲（美国、加拿大）—北太平洋—日本，韩国—日本海—扎鲁比诺港—珲春—延吉—吉林—长春—蒙古国—俄罗斯—欧洲。

北线B：北京—俄罗斯—德国—北欧。

中线：北京—西安—乌鲁木齐—阿富汗—哈萨克斯坦—匈牙利—巴黎。

南线：泉州—福州—广州—海口—北海—河内—吉隆坡—雅加达—科伦坡—加尔各答—内罗毕—雅典—威尼斯。

中心线：连云港—郑州—西安—兰州—新疆—中亚—欧洲。

"一带一路"承载了世界各国的共需梦。建设"一带一路"，对推进我国新一轮对外开放和沿线国家共同发展意义重大。当前，经济全球化深入发展，区域经济一体化加快推进，全球贸易、投资格局正在酝酿深刻调整，亚欧国家都处于经济转型升级的关键阶段，需要进一步激发域内发展活力与合作潜力。"一带一路"战略构想的提出，契合沿线国家的共同需求，为沿线国家优势互补、开放发展开启了新的机遇之窗。

第一，构建开放新格局，释放区域大需求。

改革开放 30 多年来，我国对外开放取得了举世瞩目的伟大成就。如今，随着中国经济的崛起和腾飞，中国在更多方面有能力帮助别国，特别是作为制造业大国，中国不仅可以输出丰富多彩、价廉物美的日常用品，而且能够向世界提供更多的技术和设备。作为全球主要外汇储备国，中国有实力投资海外，与急需资金的国家共同把握发展机遇。

据中国经济网了解，"一带一路"沿线大多是新兴经济体和发展中国家，总人口约 44 亿，经济总量约 21 万亿美元，分别约占全球的 63% 和 29%。这些国家普遍处于经济发展的上升期，开展互利合作的前景广阔。深挖我国与沿线国家的合作潜力，必将提升新兴经济体和发展中国家在我国对外开放格局中的地位，促进我国中西部地区和沿边地区对外开放，推动东部沿海地区开放型经济率先转型升级，进而形成海陆统筹、东西互济、面向全球的开放新格局。

"一带一路"战略合作中，经贸合作是基石。中国与沿线各国在交通基础设施、贸易与投资、能源合作、区域一体化、人民币国际化等领域，将迎来一个共创需求的新时代。据中国经济网了解，2013 年，中国与"一带一路"国家的贸易额超过 1 万亿美元，占中国外贸总额的 1/4。过去 10 年，中国与沿途国家的贸易额年均增长 19%。未来 5 年，中国将进口 10 万亿美元的商品，对外投资额将超过 5000 亿美元，出境游客数量约 5 亿人次，周边国家以及丝绸之路沿线国家率先受益。

第二，"一带一路"释放五大板块需求。

2015 年 3 月 28 日，国家发展改革委、外交部、商务部联合发布了《推动共建丝绸之路经济带和 21 世纪海上丝绸之路的愿景与行动》。在经济层面上，"一带一路"规划了两大战略目标，分为近期目标和远期目标，近期目标是"优势基建产能输出 + 紧缺资源输入"，远期目标体现为"商贸文化互通，区域共同繁荣"。基于以上认识，我们不难梳理出"一带一路"将会释放五大板块的需求。

一是"通路通航"板块需求。包括港口、公路、铁路、物流等交通运输业，铁路建设与相关设备，航空服务、设备、整机生产等。在"一带一路"建设中，交通运输是优先发展领域，以加快提升我国与周边国家交通基础设施的互联互通水平，并形成区域交通运输一体化。

"21世纪海上丝绸之路"沿线的东南亚及南亚国家存在强烈的建设大港口的需求。在铁路建设方面，突破国家界限的"欧亚铁路网计划"，会刺激铁路建设的发展。据不完全统计，2015年3月前，有意向的铁路工程已达到0.5万千米，和欧亚铁路网的8.1万千米规划目标相比还有巨大的空间。同时，中国将全力打造与我国第三大贸易合作伙伴东盟地区的海陆空综合交通方式：海上方面，将中国和东南亚国家临海港口城市串联起来；内河方面，中国出资澜沧江—湄公河河道建设，打造黄金水道；公路方面，南（宁）—曼（谷）、昆（明）—曼（谷）公路已经开通，东南亚正在形成两横两纵的公路通道；铁路方面，中国计划以昆明和南宁为起点，建设泛东南亚铁路联系东南亚陆路国家。

二是"基建产业链"板块需求。包含建筑业、装备制造业、基建材料业。从需求端来看，"一带一路"的沿线国家，无论是从国内需求还是未来区域经济合作的角度分析，对于基础设施建设的需求均极其旺盛。"一带一路"沿线国家由于财政紧张的原因，基建投资支出不足，普遍呈现基础设施落后的现状，人均GDP、人均公路里程、人均铁路里程等指标均远低于我国，亚洲和非洲的沿线国家较中国分别有10%和20%的城镇化提升空间，而中国在自身城镇化过程中累积的大量经验和产能可以对外输出。从国内来看，西北部区域各省区铁路、公路及高速公路密度在全国均属后列，新疆、青海、甘肃排倒数五位，宁夏、陕西居于中后段水平。为实现"一带一路"各国间的基建对接，中国西北部的城市建设、交通运输网络等基建领域投资需求很大。在"一带一路"的战略政策支持下，对外工程承包施工企业"走出去"能形成较大的出口拉动，有效对冲国内需求端的下滑，从而带动整个"基建产业链"。

三是"能源建设"板块需求。包括中国油气进口管道建设的相关产业，电站建设、电力设备等。

拓展新的油气资源进口途径是"一带一路"紧迫的战略目标。近几年，我国对油气资源的需求在快速增加，但我国的油气资源进口主要通过马六甲海峡的海陆运输，获取途径较为单一，能源安全较易受到威胁，拓展新的油气资源进口途径十分紧迫。加强与沿线国家能源资源开发合作，鼓励重化工产业加大对矿产资源富集和基础设施建设需求较旺的沿线国家投资，实现开采、冶炼、加工一体化发展，推动上下游产业链融合。

从需求面来看，"一带一路"沿线发展中国家的电力消费水平极低，发展空间巨大。根据2013年的电力消费统计数据来看，"一带一路"沿线非OECD国家的人均年电力消费量仅仅约为1655.52kW·h，而同期OECD国家的人均年电力消费量约为7579.49kW·h，前者仅为后者的21.84%左右。因此，单从电力消费角度看，"一带一路"沿线的非OECD国家的未来电力消费水平将有极大的增长空间，从而带来巨大的电气设备需求。

四是"商贸与文化"板块需求。从长期来看，道路联通、贸易联通中同样伴随着文化沟通，"丝绸之路"自古是文化交汇的体现，其交流合作的内容涵盖了文化、旅游、教育等人文活动。培育具有丝绸之路特色的国际精品旅游线路和旅游产品，可以积极推进特色服务贸易，发展现代服务贸易。人员的流动还会促进沿线国家和地区的特殊旅游产品、文化产品、民俗风情、旅游线路及非物质文化遗产项目的发展，旅游企业可以开展旅游管理协作、旅游业务合作、旅游包机航线、旅游投资贸易、旅游服务采购。

五是"信息产业"板块需求。抓住各国经济的数字化趋势，加快我国信息产品和服务走出去。"互联互通"是加强全方位基础设施建设，不仅包括公路、铁路、航空、港口等交通基础设施建设，还包括互联网、通信网、物联网等通信基础设施建设。现在，中国企业迎来第二轮"走出去"的战略机遇，一方面，全球经济的数字化趋势意味着"一带一路"国家存在持续的信息基础设施建设增长空间；另一方面，亚洲基础设施投资银行、丝路基金等融资机构必然会积极对海外信息基础设施进行融资，这可以更加直接地增加对中国设备的需求。

亚投行到底彰显了什么魅力

亚洲基础设施投资银行（Asian Infrastructure Investment Bank，AIIB，简称"亚投行"）是一个政府间性质的亚洲区域多边开发机构，重点支持基础设施建设，总部设在北京。2013年10月2日，习近平主席提出筹建倡议，2014年10月24日，包括中国、印度、新加坡等在内的21个首批意向创始成员国共同决定成立亚洲基础设施投资银行。

截至2015年4月15日，英国、法国、德国、意大利、韩国、俄罗斯、澳大利亚、挪威、南非、波兰等国先后已同意加入亚洲基础设施投资银行，已有57个国家正式成为亚投行意向创始成员国，2015年12月25日，亚投行正式成立。

亚投行的基本情况

第一，亚投行成员参入广泛。截至2015年4月15日，亚投行57个意向创始成员国状况分布如下。

联合国安理会五大常任理事国已占4个成员分布席：中国、英国、法国、俄罗斯。

G20国家中已占14席：中国、印度、印度尼西亚、沙特阿拉伯、法国、德国、意大利、英国、澳大利亚、土耳其、韩国、巴西、俄罗斯、南非。

西方七国集团已占4席：英国、法国、德国、意大利。

金砖国家全部加入亚投行：中国、俄罗斯、印度、巴西、南非。

按大洲分，亚洲34国，欧洲18国，大洋洲2国，南美洲1国，非洲2国，总计57国。

第二，中国将拥有主导话语权。据《筹建亚投行备忘录》，亚投行的法定资本为1000亿美元，中国初始认缴资本目标约为500亿美元，中国出资50%，为最大股东。各意向创始成员国同意以国内生产总值（GDP）衡量的经济权重作为各国股份分配的基础。2015年，试运营的一期实缴资本金为初始认缴目标的10%，即50亿美元，其中中国出资25亿美元。中国是最大的股东，按照惯例，将拥有主导话语权。

第三，亚投行的投资方向。作为由中国提出创建的区域性金融机构，亚洲基础设施投资银行的主要业务是援助亚太地区国家的基础设施建设。在全面投入运营后，亚洲基础设施投资银行将运用一系列支持方式为亚洲各国的基础设施项目提供融资支持——包括贷款、股权投资以及提供担保等，以振兴包括交通、能源、电信、农业和城市发展在内的各个行业投资。

亚投行——亚洲发展趋势和需求的现实选择

亚洲国家参入亚投行的积极态度反映出亚洲发展的趋势和需求。从20世纪末起，国际舆论就意识到亚洲在世界版图中的重要性正大幅上升，人们不断地谈论21世纪是亚洲的世纪。亚洲成为世界经济发展最快的地区，其重要性日益显现出来。但是，亚洲国家有一个弱点，就是虽然发展很快，而且都是储蓄大国，但因为没有更好的投资渠道，不得不把大量储蓄用来购买美国国债等。这就给亚洲国家发展带来了一个"两难"问题：一方面，亚洲发展需要更大的基础设施投资，改善当地的基础设施水平，以促进未来经济发展；另一方面，亚洲国家却无法把资本用来促进自己的基础设施发展。中国提倡的亚洲基础设施投资银行正好弥补了这种缺陷，满足了亚洲国家的迫切需求，赢得众多亚洲国家的支持。可谓既叫好，又叫座；既有实惠，又能收获掌声。

第二次世界大战结束以来，美国倡议创建的"布雷顿森林体系"，特别是世界银行和国际货币基金组织主导着世界经济的发展。但随着时间的推移，这一体系已经无法满足世界经济发展的需求，特别是无法满足新兴经济体国家的需求。因此，新兴市场国家多次提出对这两个金融机构进行改革，以提高新兴市场国家在其中的话语权。但这两个机构的改革迟迟不见成效，美国国会迟迟不批准其他成员国都通过的改革方案。因此，亚投行的顺势诞生，就理所当然地成为新兴经济体和亚洲国家的一种集体反应。

亚太地区存在现实的基础设施巨大缺口和建设、融资需求，现有的世界银行—亚洲开发银行（ADB）体系远远满足不了融资需要，亚投行这样的新兴国际金融机构生逢其时，有现实的需要和强大的生命力。

🔍 亚投行在满足各国需求中将大有作为 ‹

亚洲大部分地区基础设施落后，实现区域间互联互通、基础设施建设的需求很大，而现有的亚洲开发银行资金量很小，主要用于扶贫，中国提议成立的亚洲基础设施投资银行可以满足亚洲基础设施建设对资金的大量需求，基础设施建设将带动亚洲国家之间贸易规模的扩大和各国经济的发展，扩大亚洲市场的容量。

据报道，2011 年，总部在马尼拉的亚行曾估计，在 2020 年之前亚洲每年需要大约 7500 亿美元来满足基础设施建设方面的需求。

2014 年 6 月 27 日，世界银行行长金墉回答新华社记者提问时表示，世界银行将和亚投行成为竞争对手的想法是愚蠢的，因为仅靠世界银行提供的资金不能满足亚洲庞大的基础设施建设需求，目前有足够大的市场，让各方都有发展空间。他说，南亚在未来十年需要 2500 亿美元的基建投资，而东亚一年的需求就达 6000 亿美元。目前，发展中国家和新兴经济体每年基建投资约为 1 万亿美元，方能满足市场需求。

2015 年 4 月 13 日，加拿大不列颠哥伦比亚大学亚洲研究院院长、政治经济学家肖逸夫，在中国社科文献出版社举办的《亚洲与世界的未来》新书沙龙上回答记者提问时表示：从微观层面来看，亚投行倡议的提出与具体实施，回应了亚洲国家一个非常明确的需求，即在推动亚洲一体化合作和发展过程中若没有基础设施建设，一切免谈。同时，在世界银行和亚洲开发银行没能有所作为的区域，亚投行提供了一个新的可能。

亚洲开发银行预测，2010 年到 2020 年，亚太地区约有 8 万亿美元的基础设施建设资金需求。巨大需求面前，仅靠现有多边开发机构很难满足，集合多方力量破解建设资金短缺难题，促进亚太区域互联互通，成为大势所趋。

亚投行，将在满足亚洲发展需求中大有作为。

孔子学院魅力何来

孔子学院（Confucius Institute）亦称孔子学堂，尽管冠以孔子之名，但其最大的功能并非宣扬孔子的儒家学说或中国传统文化，而是推广对外汉语教学。

为推广汉语和中国文化，中国政府在 1987 年成立了"国家对外汉语教学领导小组办公室"，简称为"汉办"，孔子学院就是由汉办承办的。

2004 年 11 月 21 日，世界第一所孔子学院在韩国首尔揭牌。截至 2014 年 12 月，在国内 208 所高校的参与和帮助下，全球 126 个国家和地区建立起 475 所孔子学院、851 个孔子课堂，累计注册学员 345 万人。"学说中国话"成了全球的时尚。

在孔子学院的带动下，包括美、英、法、日、韩等 61 个国家将汉语教学纳入国民教育体系，全球汉语学习者从 2004 年前的不足 3000 万人，快速攀升至 1 亿人。孔子学院快速发展，已然成为一张闪亮的中国名片，被誉为"迄今为止中国出口的最好最妙的文化产品"。那么，孔子学院的魅力由何而来？

**孔子学院国际化是平等合作
互利共赢的需要**

中国大学与外方院校合作开办孔子学院，促进了中华文化在其他国家与地区的广泛传播，有利于加深国际社会对中华文化的理解及认同，将高等教育国际化与弘扬民族传统文化紧密地融合在一起，促进了相关高校的国际交流与合作，也促进了双方互访、教师互派、学生互换、联合科研、文化交流，增进友谊。

2013 年 6 月，天主教大学孔院与里约州教育厅签署协议，在公立中学开设汉语实验课程，深受学生、教师和家长的喜爱，双方决定继续合作，筹建一所公立中葡双语学校。

借助孔子学院，厦门大学与外方共建院校开展了 38 个合作项目，互派讲座教授 80 人次，交换学生 717 人次。浙江师范大学先后在喀麦隆、乌克兰等地合作共建了 4 所孔子学院，建设了非洲博物馆、非洲翻译馆等开放式平台。

北京外国语大学校长韩震这样论述过大学与孔子学院的关系："建设孔子学院是中国高等院校践行自身使命、实现国际化发展的重要机遇，是高校的历史任务和必然选择。"

🔍 国际化需求是孔子学院存在的最大理由 〈

在全球化环境下，文明多样性成为共识，加强不同文化之间的了解和理解成为各国谋求发展的共同需求。随着我国经济社会快速发展、国际地位大幅提升，世界各国更加重视发展与中国的友好合作关系，汉语在国际交流中的作用日益凸显。中国的发展成就引起世界的广泛重视，丰富多彩的中华文化越来越受到各国人民的欢迎和喜爱，越来越多的国家将汉语教学纳入本国国民教育体系，华人华侨把学习祖（籍）国语言文化作为维系民族情感的纽带，全球要求学习汉语人数大幅增加。孔子学院适应这一形势需要，加强建设，有助于推动中外教育交流与合作，提高我国教育国际化水平，为中外多领域合作共赢提供人才支撑；有助于展现我国文明、民主、开放、进步的形象，增进国际社会对我国的理解和认同。

英国文化委员会首席执行官马丁、德国歌德学院主席雷曼称赞孔子学院，仅用短短几年时间，就走完了英、法、德、西等国语言推广机构几十年甚至上百年的路，如同中国经济发展一样，堪称世界奇迹。

孔子学院自成立以来，一步一个脚印地前行……需求是它存在和发展的最大理由。

里约热内卢天主教大学副校长伊凡神父说："随着中国经济的发展，不仅大量的中国企业进入巴西，同时来巴西的中国游客也大幅增加，这都让巴西民众对中国有了很大的好奇心。越来越多的巴西人想学习中文，想了解这个有着悠久历史的神秘国度。孔子学院的到来正满足了巴西人学习汉语的需求。"

在美国，"汉语热"持续升温，已设立 104 所孔子学院和 388 所中小学孔子课堂，是孔子学院和孔子课堂最多的国家，尤其是孔子课堂的数量，占全球总数一半以上，有 3000 余所中小学开设了汉语课程。

乔治·华盛顿大学校长耐普本身是一名文学教授，自称"一直对中国文化非常景仰"。他说："现在越来越多的学生想去中国学习，这是一个新现象。孔子学院为他们提供了帮助。另外，由于我校的地理位置独特，周边有很多联邦政府机构和国际组织，比如白宫、世界银行、美联储、国家科学基金会、国家科学技术协会等。这些大机构里的很多职员希望学习汉语、了解中国，我们的孔子学院根据需求专门为他们开课。"

孔子学院在美国的迅速发展有着美国民众迫切认识和了解中国的客观需求。内布拉斯加州州务卿约翰·基尔说："美国是一个年轻的国家，而中国则历史悠久。过去，美国人主要了解欧洲历史，其实那只是世界历史的一部分。在当前国际形势中，我们应该更多地了解中国的历史和文化，孔子学院提供了满足这一需求的渠道。"内布拉斯加—林肯大学校长哈维·帕尔曼说："我们希望这所大学更加国际化，中国肯定是我们进行合作的首要目标国家。"

马里兰大学孔子学院是美国建立的第一所孔子学院。里贝卡·麦克吉尼丝女士从一开始便参与了马里兰大学孔子学院的创办。"我亲身经历了美国第一所孔子学院从图纸变为现实，从小变大的发展过程，孔子学院的办学宗旨和实践只能证明其发展有助于中美两国人民之间的相互理解，有助于世界和平。"

资料显示，至2014年9月，在世界排名前200的大学中，已有88所成立孔子学院；很多大学将办孔子学院作为国际化的重要标志。美国中田纳西州立大学校长麦克菲说："我很高兴我校能成为孔子学院的成员。孔子学院的发展理念和我校的发展理念相似，那就是帮助学生了解并欣赏世界上不同的文化。我们要培养有国际视野的学生，这是我们的重要使命。"

国际对中文的需求促成中国文化热

2014年4月20日是第五个联合国中文日，也是中国农历的"谷雨"。在2010年，联合国第一次庆祝中文语言日，旨在加强官方语文在联合国的平等使用。

据联合国网站介绍，中文在联合国受重视的程度比过去得到了很大的提升。1998年11月13日，联合国网站中文版正式上线。在联合国语言交流部组织的面向来自各国的联合国职员的语言课程中，每期有200人次参加中文学习，而2009年前，中文学习班每学期只能招到70~80名学生。伴随着全球"中文热"，联合国学习中文的员工也在与日俱增。

2014年4月17日，在京发布的文化建设蓝皮书《中国文化发展报告(2013)》指出，随着中国经济总量快速增长，孔子学院的吸引力除了在中国文化方面外，中国经济也是重要原因，对于商务型孔子学院的需求明显增多即是一个明证。

北京语言大学汉语老师杨慧真说，目前来北京语言大学学习汉语的学生多是因为工作等原因产生的刚性需求。于丹认为，随着中国经济实力的上升，还会有越来越多的人希望跟中国做生意，而这种直接相关的经济利益会带动中文国际化。

中国国务院参事、国家汉办主任、孔子学院总干事许琳女士认为，孔子学院之所以能够在欧洲乃至全球得到迅速发展，是因为当地学校、学生以及当地政府有这种意愿，而且他们的需求是实实在在的。许琳说："应该说是经济一体化带动了'中国热'，然后'中国热'带动了'汉语热'。

中国是新兴经济国家的"领头羊",这是一种实实在在的需求。就像我们当年必须学英语一样,是一种内在的需求,而不是赶时髦的一种东西。"

孔子学院适应国际化巨大需求扬帆远航

面对国际化的巨大需求,孔子学院制定新规划,确定新的发展目标,在契合需求中扬帆远航。

到 2015 年,全球孔子学院达到 500 所,中小学孔子课堂达到 1000 个,学员达到 150 万人,其中孔子学院(课堂)面授学员 100 万人,网络孔子学院注册学员 50 万人。专兼职合格教师达到 5 万人,其中,中方派出 2 万人,各国本土聘用 3 万人。

到 2020 年,基本完成孔子学院全球布局,做到统一质量标准、统一考试认证、统一选派和培训教师;基本建成一支质量合格、适应需要的中外专兼职教师队伍。基本实现国际汉语教材多语种、广覆盖;基本建成功能较全、覆盖广泛的中国语言文化全球传播体系。国内国际、政府民间共同推动的体制机制进一步完善,汉语成为外国人广泛学习使用的语言之一。

未来,孔子学院要与所在学校的目标定位相契合,强化汉语人才培养、提升汉学研究和国际化水平,成为学校发展战略的有机组成部分;要与社会大众的实际需求相适应,走出象牙塔,融入社会、服务大众,满足不同年龄、不同层次民众语言学习、文化理解、职业培训等多样化需要;要与所在国家的文化环境相交融,贴近当地民众思维、习惯、生活方式,提高跨文化交际能力,让孔子学院成为不同文化相互了解、不同国度人民相互走近的窗口。

孔子学院在满足国际需求中,将会大有作为。

大众创业、万众创新——中国新常态下经济发展的重要引擎

2014年9月10日，李克强总理在2014夏季达沃斯论坛开幕式上首次对外提出了"大众创业、万众创新"的战略性想法。

李克强总理在2015年《政府工作报告》中提出，打造大众创业、万众创新和增加公共产品、公共服务"双引擎"，推动发展调速不减势、量增质更优，实现中国经济提质增效升级。一时间，激发了全民创业创新的极大热情。

2015年3月，国务院办公厅印发了《关于发展众创空间推进大众创新创业的指导意见》，全面部署推进大众创业、万众创新工作。

2015年6月11日，国务院印发了《国务院关于大力推进大众创业万众创新若干政策措施的意见》，从资金链、创业创新链、产业链、就业链几个维度，推出了多项支持"创业、创新"的普惠性政策扶持体系，发挥千千万万中国人的智慧，把"人"的积极性更加充分地调动起来。形成"万众创新""人人创新"的新态势。

2015年以来，"新一轮创业潮"成为外媒讲述中国故事时的一个热词。

作为世界第二大经济体，中国为何要将"创业、创新"主题置于如此高的位置？

这要从推进大众创业、万众创新的重要意义来分析，不难看出是充分顺应并引导未来社会发展需要的具体战略。

第一，推进大众创业、万众创新，是培育和催生经济社会发展新动力的必然选择。随着我国资源环境约束日益强化，要素的规模驱动力逐步减

弱，传统的高投入、高消耗、粗放式发展方式难以为继，经济发展进入新常态，需要从要素驱动、投资驱动转向创新驱动。推进大众创业、万众创新，就是要通过结构性改革、体制机制创新，消除不利于创业创新发展的各种制度束缚和桎梏，支持各类市场主体不断开办新企业，开发新产品，开拓新市场，培育新兴产业，形成小企业"铺天盖地"、大企业"顶天立地"的发展格局，实现创新驱动发展，打造新引擎，形成新动力。

第二，推进大众创业、万众创新，是扩大就业、走上富民之路的根本举措。我国有 13 亿多人口，9 亿多劳动力，7000 万企业和个体工商户，蕴藏着无穷的创造力。每年，高校毕业生、农村转移劳动力、城镇困难人员、退役军人数量较大，人力资源转化为人力资本的潜力巨大，但就业总量压力较大，结构性矛盾凸显。推进大众创业、万众创新，就是要通过转变政府职能、建设服务型政府，营造公平竞争的创业环境，使有梦想、有意愿、有能力的科技人员、高校毕业生、农民工、退役军人、失业人员等各类市场创业主体"如鱼得水"，通过创业增加收入，让更多的人富起来，促进收入分配结构调整，实现创新支持创业、创业带动就业的良性互动发展。

第三，推进大众创业、万众创新，是激发全社会创新潜能和创业活力的有效途径。目前，我国创业创新理念还没有深入人心，创业教育培训体系还不健全，善于创造、勇于创业的能力不足，鼓励创新、宽容失败的良好环境尚未形成。推进大众创业、万众创新，就是要通过加强全社会以创新为核心的创业教育，弘扬"敢为人先、追求创新、百折不挠"的创业精神，厚植创新文化，不断增强创业创新意识，使创业创新成为全社会共同的价值追求和行为习惯。正是在这种共识之下，国家与地方采取了推动"创新、创业"的系列举措，将创客们带入一个"黄金时代"。

据中国政府网统计，从 2013 年 10 月 27 日起，李克强总理在十九次国务院常务会议上部署推动"创业、创新"战略，各部委机关印发的支持性文件至少有 22 件以上。各省市以及相关社会团体结合自身特点，进一步细化"创业、创新"战略，推出了更为具体的执行措施。

顶层设想与基础需求的互相呼应与促进，激发起民众广泛参与创业创新活动的热情。国家统计局提供的数据显示，2014届大学生中约有19.1万人选择了创业。2014年，全国新登记注册市场主体1292.5万户，同比上升14.23%，平均每天新注册企业达到1.06万户。

据人人网大学生用户研究中心发起的一项2015年大学生创业态度调查，在3872名参与调查的"90后"大学生中，56.3%的人表示愿意在上大学期间尝试创业。其中，41.8%的人称创业是因为喜欢创新、尝试新东西和新事物；6.7%的人称创业是为积累实践经验。

第四，推进大众创业、万众创新，有利于满足人的最高需求。马斯洛需求层次理论将自我实现列为人的最高需求。经济的快速发展基本满足了人们的物质生活需求，越来越多的人需要通过创造来满足自我实现的需求。大众创业、万众创新的根本目标就是给人民群众创造出满足人生需求、实现人生价值的发展渠道，让自主发展的精神在人民当中蔚然成风，让社会的每一个细胞都保持不断追求卓越的积极心态和精神风貌。

读完《双创意见》的96条政策措施，正在为创业踌躇的人们则不禁感叹："此时不创，更待何时？"

中国创客们将带着更加饱满的信心，怀揣极大的热情，踏上新的创业征程……

大众创业、万众创新，必将成为中国新常态下经济发展的重要引擎。

"互联网＋"新概念引爆新需求

互联网与传统产业的结合能够释放新消费需求。

——厉以宁

2015 年 3 月 5 日，在第十二届全国人民代表大会第三次会议上，国务院总理李克强在《政府工作报告》中提出了一个新奇的概念——"互联网＋"，让国人为之一振，遂即成为关注热点，引爆新的需求。

他是这样讲的："制订'互联网＋'行动计划，推动移动互联网、云计算、大数据、物联网等与现代制造业结合，促进电子商务、工业互联网和互联网金融健康发展，引导互联网企业拓展国际市场。"

在了解"互联网＋"之前，很有必要对传统的互联网产品做一下介绍。互联网产品就是在互联网领域中产出而用于经营的商品，它是满足互联网用户需求和欲望的无形载体。简单来说，互联网产品就是指网站为满足用户需求而创建的用于运营的功能及服务，它是网站功能与服务的集成。例如，阿里巴巴的产品有阿里旺旺、支付宝、淘宝、天猫，腾讯的产品有 QQ 和微信，此外，还有其他网络运营商的翼聊等即时通信工具、博客、邮箱，等等。

互联网产品的初级阶段只是创造了狭义的需求，分为以下三类。

第一类为主要产品，也称大众需求产品，是指网站为满足大众需求而设计的产品，这类产品只为赢得公信力，并非盈利产品。例如，腾讯的QQ、网易的邮箱、百度的搜索引擎，这些都是免费为大众服务的，用于赢得公众信赖。

第二类为盈利产品，可能只满足一小部分用户的需求，也是为这一小部分用户而设计的。例如，腾讯的 QQ 宠物、百度的推广等付费服务。

第三类为辅助产品，能为网站带来少量流量或收入，产品本身的实力比较弱，以辅助第一、第二类产品为主，却是网站中不可或缺的产品。

这三类互联网产品创造的需求，由于是为本身盈利而创新，我们只好称其为狭义的创造创新性需求。而"互联网 +"概念的提出，使创造创新的需求发生了几何速度的增长。

Q "互联网 +" 概念火了 <

这个被媒体引爆的词语有多种含义。在经济与生产力结构变革方面，它所引领的经济现状和未来趋势走向，受到大多媒体的重点关注；而在催生创造力机会与优化产业链等方面，它所预示的趋势又让各产业链厂商奔走相告。

什么是"互联网 +"？"互联网 +"代表一种新的经济形态，即充分发挥互联网在生产要素配置中的优化和集成作用，将互联网的创新成果深度融合于经济社会各领域之中，提升实体经济的创新力和生产力，形成更广泛的以互联网为基础设施和实现工具的经济发展新形态。从单一制造产品或提供服务到引领产业链融合与经济结构变革，"互联网 +"所带动的社会效应正日趋显现。

Q "互联网 +" 引爆市场与用户需求 <

2012 年 11 月，易观董事长于扬先生在第五届移动互联网博览会上首次提出"互联网 +"理念。而李克强总理在 2015 年两会上将"互联网 +"概念作为政府工作报告中的内容之一，更使得这个概念成为大众关注的焦点。而"互联网 +"，其具备全新理念的经济现象成为新常态。

用户可通过智能手机等掌上终端，实现产业链中的任何需求操作。长虹、苹果、乐视、小米、阿里巴巴等公司均在这方面有所涉足。这种"互联网＋"的形式，通过以产品为基础而实现的联动效应，可以给用户带来新的体验，"互联网＋"使得传统生活方式发生根本改变，充满了创造性想象力，激发了新的消费欲望和消费需求。

对于这种通过产品本身引领经济变革的现象，有媒体认为是工业革命发展到 4.0 阶段的产物。在各行业更加注重产业和生态战略建设的趋势下，"互联网＋"的概念和效应正在得到进一步体现。智能化的新消费需求，将在未来成为趋势，引领各行各业新发展。

"互联网＋"带来新工业革命引发新需求

"互联网＋"通过对产品、营销和商业模式的冲击和改善、优化，使得新的经济主体在以用户与市场为中心的前提下而发生调整，并为企业的未来走向和发展提供了新的方式，这种现象的发生和变化既是时代发展的偶然，也是"互联网＋"驱动的必然。

特别是在当前大量的社会需求并不明朗的情况下，"互联网＋"战略首次被纳入国家经济顶层设计，国家鼓励电子商务发展规划出台，为未来指出更清晰的发展方向，无疑将为工业企业在大数据、云计算等方面的探索带来更大契机。这势必会激发全新的市场活力，增大社会的总需求，促进经济的飞速发展。

"互联网＋"兴起引爆人才需求

2015 年 4 月 29 日，南京市《2015 年第二季度雇主招聘意愿调查报告》正式发布。报告显示，"互联网＋"成为各行业的机会和挑战，它极大地带动了就业，由于电子商务、教育、快递和智能制造等行业集聚着大量的创业公司和转型企业，带来了大量的职业机会。84.7% 的受访雇主表示，2015 年第二季度将比 2014 年同期招聘更多的雇员，这比第一季度的调查结果高出

2.5 个百分点。增加招聘的主要原因为"业务扩大"和"员工流动"。

2015 年 4 月 23 日，南方人才市场发布 2015 年第一季度人才市场分析，统计显示，第一季度市场营销占据需求职位榜首，而随着互联网对金融等传统行业的渗透，"互联网＋"人才需求持续走高。

随着互联网对金融行业的渗透，与互联网金融有关的岗位，如微信公众号策划与推广、互联网营销、手机应用（App）技术开发、互联网金融战略筹划等岗位急需人才。此外，互联网行业技术人才也备受青睐，应用软件企业纷纷招兵买马。

随着电子商务的迅速发展，传统企业也开始走电商途径，电商类人才成为抢手货，尤其是成熟的电子商务类人才，是电商企业争抢的目标。2015 年，传统公司加快互联网转型，招揽专业人才将成为转型的关键。在这波招聘热潮中，程序员、工程师和互联网产品经理的需求持续高走。

"互联网＋"彻底重构供需改变世界运转方式

互联网与传统企业之间的关系不再是单纯的协作，而是从根本上改变传统世界的供需模式，引爆经济发展，形成新的经济模式。

阿里移动事业群总裁俞永福曾经讨论过"互联网＋"的逻辑。他认为，"互联网＋"的本质是供需重构。它不同于"＋互联网"，只是物理叠加，改善存量；"互联网＋"是化学反应后创造增量。前者的价值是利用互联网技术打破原有业务中的信息不对称环节，从而实现效率重建。而"互联网＋"则做到了真正的重构供需，非互联网与互联网跨界融合后，在供给和需求两端都产生增量，从而建立新的流程和模式：供给端是"点石成金"，将闲散资源充分利用；需求端则是"无中生有"，创造了原本不存在的使用消费场景，两者结合，就是我们常说的"共享经济"。从这个角度讲，打车软件只是"＋互联网"，但走到专车阶段就变成了"互联网＋"，它的模式是将社会中更多的闲散车辆集中起来，成为商品资源进入商业流程，增加了供给；而乘客则在打车之外，多了专车的选择，需求也增加了。在对网络专车这个新生事物的管理上，"上海模式"划分了政府与市场的边界——从管车辆向管平台转变，从事前审批向事中、事后监管转变，抓住了对网络专车管理的根。

在这里举一个案例。2015年10月9日，中国网—传媒经济刊登了一则题为"专车管理'上海模式'当为'互联网交通'样本"的消息："10月8日，在由中国互联网协会、滴滴公司主办的'约租车（专车）模式上海创新与实践'论坛上，上海市交通委正式宣布向上海奇漾信息技术有限公司颁发第一张《上海市出租汽车经营资格证书》，这标志着上海市对约租车行业发展开始实施准入管理。也就是说，运用'互联网'思维处理'专车'问题，不仅是推动'互联网＋交通'落地的最好体现，更是契合了专车业务的互联网特征，同时也能较好地推动和解决对网络'专车'监管的问题。""毫无疑问，'上海模式'对全国的网络'专车'管理，尤其对用'互联网'的思维方式考虑一切新业态，将起到样本和示范作用。"

重构供需，因此是典型的"互联网＋"。

著名经济学家厉以宁提出，互联网与传统产业的结合能够释放新的消费需求，"要尽快适应互联网带来的变化"，充分发挥互联网对经济的提振作用。

刻不容缓地全面放开二胎为哪般

全面放开二胎后，网络上流传着这样一个故事：

小明在学校犯了错误，老师让其把家长叫来。

小明说："家长不在家，舅舅可以吗？"

老师说："行。"

第二天，小明背上刚满周岁的小舅向学校奔去。到了学校，小明把舅舅放到老师办公桌上，一把夺下他嘴里的棒棒糖，顺便帮他擦了一下鼻涕，正色道："舅舅，别光顾着吃，我们老师有话对你说。"

引用这个小故事，只是想让读者在玩笑间更加深刻地认识"全面放开二胎"这个具有划时代意义的历史性事件。

2015 年 10 月 29 日，党的十八届五中全会决定：坚持计划生育的基本国策，完善人口发展战略，全面实施一对夫妇可生育两个孩子政策，积极开展应对人口老龄化行动。这是继 2013 年党的十八届三中全会决定启动实施"单独二胎"政策之后的又一次人口政策调整，非常深入人心。五中全会公报中全面实施一对夫妇可生育两个孩子政策，该政策被坊间简称为"全面放开二胎"。

全面放开二胎，意味着实行 35 年之久的独生子女政策，就此画上了句号。这是一个时代的终结，又是一个新时代的开始。

五大紧迫需要倒逼全面放开二胎

我国是目前世界上人口最多的国家，由于在 20 世纪 50 年代和 1962—1972 年间先后出现了两次生育高峰，使得我国人口快速增长的趋势始终没有改变。进入 20 世纪 80 年代后，人口增长的速度加快，每 5～7 年即增长 1 亿人口，如此庞大的人口给经济和社会的发展带来巨大压力。

1982 年，在党的十二大会议上，计划生育被确定为基本国策。实行计划生育，严格控制人口增长，坚持优生优育，提高人口质量，直接关系人民生活水平的进一步提高，也是造福子孙后代的百年大计。

生育要有计划，但计划也并非一成不变，正所谓"文章因时而著，政策因时而易"。从 1980 年提倡"一对夫妇只生一个孩子"，到 1984 年提出在农村适当放宽生育两孩的条件，然后是 2013 年单独二胎政策的通过，再到今天的全面放开二胎，我国计划生育政策一直处于动态调整的"进行时"。

全面放开二胎，已经成为公众热议的焦点，而其真正原因则在于迫在眉睫的五大需要。

第一，全面放开二胎是破解"低生育陷阱"的需要。

单独二胎政策实施后，效果不尽如人意。截至 2014 年 12 月，全国仅有不足 100 万对单独夫妇提出再生育申请，这 100 万申请并不意味着能增加 100 万人口，而此前的官方预计是每年增加约 200 万人口，实践中的缺口比较大。

独生子女政策和其他一些变化导致中国新生儿数量不断下滑。2013 年，中国每千人对应的新生儿数量是 12.1 名，而在改革开放后的高峰期 1987 年每千人中对应的新生儿高达 23.3 名。世界银行的数据显示，中国 12.1‰的出生率低于美国的 13‰、马来西亚的 18‰，以及越南的 16‰。

根据世界银行最新统计数据显示，1980 年中国人口为 9.69 亿，在 2013 年年底达到 13.5 亿。但中国人口增幅从 1980 年的 1.2% 放缓至 0.5%，在美国这一增速为 0.7%，印度为 1.2%。

中国社会科学院发布的《经济蓝皮书：2015 年中国经济形势分析与预测》认为，中国目前的总和生育率只有 1.4%，远低于更替水平 2.1%，已经非常接近国际公认的 1.3% 的"低生育陷阱"。虽然也有专家表示，中国已经进入"低生育率陷阱"的说法没有根据，但不可否认的是：人口是一个国家竞争力的基本要素，没了人口红利，在竞争力上就少了一个盾牌。不断下滑的出生率意味着适龄劳动力正变得越来越少。而此势必阻碍经济发展并快速推高薪酬，并造成大量产业转移到其他一些人力资源成本较低的国家。

这里所说的"人口红利"可以理解为"由于年轻人口数量增多形成的廉价劳动力，提供给经济发展相对便宜的要素价格"。对于很多发展中国家而言，廉价劳动力是发展的一个重要因素。经济学分析和实证研究都已表明，在排除技术进步和城镇化的作用外，人口衰减带来的将是人均 GDP 的下降。看看我们的邻国日本，长期低生育率被认为是日本经济停滞长达 20 多年的根本原因。

第二，全面放开二胎是破解"银发危机"的需要。

曾被国务院授予"全国计划生育红旗单位"称号的江苏省南通市如东县，近年来因严重老龄化再次被外界视为观察中国未来的窗口。数据显示，如东县老年人口比重为 29.26%，是我国老龄化程度最高的地方。因此，如东也被称为中国最"老"的县。英国《金融时报》2015 年 10 月 26 日报道称，"计划生育红旗县"成中国未来缩影：到处是"爷爷奶奶"。

中国人口老龄化状况已经触顶。从人口结构上看，中国的老年人口比例在不断上升，从 2010 年的 13.3% 提高到 2014 年的 15.5%。中国已成为人口老龄化速度最快的国家之一，老人独居问题也在不断凸显出来。据联合国预测，到 2040 年，中国 60 岁及以上的人口将增加一倍，达到 4.31 亿；到 2050 年，中国 60 岁及以上的人口比例将从 2015 年的 15.2% 升至 36.5%，将有近 5 亿人口超过 60 岁，而这个数字将超过美国人口总数。这就提出了一个严肃的课题：出生率降低，年轻人越来越少，今后谁来工作、谁来纳税、谁来养活数以亿计的老年人？

第三，全面放开二胎是解决"刘易斯拐点"的需要。

"刘易斯拐点"即劳动力过剩向短缺的转折点，由诺贝尔经济学奖获得者刘易斯在 1968 年提出。它指的是，在工业化进程中，随着农村富余劳动力向非农产业逐步转移，农村富余劳动力逐渐减少，人口红利慢慢消失，最终枯竭。

从现状来看，低生育率和老龄化是中国经济"刘易斯拐点"提前出现的关键诱因。改革开放以来，中国经济高速增长，农村的大量富余劳动力涌入城市，在催生经济快速发展的同时，也导致农村问题频发。以"老弱病残"为主的农村人口结构已逐步凸显了农村经济的增长乏力。

中国社会科学院人口与劳动经济研究所所长蔡昉在 2014 年两会期间接受记者采访时表示：2004 年开始民工荒，从沿海城市迅速蔓延到内地，此后没有停止过；工资从那时开始上涨，也没有停止过，而且主要是低端劳动者工资上涨。所以，2004 年肯定是一个起点。我们可以看到，从 2010 年开始，中国 18—59 岁的劳动年龄人口出现负增长。这是一个巨大的转折，劳动年龄人口增长不是减慢了，而是一路负增长下去。所以，2004—2010 年，总共 6 年，但日本的这一阶段持续了 30 年，韩国持续了 40 年，中国还是很快的。

第四，全面放开二胎是解决"'失独'社会之殇"的需要。

从 20 世纪 80 年代以来，我国家庭规模不断缩小，从 1982 年的 4.43 人/户缩减至 2010 年的 3.10 人/户，独生子女家庭超过 1.5 亿户，家庭的生育、养老等基本功能有所弱化。许多独生子女面对沉重的养老负担，常感到有心无力、独木难支，而老人"失独"不仅是家庭灾难，也是社会之殇。

2015 年 7 月 19 日，"杭州失独老夫妻在女儿去世百日祭双双自杀"的消息令大家心痛不已，同时也不禁深思：中国第一代独生子女的父母逐渐步入老年，失独成为新一类社会创伤。失独家庭所面临的心理创伤、经济压力、医疗养老问题多过一般非独生丧子家庭，而这份痛苦如何消减？

第五，全面放开二胎是解决男女比例失衡的需要。

计划生育政策自 1980 年开始强化，这体现为城市的普遍"一胎"和农村的普遍"一胎半"政策。在重男轻女思想普遍严重和 B 超技术逐渐发达的情况下，新生儿男女比例节节升高，从 1980 年的 107.4 上升到 2004 年的 121.1。国家自 2002 年开始"治理"男女比例失衡的问题，与之对应，男女出生比例自 2004 年达到峰值 121.1 之后，整体上开始下降，但到 2014 年依然处于 115.9 的超高位。据有关资料介绍，我国将有 3000 万单身男性难以找到配偶，这将对社会稳定造成很大影响。

这就需要找到男女比例失衡的原因，对症下药。仔细分析不难看出，男女比例失衡是性别偏好、生育数量限制和胎儿性别鉴定三个因素共同作用的结果。目前社会上重男轻女的观念虽然已经淡化，但依然存在；禁止胎儿性别鉴定技术也不可能完全有效。因此，要使男女比例恢复正常，有效的办法就是取消生育限制政策。

 全面开放二胎将为我国带来的好处

第一，从中长期来看，二胎婴儿潮的到来将改变中国人口的年龄结构，减缓老龄化速度。根据购房的人口结构，20—44 岁的人口是买房的主力，大部分人在 25—30 岁时就会面临首次买房置业需求。

第二，短期内，二胎婴儿潮的到来，将拉动相关食品、玩具、母婴医疗、儿童服饰、家用汽车（SUV 和 MPV）、教育行业等的发展。

第三，根据测算，如果全面放开二胎，那么在 2050 年，20—44 岁的人口比例将比不放开二胎时增加 4%，增加规模达到 1.28 亿人。这部分新增人口将使房地产行业直接受益。

第四，从长期来看，放开二胎后，将形成新一轮人口红利，提高中国潜在经济增速，使各类行业受益。

第五，放开二胎可以在一定程度上缓解中国男女比例失衡问题，使男女比例恢复正常。

强国之路

　　经济科技全球化的深度和广度正在呈几何速度扩展，各类进步成果呈爆炸状态向我们袭来。谁先占据经济科技前沿，谁就将主宰世界。国家规划、产业计划应运而生，创造需求，引领强国之路。

　　需求才是重要的，现实中，由于有效需求不足导致了生产过剩的危机。要用扩大总需求的方法来扩大就业，进而带动经济总量的增长。

——英国经济学家　约翰·梅纳德·凯恩斯

国家规划的终极目的是扩需求保增长

提到五年规划,大家耳熟能详,大都知道其来历。

中国是以五年为一个时间段来做中短期发展规划的,新中国成立后的前一段时间称作"计划",后来改称"规划"。第一个五年计划是1953—1957年,简称"一五";第二个五年计划因为苏联援助中断而胎死腹中;第三个五年计划于1966年重新启动,为1966—1970年;此后,五年计划连续实行,不曾中断。从1953年第一个五年计划开始,已经编制了十个"五年计划"和两个"五年规划",第三个"五年规划"正在进行编制。

一提到"五年计划"或"五年规划",都知道它的作用主要是对全国重大建设项目、生产力分布和国民经济重要比例关系等作出规划,为国民经济发展远景规定目标和方向。我们认为,无论是五年计划、五年规划,还是产业振兴计划、产业规划,它们的终极目的只有一个,就是扩张需求,保证经济增长。目标实现的过程,也是社会需求释放的过程。

> **规划来源于实际需求,规划高于现实需求,规划引领未来需求**

以"十二五"规划纲要为例,规划主要阐明国家战略意图,明确政府工作重点,引导市场主体行为,是五年内我国经济社会发展的宏伟蓝图。依据这个规划,政府工作重点在于创造创新更多的社会需求,以此引导市场的各类主体,激发活力,推动发展。

如果规划的目标低于实际需求,就不会起到引领作用。事实上,规划目标是在实地调研的基础上满足各方现实需要而制定的，往往会以适当的增长比例确定，适当高于现实需求，以此引领发展。"十二五"期间经济社会发展的主要目标是：第一，经济平稳较快发展。国内生产总值年均增长 7%，城镇新增就业人口 4500 万，城镇登记失业率控制在 5% 以内。第二，结构调整取得重大进展。居民消费率上升。战略性新兴产业发展取得突破，服务业增加值占国内生产总值比重提高 4 个百分点。城镇化率提高 4 个百分点，城乡区域发展的协调性进一步增强。第三，科技教育水平明显提升。九年义务教育实现率达到 93%，高中阶段教育毛入学率提高到 87%。研究与实验发展经费支出占国内生产总值的 2.2%，每万人口发明专利拥有量提高到 3.3 件。

有了目标，就会配套相应的政策。例如："十二五"规划中对于扩大需求，是这样论述的：建立扩大消费需求的长效机制。把扩大消费需求作为扩大内需的战略重点，积极稳妥地推进城镇化，实施就业优先战略，深化收入分配制度改革，健全社会保障体系，营造良好的消费环境，进而增强居民消费能力，改善居民消费预期，促进消费结构升级，进一步释放城乡居民消费潜力，逐步使我国国内市场总体规模位居世界前列。调整优化投资结构。发挥投资对扩大内需的重要作用，保持投资合理增长，完善投资体制机制，明确界定政府投资范围，规范国有企业投资行为，鼓励扩大民间投资，有效遏制盲目扩张和重复建设，促进投资消费良性互动，把扩大投资和增加就业、改善民生有机结合起来，创造最终需求。

"十大产业振兴规划"的首要目标是挖掘新的经济增长点、创造新的社会需求

2009 年，中国为应对国际金融危机对实体经济的影响，根据国务院部署，由国家发改委与工业和信息化部，会同国务院有关部门开展钢铁、汽车、船舶、石化、纺织、轻工、有色金属、装备制造业、电子信息，以及物流业十个重点产业调整和振兴规划的编制工作，被称为"十大产业振兴规划"，这是一项应对国际金融危机，保增长、扩内需、调结构的重要措

施。从下面以钢材为例所列举的几组数据，足见"十大产业振兴规划"释放了的巨大需求。

第一，汽车行业对钢材的需求情况：2009年，需钢板1132万吨，结构钢378万吨，总量为1510万吨。

第二，装备制造业对钢材的需求情况：2009年，国内机械装备制造业对钢材的需求合计8000万吨，其中中厚板材、带材2000万吨，热轧薄板、带材约140万吨，冷轧薄板、带材约140万吨，带钢650万吨，大型型材约180万吨，中小型型材约520万吨，棒材约750万吨，线材约900万吨，电工钢板40万吨，无缝钢管约680万吨，焊接钢管200万吨，其他钢材1700万吨。

第三，船舶工业对钢材的需求情况：2009年，造船用钢总消耗量约为1330万吨，其中船板1170万吨，型钢球扁钢120万吨，管材40万吨。与传统的货船相比，海洋工程用钢量较多，一艘15万吨级的船舶需用钢材3万吨；20万吨级的船，其用钢量约为4.2万吨；一座海洋石油平台，用钢量约为0.9万吨。

第四，业内人士认为，石化行业中钢材需求量最大的是各类钢管，2009—2011年，我国的管线钢需求量约为800万吨。输油管线钢需求潜力较大，未来12年间，我国还将建设15万千米的管道。

从下面关于几项产业规划的报道，可以更直观地感受到拉动需求的巨大作用。

2009年1月，《上海证券报》刊登的文章《汽车产业振兴规划终获批 新车需求或增3%》中谈道："据业内人士测算，振兴政策的出台，有望为2009年车市新增30万辆的市场需求……另有消息，根据国家发改委、工业和信息化部日前制订的计划，今年汽车行业将保持8%～10%的增长，2010年达到10%～12%的增长，2011年达到12%～15%的增长。汽车产业振兴规划出台的根本目的，就是确保2009年汽车行业增幅达到10%。"

2009年2月，《世华财讯》刊登的文章《电子信息产业规划将进一步促进国内需求》中谈道："针对信息产业过于依赖海外市场的特点，规划希望能通过技术升级来启动国内市场需求。规划要求推进3G、下一代互联网、数字电视网络建设，形成 6000 亿元以上的投资规模……工信部电信研究院副总工程师陈金桥预计，中国将形成一条包括 3G 网络建设、终端设备制造、运营服务、信息服务在内的通信产业链，对扩大内需、刺激经济产生重要作用，在未来三年内，3G 产业链将拉动 1.8 万亿元到 2 万亿元的社会投资。"

2009 年 2 月，《世界企业家》刊登的文章《房地产业规划：积极政策扩大最终消费需求》称："……制定积极扶持绿色建筑的金融政策和财政补贴政策，支持能够扩大最终消费需求、带动中间需求的项目。"

2010 年 11 月 22 日，据《四川新闻网》刊登的文章《新兴产业振兴计划 促高校装制人才需求旺》称："日前，四川工程职业技术学院拉开了新一届毕业生就业推荐工作的序幕，截至本月初，该院签约率已超过五成。据悉，国家新兴产业振兴计划让高端装备制造业人才需求旺盛，这也成为该学院毕业生就业的主阵地。"

2014 年 3 月 25 日，《环保 114 网》刊登的文章《新型城镇化规划创造广阔的环保产业需求》称："3 月 16 日，《国家新型城镇化规划（2014—2020 年）》正式发布。我们认为，城镇化的深入以及随之而来的城镇人口激增，必将推动城市供水、污水和垃圾处理产业进入长期的扩容阶段，这将有效保障产业中长期发展。"

节能环保产业为什么位列新兴产业之首

2010 年，国务院发布《国务院关于加快培育和发展战略性新兴产业的决定》（国发〔2010〕32 号），将节能环保产业列为新兴产业。

2012 年 6 月 16 日，国务院印发《"十二五"节能环保产业发展规划》，认为：节能环保产业是指为节约能源资源、发展循环经济、保护生态环境提供物质基础和技术保障的产业，是国家加快培育和发展的七个战略性新兴产业之一。节能环保产业涉及节能环保技术装备、产品和服务等，产业链长，关联度大，吸纳就业能力强，对经济增长拉动作用明显。加快发展节能环保产业，是调整经济结构、转变经济发展方式的内在要求；是推动节能减排，发展绿色经济和循环经济，建设资源节约的环境友好型社会，积极应对气候变化，抢占未来竞争制高点的战略选择。

什么是节能环保产业？

节能是指尽可能减少能源消耗量，生产出与原来同样数量、同样质量的产品；或者以原来的能源消耗量，生产出比原来数量更多或数量相等质量更好的产品。环保产业是指在国民经济结构中，以防治环境污染、改善生态环境、保护自然资源为目的而进行的技术产品开发、商业流通、资源利用、信息服务、工程承包等活动的总称。美国称之为"环境产业"，日本称之为"生态产业"或"生态商务"。

节能环保产业是一个跨产业、跨领域、跨地域，与其他经济部门相互交叉、相互渗透的综合性新兴产业。因此，有专家提出应将其列为继"知识产业"之后的"第五产业"。

国家为什么将节能环保产业列为新兴产业，并将其列在首位？

节能环保产业是一个应时代需求而生的新兴产业，几乎渗透于经济活动的所有领域，它以有效缓解我国经济社会发展所面临的资源、环境制约为目标，力促产业结构升级和经济发展方式转变。到 2020 年，节能环保产业将成为我国国民经济的支柱产业，并发挥引领经济社会发展变革的重要作用。

发展节能环保产业是应对全球灾害危机的迫切需要

近年来，极端天气、海啸、地震、温室效应等自然灾害频频发生，已经引起全世界人民的高度重视，环境问题也渐渐成为大众话题，"环保"一词也因此变得很时髦。

在全球金融危机后，"节能环保"这一议题被推上了风口浪尖。哥本哈根气候会议，敦促发达国家与发展中国家消除分歧，达成了一项具有法律约束力的温室气体减排协定。哥本哈根气候会议举行的背后，一方面是全球环境问题的确变得越来越严峻；另一方面则是在金融危机后，发达国家希望借环保问题向发展中国家施压，以增强自身的相对竞争力。

作为主要的发展中国家，我国也对全世界作出一些承诺。例如：在 G20 峰会上，时任国家主席胡锦涛表示，中国将进一步把应对气候变化纳入经济社会发展规划，并继续采取强有力的措施。一是加强节能，提高能效工作，争取到 2020 年单位国内生产总值二氧化碳排放量比 2005 年有显著下降。二是大力发展可再生能源和核能，争取到 2020 年非化石能源占一次能源消费比重达到 15% 左右。三是大力增加森林碳汇，争取到 2020 年森林面积比 2005 年增加 4000 万公顷，森林蓄积量比 2005 年增加 13 亿立方米。

发展节能环保产业是国际国内经济发展形势的需要

从国际看，在应对国际金融危机和全球气候变化的挑战中，世界主要经济体都把实施绿色新政、发展绿色经济作为刺激经济增长和发展转型的重要内容。据统计，全球环保产业的市场规模已从 1992 年的 2500 亿美元增至 2013 年的 6000 亿美元，年均增长率 8%，远远超过全球经济增长率，成为各个国家十分重视的"朝阳产业"。美国、日本和欧盟的环保产业成为全球环保市场的主要力量。一些发达国家利用节能环保方面的技术优势，在国际贸易中制造绿色壁垒。为使我国在新一轮国际经济竞争中占据有利地位，必须大力发展节能环保产业。

从国内看，面对日趋强化的资源环境约束，加快转变经济发展方式，实现"十二五"规划纲要确定的节能减排约束性指标，必须加快提升我国节能环保技术装备和服务水平。北京师范大学经济与资源管理研究院副院长张琦表示："过去，我国国内储蓄资产中相当部分是以自然资本损失和生态赤字换来的，是以资源的超常消耗和生态环境的严重退化为代价的。"据前期一个资料介绍，到 2007 年，我国万元国内生产总值能耗已降至 1.16 吨标煤，但仍是发达国家的 3～4 倍；国内生产总值占世界的比重不到 7%，但消耗的煤炭、钢铁和水泥却占世界的 30%、26% 和 50%。

随着中国经济的持续快速发展，城镇化进程和工业化进程的加快，环境污染日益严重，国家对环保的重视程度也越来越高。进入 21 世纪，全球环保产业开始进入快速发展阶段，逐渐成为支撑产业经济效益增长的重要力量，并正在成为许多国家革新和调整产业结构的重要目标。

我国要想乘上国际经济高速发展的"列车"，就必须在节能环保产业上大做文章。

节能环保产业发展存在的"五大问题"是现实需求的表现

我国节能环保产业虽然有了较快发展，但总体上看，发展水平还比较低，与需求相比还有较大差距。主要存在以下问题：一是创新能力不强。以企业为主体的节能环保技术创新体系不完善，产学研结合不够紧密，技术开发投入不足。一些核心技术尚未完全掌握，部分关键设备仍需进口，一些已能自主生产的节能环保设备性能和效率有待提高。二是结构不合理。企业规模普遍偏小，产业集中度低，龙头骨干企业带动作用有待提高。节能环保设备成套化、系列化、标准化水平低，产品技术含量和附加值不高，国际品牌产品少。三是市场不规范。地方保护、行业垄断、低价低质恶性竞争现象严重；污染治理设施重建设、轻管理，运行效率低；市场监管不到位，一些国家明令淘汰的高耗能、高污染设备仍在使用。四是政策机制不完善。节能环保法规和标准体系不健全，资源性产品价格改革和环保收费政策尚未到位，财税和金融政策有待进一步完善，企业融资困难，生产者责任延伸制尚未建立。五是服务体系不健全。合同能源管理、环保基础设施和火电厂烟气脱硫特许经营等市场化服务模式有待完善；再生资源和垃圾分类回收体系不健全；节能环保产业公共服务平台尚待建立和完善。

🔍 发展节能环保产业能够产生巨大的市场需求 ‹

环境问题已经逐渐成为经济发展的重要制约因素，大力发展节能环保产业具有多重有利因素，有利于稳增长、调结构、惠民生。

首先，大力发展节能环保产业有利于稳增长。在我国经济告别高速增长阶段之后，避免经济硬着陆，保持经济的适度增长也很重要，大力发展节能环保产业是经济稳增长的重要手段。我国节能环保产业潜力巨大，拉动经济增长前景广阔。据有关方面测算，到 2015 年，我国技术可行、经济合理的节能潜力超过 4 亿吨标准煤，可带动上万亿元投资；节能服务业总产值可突破 3000 亿元；产业废物循环利用市场空间巨大；城镇污水垃圾、脱硫脱硝设施建设投资可超过 8000 亿元，环境服务总产值将达 5000 亿元。

其次，大力发展节能环保产业有利于调结构。为实现《"十二五"规划纲要》确定的单位 GDP 能耗降低、主要污染物排放总量减少等约束性指标，必须不断提升我国节能环保技术装备和服务水平，为大规模节能减排、大力发展循环经济提供坚实的产业支撑，这是我国转变发展方式、调整经济结构的必然选择。节能环保产业位居七大战略新兴产业之首，因为节能环保产业能够渗透到各行各业，具有较好的产业基础，而且市场容量足够大，能够对国民经济起到足够的推动作用。

最后，大力发展节能环保产业有利于惠民生。大力发展节能环保产业，建设生态文明，建设美丽中国，也是惠民生的重要手段。因此，在稳增长、调结构、惠民生的有利因素推动下，节能环保产业必将快速发展。

战略性新兴产业——需求与拉动的集合

战略性新兴产业是指建立在重大前沿科技突破基础上，代表未来科技和产业发展新方向，体现当今世界知识经济、循环经济、低碳经济发展潮流，目前尚处于成长初期，未来发展潜力巨大，对经济社会具有全局带动和重大引领作用的产业。

战略性新兴产业具有重大引领作用

温家宝曾于2010年9月8日主持召开国务院常务会议，审议并原则通过《国务院关于加快培育和发展战略性新兴产业的决定》。会议确定：从我国国情和科技、产业基础出发，现阶段选择节能环保、新一代信息技术、生物、高端装备制造、新能源、新材料和新能源汽车七个产业，作为国家战略性新兴产业。

战略性新兴产业是新兴科技和新兴产业的深度结合，从而推动新一轮的产业革命，最终形成战略性支柱产业。

从战略地位看，强调以国际视野和战略思维来选择和发展。面对2008年以来的国际金融危机带来的严重影响，世界各国纷纷出台各种"计划""法案""战略"，发展新兴产业，力求在全球经济重构中占得先机。例如：美国奥巴马政府十分强调新能源、干细胞、航天航空、宽带网络的技术开发和产业发展；日本把重点放在商业航天市场、信息技术应用、新型汽车、低碳产业、医疗与护理、新能源等新兴行业；英国应对经济衰退，启动了一项批量生产电动车、混合燃料车的"绿色振兴计划"；德国政府批准了总额为 5 亿欧元的电动汽车研发计划预算。

从选择依据看，温家宝提出了三条最重要的原则：一是产品要具备稳定并有发展前景的市场需求；二是要有良好的经济技术效益；三是要能带动一批产业的兴起。

战略性新兴产业发展依靠市场需求

目前美国的 GDP 来源于哪些方面？太空产业、航空产业、信息产业、生物科技、现代农业等。日本的 GDP 来源于哪些方面？汽车工业、电子工业等。俄罗斯的 GDP 现在也来源于机械制造、航空工业、核工业等，尽管俄罗斯的 GDP 只有我们的一半，在经济方面不再占据冷战时期的超级大国地位，但世界上仍然把俄罗斯当成大国，原因就是它抓住了新兴产业这个发展前景广阔的产业。

衡量战略性新兴产业的一个重要标准是，是否有长期稳定而广阔的市场需求，这也是战略性新兴产业发展的内在动力。新兴产业还处在产业生命周期的萌芽阶段，特别需要培育市场需求。一是要利用我国市场潜力大的大国经济优势，积极培育国内市场，引导和扩大国内需求。中国人口约占世界的 1/4，这一市场优势，其他任何国家都望尘莫及。二是要瞄准国际市场，增强产业的国际竞争力，提高产品的国际市场占有率。国与国之间的竞争，最终体现为经济的竞争，经济的竞争最终又体现在对资源的占有上，这就要求通过市场机制，利用市场游戏规则，占领国际间的市场份额。

拉推兼容的需求催生战略性新兴产业

每个时代，个人和社会都有一些潜在需求的集合。企业的创新之处就在于，发现这两个集合的交集，发掘个人与社会的"最大公约数"，找出一种可以被开发的产品，来引导和满足个人与社会的潜在需求。需求者可能不明白自己所需要的产品具体是什么形态，但肯定知道自己的部分欲望还没有被满足。这就要求企业通过创新产品来引导需求，进而形成产业。想当年，当电子计算机被大型企业里的专业工程师操作时，不懂计算机语言的普通民众只能"被迫"退避三舍，于是微软发现了这个巨大的市场潜在需求，在比尔·盖茨的带领下，开发出 Windows 操作系统，催生了一个新兴产业。

需求在市场的末端拉动，科技创新在产业的起点推动，在这两种力的同时作用下，才有经济的稳定发展。这不是"1 + 1 = 2"，而是"1 + 1 > 2"；这不是两股力量的简单叠加，而是两股力量的充分结合，共同助力经济的飞速发展。创新和需求在产业的发展过程中起到了相当重要的作用，需求拉动创新，从而进一步拉动战略性新兴产业的发展。培育战略性新兴产业，最重要的是探索市场导向的创新机制，将科技研发的最前端与市场应用的终端融为一体，快速打造完备的产业链条。

战略性新兴产业触发新的需求

2011 年 1 月 14 日，商务部国际贸易经济合作研究院主办的中国进出口企业第九届年会在北京召开。华夏银行副行长黄金老说，战略性新兴产业金融服务需求巨大。政府规划的新兴产业呈现超常规增长态势。中国的制造业产值占 GDP 比重为 4%，而可提供贷款的比重大概只有 3%。2009 年，我国新增人民币贷款 9.6 万亿元，GDP 33.5 万亿元，即每万亿元 GDP 需要 0.29 万亿元银行贷款。新兴产业贷款增长率等于新兴产业产值增长率加通胀率加调整值。2010 年，新兴产业产值占比 3%，假定新兴产业贷款占比 2%，2010 年新增人民币贷款 7.95 万亿元，则新增新兴产业贷款 0.16 万亿元。由此，可推算出 2020 年需 2.53 万亿元，2011—2020 年的新兴产业贷款加总 11.06 万亿元。

战略性新兴产业人才需求旺盛。2011 年 3 月 30 日，中国共产党新闻网刊登的消息称：2011 年湖南省战略性新兴产业企业人才和智力支撑服务系列活动启动，主办方湖南省人力资源和社会保障厅、省经济和信息化委员会联合发布了《2011—2012 年湖南省战略性新兴产业企业人才需求目录》。该目录显示，未来两年湖南省七大战略性新兴产业企业人才需求总量超过17000名。其中需求高层次人才3973名，高技能人才5005名。

工业机器人行业将成战略性新兴产业，中国需求前景广阔。2012年11月，第十四届高交会工业机器人与工厂自动化论坛举行，ABB（中国）有限公司运营经理迟永琳在论坛上给出这样一组数据："欧洲、美国、日本的生产线自动化比中国超前很多，日本每一万个工人中有400个是工业机器人，欧盟每一万个中有250个，而中国只有20个，中国工业机器人应用前景巨大。"

据有关资料介绍，国际机器人联合会预测："机器人革命"将创造数万亿美元的市场。

《中国制造 2025》为何备受瞩目

《中国制造 2025》是经国务院总理李克强签批，由国务院于 2015 年 5 月印发的部署全面推进实施制造强国战略文件，是中国实施制造强国战略第一个十年的行动纲领。

《中国制造 2025》的指导思想是，走中国特色新型工业化道路，以促进制造业创新发展为主题，以提质增效为中心，以加快新一代信息技术与制造业深度融合为主线，以推进智能制造为主攻方向，以满足经济社会发展和国防建设对重大技术装备的需求为目标，强化工业基础能力，提高综合集成水平，完善多层次多类型人才培养体系，促进产业转型升级，培育有中国特色的制造文化，实现制造业由大变强的历史跨越。

《中国制造 2025》建设目标是，坚持"创新驱动、质量为先、绿色发展、结构优化、人才为本"的基本方针，坚持"市场主导、政府引导，立足当前、着眼长远，整体推进、重点突破，自主发展、开放合作"的基本原则，通过"三步走"实现制造强国的战略目标。

"三步走"：第一步，到 2025 年，我国迈入制造强国行列；第二步，到 2035 年，我国制造业整体达到世界制造强国阵营中等水平；第三步，到新中国成立一百年时，我制造业大国地位更加巩固，综合实力进入世界制造强国前列。

《中国制造 2025》主攻方向是，坚持创新驱动、智能转型、强化基础、绿色发展，加快从制造大国转向制造强国。在这一过程中，智能制造是主攻方向，也是从制造大国转向制造强国的根本路径。

《中国制造 2025》的是升级版的中国制造，体现为四大转变、一条主线和九项战略。

四大转变：一是由要素驱动向创新驱动转变；二是由低成本竞争优势向质量效益竞争优势转变；三是由资源消耗大、污染物排放多的粗放制造向绿色制造转变；四是由生产型制造向服务型制造转变。

一条主线：以体现信息技术与制造技术深度融合的数字化、网络化、智能化制造为主线。

九项战略：《中国制造 2025》规划围绕实现制造强国的战略目标，《中国制造 2025》明确 9 项战略任务和重点：一是提高国家制造业创新能力；二是推进信息化与工业化深度融合；三是强化工业基础能力；四是加强质量品牌建设；五是全面推行绿色制造；六是大力推动重点领域突破发展；七是深入推进制造业结构调整；八是积极发展服务型制造和生产型服务业；九是提高制造业国际化发展水平。

《中国制造 2025》提出发展十大重点领域。国务院总理李克强 2015 年 3 月 25 日主持召开国务院常务会议，部署加快推进实施《中国制造 2025》，实现制造业升级。会议强调，要顺应"互联网＋"的发展趋势，以信息化与工业化深度融合为主线，重点发展新一代信息技术、高档数控机床和机器人、航空航天装备、海洋工程装备及高技术船舶、先进轨道交通装备、节能与新能源汽车、电力装备、新材料、生物医药及高性能医疗器械、农业机械装备十大领域。

《中国制造 2025》为何备受瞩目？

制造业是国民经济的主体，是立国之本、兴国之器、强国之基。18 世纪中叶开启工业文明以来，世界强国的兴衰史和中华民族的奋斗史一再证明，没有强大的制造业，就没有国家和民族的强盛。打造具有国际竞争力的制造业，是我国提升综合国力、保障国家安全、建设世界强国的必由之路。

新中国成立后，尤其是改革开放以来，我国制造业持续快速发展，建成了门类齐全、独立完整的产业体系，有力推动了工业化和现代化进程，显著增强了综合国力，支撑我国世界大国地位。然而，与世界先进水平相比，我国制造业仍然大而不强，在自主创新能力、资源利用效率、产业结构水平、信息化程度、质量效益等方面差距明显，转型升级和跨越发展的任务紧迫而艰巨。到 2012 年，中国制造业增加值为 2.08 万亿美元，占全球制造业的 20%，与美国相当，却大而不强。主要制约因素是自主创新能力不强，核心技术和关键元器件受制于人；产品质量问题突出；资源利用效率偏低；产业结构不合理，大多数产业尚处于价值链的中低端。

当前，新一轮科技革命和产业变革与我国加快转变经济发展方式形成历史性交汇，国际产业分工格局正在重塑。必须紧紧抓住这一重大历史机遇，实施制造业强国战略，加强统筹规划和前瞻部署，力争通过三个十年的努力，到新中国成立一百年时，把我国建设成为引领世界制造业发展的制造强国，为实现中华民族伟大复兴的中国梦打下坚实基础。

中国之所以制定《中国制造 2025》，是我国面临的国际形势、经济发展环境和发展任务的迫切需要。

首先，《中国制造 2025》是全球制造业格局面临重大调整、应对"双向挤压"严峻挑战的需要。

新一代信息技术与制造业深度融合，正在引发影响深远的产业变革，形成新的生产方式、产业形态、商业模式和经济增长点。各国都在加大科技创新力度，推动三维打印、移动互联网、云计算、大数据、生物工程、新能源、新材料等领域取得新突破。基于信息物理系统的智能装备、智能工厂等智能制造正在引领制造方式的变革；网络众包、协同设计、大规模个性化定制、精准供应链管理、全生命周期管理、电子商务等正在重塑产业价值链体系；可穿戴智能产品、智能家电、智能汽车等智能终端产品不断拓展制造业新领域。我国制造业转型升级、创新发展迎来重大机遇。

全球产业竞争格局正在发生重大调整，我国在新一轮发展中面临巨大挑战。国际金融危机发生后，发达国家纷纷实施"再工业化"战略，重塑制造业竞争新优势，加速营造新一轮全球贸易投资新格局。一些发展中国家也在加快谋划和布局，积极参与全球产业再分工，承接产业及资本转移，拓展国际市场空间。我国制造业面临发达国家和其他发展中国家"双向挤压"的严峻挑战，必须放眼全球，加紧战略部署，着力建设制造强国，固本培元，化挑战为机遇，抢占制造业新一轮竞争制高点。

其次，《中国制造2025》是我国经济发展环境发生重大变化、重塑国际竞争新优势的需要。

随着新型工业化、信息化、城镇化、农业现代化同步推进，超大规模内需潜力不断释放，为我国制造业发展提供了广阔空间。各行业新的装备需求、人民群众新的消费需求、社会管理和公共服务新的民生需求、国防建设新的安全需求，都要求制造业在重大技术装备创新、消费品质量和安全、公共服务设施设备供给和国防装备保障等方面迅速提升水平和能力。

我国经济发展进入新常态，制造业发展面临新挑战。资源和环境约束不断加强，劳动力等生产要素成本不断上升，投资和出口增速明显放缓，主要依靠资源要素投入、规模扩张的粗放发展模式难以为继，调整结构、转型升级、提质增效刻不容缓。形成经济增长新动力，塑造国际竞争新优势，重点在制造业，难点在制造业，出路也在制造业。

最后，《中国制造2025》是建设制造强国伟大任务的紧迫需要。

经过几十年的快速发展，我国制造业规模跃居世界第一位，建立起门类齐全、独立完整的制造体系，成为支撑我国经济社会发展的重要基石和促进世界经济发展的重要力量。持续的技术创新，大大提高了我国制造业的综合竞争力。载人航天、载人深潜、大型飞机、北斗卫星导航、超级计算机、高铁装备、百万千瓦级发电装备、万米深海石油钻探设备等一批重大技术装备取得突破，形成了若干具有国际竞争力的优势产业和骨干企业，我国已具备了建设工业强国的基础和条件。

但我国仍处于工业化进程中，与先进国家相比还有较大差距。制造业大而不强，自主创新能力弱，核心技术与高端装备对外依存度高，以企业为主体的制造业创新体系不完善；产品档次不高，缺乏世界知名品牌；资源能源利用效率低，环境污染问题较为突出；产业结构不合理，高端装备制造业和生产性服务业发展滞后；信息化水平不高，与工业化融合深度不够；产业国际化程度不高，企业全球化经营能力不足。推进制造强国建设，必须着力解决以上问题。

　　建设制造强国，必须紧紧抓住当前难得的战略机遇，积极应对挑战，加强统筹规划，突出创新驱动，制定特殊政策，发挥制度优势，动员全社会力量奋力拼搏，更多依靠中国装备、依托中国品牌，实现由中国制造向中国创造的转变，由中国速度向中国质量的转变，由中国产品向中国品牌的转变，完成中国制造由大变强的战略任务。

改革是最大的红利

"改革是中国最大的红利",正如有人所言,当今中国最强音,若用两个字概括是"改革"。没有改革开放就没有中国的今天;离开改革开放,也就没有中国的明天。

未来经济的发展取决于需求,因此,谁有需求谁就得天下。

——著名经济学家 樊纲

"大包干"在解决历史重大需要中创造奇迹

20 世纪 80 年代后期以来出生的人，可能不知道什么是"大包干"；而对于 70 年代以前出生的人来说，由于身临其境，对"大包干"再熟悉不过了。

这里所说的"大包干"，就是指家庭联产承包责任制。家庭联产承包责任制是 20 世纪 80 年代初期在中国大陆农村推行的一项重要改革，是新中国农村土地制度的重要转折，也是现行中国大陆农村的一项基本经济制度。

十一届三中全会以来，大陆推行"改革"，而改革始于农村，农村改革的标志为"包干到户、包产到户、分田到户"，后来被称为"家庭联产承包责任制"，农村俗称"大包干"。它在中国改革开放史上具有里程碑的意义。

家庭联产承包责任制，是指农户以家庭为单位向农村集体组织承包土地等生产资料和生产任务的农业生产责任制形式。基本特点是：在保留集体经济必要的统一经营的同时，集体将土地和其他生产资料承包给农户，承包户根据承包合同规定的权限，独立决策，自主生产，自主经营，并在完成国家和集体下达的任务的前提下享有剩余劳动的经营成果。在当时，通行的做法是：将土地等生产资料按人口数量，根据责、权、利相结合的原则分配给农户经营。

"交上国家的，留足集体的，剩下全是自己的。"这是当时农村社会流传的口号。"大包干"这项新制度一度调动了广大农民的生产积极性，解放了社会生产力。可以说，家庭联产承包责任制是中国农民的伟大创造，是农村经济体制改革的产物。

🔍 家庭联产承包责任制的产生历程 ‹

土地是人类赖以生存的最基本资源。英国古典经济学家威廉·佩第曾经说过："劳动是财富之父，土地是财富之母。"土地有保障功能、发展功能，对于我国广大的农民群众来说，土地就是他们的命根子，是他们的希望。

"文革"时期，中国国内社会动荡，人心不稳，浮躁气息充斥着整个社会，那时，死板的土地制度严重影响农业生产。然而，受到制度惯性的影响，到"文化大革命"结束后，生产力仍没有得到恢复。农村经济非常不景气，农业生产不足，老百姓生活非常困难。"文革"前和"文革"刚结束时，农民由于营养不良，大都面黄肌瘦。再不改革，中国农民就没有出路了。

1978 年 11 月 24 日晚，安徽省凤阳县凤梨公社小岗村西头严立华家，在一间低矮残破的茅屋里挤满了 18 位衣衫褴褛的农民，个个灰头土脸。关系全村命运的一次"秘密会议"此刻正在这里召开。这次会议的直接成果是诞生了一份不到百字的包干保证书，被当时社会称为"生死状"。其中，最主要的内容有三条：一是分田到户；二是不再伸手向国家要钱要粮；三是如果干部坐牢，社员保证把他们的小孩儿养活到 18 岁。这份沉甸甸的"生死状"，足以说明他们已经预见到将来可能发生令人恐怖的事情。

在会上，队长严俊昌特别强调："我们分田到户，瞒上不瞒下，不准向任何人透露。"在人们思想还很保守的 1978 年，这是一个勇敢的甚至是伟大的壮举。就是这个事件，开创了中国家庭联产承包责任制的先河。

当年，小岗村粮食大丰收。经计量，当年全村粮食总产量 66 吨，相当于全队 1966—1970 年粮食产量的总和。

这个"生死状"现藏于中国国家博物馆，被看作中国改革开放的一个重要开端。

非常幸运的是，这个生死壮举，受到了党中央高层的高度关注。1980年 5 月 31 日，邓小平在一次重要谈话中公开肯定了小岗村"大包干"的做法。当时国务院主管农业的副总理万里和改革开放的总设计师邓小平对这一举动表示的支持，传达了一个明确的信号：农村改革势在必行。广大农村流行的顺口溜"要吃米，找万里"也就是从这个时候开始的。它充分表明，当时中国农村对于改革发展生产力是那么迫切。

1982年1月1日，中国共产党历史上第一个关于农村工作的1号文件正式出台，明确指出，包产到户、包干到户都是社会主义集体经济的生产责任制。此后，中国政府不断稳固和完善家庭联产承包责任制，鼓励农民发展多种经营，使广大农村地区迅速摘掉贫困落后的帽子，逐步走上富裕的道路。

中国因此创造了令世人瞩目的巨大成就：用世界上7%的土地养活了世界上22%的人口。这在世界上堪称奇迹。

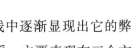

家庭联产承包责任制是当时的迫切需要

"一大二公""大锅饭"的旧体制，在社会实践中逐渐显现出它的弊端，严重阻碍了当时农村生产力的发展。从历史上看，主要表现在三个方面，或者说三个不同的阶段。

第一，土地改革时期。中国共产党通过土改运动，把封建土地所有制改为农民土地所有制。农民既获得了土地所有权，也获得了土地的使用权、经营权。这次改革大大解放了生产力，促进了农业生产的发展，但是土地改革是以国家行政手段而非市场手段推行的，在推行的过程中，人治的成分大了一些，不符合经济发展规律，造成了贫富差距加大，不符合我国当时的国情。

第二，土地集体化时期。1955年的土地集体化，变土地的农民个人私有为集体所有，实行统一经营，按劳分配，取消土地报酬。农民不但失去了土地所有权，就连土地的经营权也被剥夺了。这种所有制的经营方式，使农民的生产积极性受到极大挫伤，刚刚被激发起来的生产热情随之消沉，生产力也遭到严重破坏。

第三，"人民公社"运动时期。1958—1960 年的"大跃进"和"人民公社"运动，将土地的农业生产合作社集体所有制变更为人民公社所有制。1962 年 9 月 27 日，党的八届十中全会通过的《农村人民公社工作条例修正草案》将这种土地制度在全国范围内确定下来，农民完全丧失了土地的所有权、使用权和经营权。在实行这种土地制度期间，土地所有权和使用权高度集中，土地不能出租、不能买卖，甚至是不能流转，不利于土地资源的合理流动和优化配置。"大跃进"和人民公社化运动使"左"倾错误严重地泛滥开来，造成国民经济比例严重失调，导致 1959—1961 年史无前例的 3 年严重困难，称作"大饥荒"。

可见，这个"大包干"确实解决了中国农村的现实需要，在激发农村活力方面作出了历史性的贡献。

新中国改革开放的第一个经济特区
——深圳

在新中国改革开放的历史上，如果说农村"大包干"开启了对内改革的第一步，那么，深圳经济特区的首次设立，就成为中国对外开放的发端。

深圳位于珠江三角洲东岸，与香港仅一水之隔。它是中国最早的经济特区和计划单列市，副省级城市，创造过"深圳速度"，中国政府将其视为改革开放的"试验田"及展示改革开放成果的窗口。

下面介绍一下什么是"深圳速度"。"深圳速度"是中国大陆形容建设速度非常快的一个词。这个词出自 1982 年 11 月至 1985 年 12 月的 37 个月间，中国一冶集团在承建深圳国际贸易中心大厦（以下简称国贸大厦）时，其速度为三天盖一层楼，这在当时的中国是绝无仅有的。建成后的国贸大厦是当时深圳最高的楼，成为深圳地标性建筑，其周边也因国贸大厦而被称为国贸商圈。当时深圳的建设正在如火如荼地快速进行中，国贸大厦的建设过程经报道后，成为深圳城市建设的典型被广为宣传。因此，"深圳速度""三天一层楼"是当时媒体提到深圳常用的词汇。

深圳市前身为广州宝安县，与香港九龙地区相连。1979 年 3 月，中央和广东省决定把宝安县改名为深圳市。1980 年 8 月 26 日，全国人大常委会批准在深圳设置经济特区，现在，这一天也被世人亲切地称为"深圳生日"。深圳特区位于广东省的南部沿海，东起大鹏湾边的梅沙，西至深圳湾畔的蛇口工业区，总面积 327.5 平方千米。到 2004 年，深圳已经发展成为没有农村的城市，是珠三角都市圈重要城市之一。

目前，深圳市共设6个市辖行政区，即福田区、罗湖区、南山区、盐田区、宝安区、龙岗区；4个功能区，即光明新区、龙华新区、坪山新区、大鹏新区；下辖51个街道和622个社区；2010年7月1日，深圳实现了区域发展一体化。

深圳是中国口岸与世界交往的主要门户之一，有着强劲的经济支撑与现代化的城市基础设施。深圳的城市综合竞争力处于大陆城市前列。深圳已经建设成为中国高新技术产业重要基地、全国性金融中心、信息中心和华南商贸中心、运输中心及旅游胜地，是现代化的国际性城市。

1980年9月6日，深圳特区正式设立，至今已走到而立之年。深圳特区作为中国改革开放的试验田、邓小平思想实践的重要地区，其30多年的发展历程，书写了一部中国式传奇。

"过去深圳只有三件宝：苍蝇、蚊子、沙井蚝；十室九空人离去，村里只剩老和小。"这首民谣，是深圳在改革开放前的真实写照。当时的深圳，没有大学，没有自己的报纸、广播和电视，仅有的文化设施是一个小型的新华书店和一家20世纪50年代建的剧院。改革开放前的深圳，农村人可谓穷得叮当响，他们为了挣得一口饱饭吃，穿越层层铁丝网，泅渡到资本主义地界去打工。在翻越边界的过程中，有很多人被边防公安人员逮捕并受到法办。

深圳特区前身为宝安县城，人口仅有两万多，是一个经济落后的边陲小县。1978年，全县工业总产值仅有6000万元。1979年，交通部香港招商局率先在蛇口开发了一平方千米的荒坡建立工业区，兴办了23家工厂，开通了国际微波和直通香港的货运码头。其后又吸引外资兴办企业，在较短的时间内建成了初具规模的现代化工业小城。1980年8月，广东省经济特区管理委员会利用3000万元的银行贷款与部分地方财政，参照"蛇口模式"，在罗湖区0.8平方千米的区域，兴建金融、商业、旅游住宅设施提供给外商，用从中赚到的利润继续进行工业园区的基础建设。这种利用银行贷款"滚雪球"式的发展，为珠海、汕头的起步建设提供了经验。根据《广东省经济特区条例》，深圳市制定了一系列吸引外资的优惠政策，包括企业经营自主权、税收、土地使用、外汇管理、产品销售、出入境管理等。通过来料加工、补偿贸易、合资经营、合作经营、独资经营和租赁的形式，吸引了大量外资，经济特区迅猛发展。自 1979 年创办深圳经济特区，至 2002 年止，实际利用外资 315.18 亿美元。至 1999 年的 20 年间，共有 60 个国家和地区的客商到深圳投资，累计投资项目 2.36 万项，合同外资 298.39 亿美元，实际利用外资 200.45 亿美元。2013 年，工业总产值达到 5695.00 亿元。

已卸任的深圳市委书记李灏认为："深圳的重要性，不在于为国家创造了多少税收，而是探索了邓小平所说的'有中国特色社会主义'到底怎么走。"

从"杀出一条血路"的拓荒精神，到"三天一层楼"的深圳速度；从"时间就是金钱、效率就是生命"的特区理念，到冲破体制藩篱、打破"铁饭碗"的创新勇气……闯"禁区"，闯"盲区"，闯"难区"。深圳等经济特区 30 年的探索与开拓，丰富了我们对改革开放和社会主义现代化建设规律的认识，雄辩地证明了改革开放是改变当代中国命运的关键抉择，有力地印证了中国特色社会主义制度的巨大优越性，不仅向世人展示了社会主义中国的勃勃生机，更为亿万中国人的全面发展打开了一片广阔天地。诚如外国政要所言："中国不能没有深圳，它是中国改革的试验田，深圳的试验取得成功，就说明邓小平提出的中国特色社会主义道路走得通。"

中国为什么要设立经济特区？一般来说，设立经济特区主要是为了吸引国外的资本，引进国外先进的技术和经营管理方法，创造新的就业机会，增加国家的外汇收入等。

海外学者认为，中国之所以设立经济特区，还在于以下几点：第一，通过特区向内地传播先进的生产技术和经营管理经验。第二，进行市场经济的试验。第三，开发区域经济，通过经济特区带动周边地区经济发展。第四，吸引海外华人华侨资本。第五，促进祖国统一。实现香港、澳门的早日回归和海峡两岸的早日统一，是中国政府矢志不渝的目标，在深圳、珠海和厦门等地设立经济特区，在很大程度上也是从实现祖国统一目标出发的。

深圳特区对于全国经济和社会发展的意义在于以下方面。

首先，经济特区是中国社会主义市场经济的试验场。将市场经济与社会主义结合起来是前无古人的创新，先在经济特区进行试验，取得经验后再向全国推广，这对减少体制转换风险，稳步建立社会主义市场经济体制具有重要意义。

其次，经济特区是中国社会主义现代化建设的窗口。特区不仅在确立社会主义市场经济体制、吸引国外资本、引进先进技术和先进管理方法、获取信息等方面起到了表率作用，而且在完善市场经济的法律框架、提高政府行政效率、改革分配体制等方面也堪称表率。因此，经济特区不仅是中国对外开放的窗口，也是国内改革的窗口。

再次，经济特区是中国对外开放的急先锋。如果说中国的经济改革是从农村开始的，那么，中国的对外开放则是从经济特区开始的。特区经济的成功，大大推动了中国的对外开放进程，对于日后中国大踏步地参与国际化分工和经济合作，可谓功不可没。

最后，经济特区直接推动了全国经济的增长。特区经济是全国经济的有机组成部分，特区经济的高速发展为改革开放以来中国经济连续三十多年的快速增长做出了直接贡献。

中国的发展需要改革开放

改革开放，是 1978 年 12 月党的十一届三中全会后中国开始实行的对内改革、对外开放的政策。中国的对内改革从农村开始，1978 年 11 月，安徽省凤阳县小岗村开始实行"农村家庭联产承包责任制"，拉开了我国对内改革的大幕；对外开放是中国的一项基本国策，中国的强国之路是社会主义事业发展的强大动力。

邓小平被誉为改革开放的"总设计师"。1992 年，邓小平南方谈话宣布中国改革进入了新的阶段。改革开放建立了社会主义市场经济体制，使中国发生了巨大的变化。

改革开放取得了重大成就

现在，中国的对外开放已从沿海向内地发展，形成经济特区—沿海开放城市—沿海经济开放区—内地，这样一个全方位、多层次、宽领域的对外开放格局。

1. 中国的五个经济特区

深圳市（327.5 平方千米）、珠海市（121 平方千米）、厦门市（1569 平方千米）、汕头市（2064 平方千米）、海南岛（33920 平方千米）。

深圳市被设立为经济特区后在短短几年内，建成一座现代化的繁华城市，成为中国经济特区的代表，被称为中国对外开放的"窗口"。

海南经济特区是全国唯一一个省级经济特区，也是中国面积最大的经济特区。1988 年，七届全国人大一次会议通过关于建立海南经济特区的决议，划定海南岛为海南经济特区，实行比中国其他经济特区更加开放、灵活的体制和政策，授予海南省政府更大的自主权。

2. 中国的对外开放口岸

口岸是供人员、货物和交通工具出入国境的港口、机场、车站、通道等。口岸分为一类口岸和二类口岸。一类口岸是指由国务院批准开放的口岸（包括中央管理的口岸和由省、自治区、直辖市管理的部分口岸）；二类口岸是指省级人民政府批准开放并管理的口岸。

现在，中国的开放口岸从沿海到内地，从陆地到海空，可谓立体大开放。目前，中国对外开放的口岸主要有三大类型，即水运（海运）口岸、陆运（铁、公运）口岸和航空（机场）口岸。

一类航空口岸：拉萨、天津、大连、沈阳、长春、牡丹江、杭州、福州、青岛、武汉、深圳、梅州、三亚、太原、海拉尔、南昌、贵阳、汕头、哈尔滨、武夷山、洛阳、呼和浩特、合肥、长沙、张家界、广州、湛江、海口、南宁、成都、昆明、石家庄、西安、兰州、温州、郑州、桂林、北海、重庆、西双版纳、乌鲁木齐、齐齐哈尔、佳木斯、济南、烟台、喀什、延吉、上海、宁波、黄山、厦门、威海、宜昌、银川、北京、南京禄口。

一类水运口岸：渤中、黑河、上海、南通、广海、汕头港、南澳港、天津、营口、丹东、葫芦岛、大安、绥滨、同江、漠河、江山、江阴、温州、海门、洞头、黄兴岛、秀屿、松下、肖厝、石岛、莲花山、盐田、东角头、斗门、水东、梧州、重庆、黑山头、铜陵、马鞍山、潮州港、汕尾港、锦州、富锦、防城、钦州、企沙、南京、舟山、宁波、福州、城澳、厦门、泉州、漳州、青岛、烟台、肇庆、高明、赤湾、梅沙、蛇口、妈湾、西冲、九州、珠海、湾仔、虎门、湛江、海口、洋浦、思茅、景洪、室韦、芜湖、安庆、九江、大连、佳木斯、北海、连云港、镇江、乍浦、绿华岛、威海、龙口、石臼、岚山、黄石、城陵矶、广州、南沙、万山、阳江、鹤山、三埠、三亚、八所、清澜、石头埠、潮阳港、武汉、哈尔滨、桦川、张家港、呼玛、孙吴、逊克、萝北、抚远、虎林、东营、扬州、泰州、常州、太仓、常熟、红光、大陈岛、秦皇岛、黄骅、嘉荫、饶河、唐山、东山、柳州、贵港、莱州、蓬莱。

一类铁路口岸：图们、东莞、广州、河口、丹东、绥芬河、凭祥、阿拉山口、满洲里、深圳、佛山、肇庆、珲春、集安、二连浩特、哈尔滨、郑州。

一类公路口岸：圈河、皇岗、东宁、文锦渡、横琴、友谊关、水口、瑞丽、畹町、甘其毛道、临江、南坪、密山、吉隆、土尔尕特、沙头角、拱北、河源、东兴、金水河、樟木、普兰、红其拉普、霍尔果斯、马鬃山、三合、晖春、磨憨、天保、塔克什肯、阿日哈沙特、开山屯、孟定、腾冲、伊尔克什坦、木扎尔特、都拉塔、巴克图、吉木乃、阿黑土别克、红山嘴、乌拉斯台、老爷庙、策克、珠恩嘎达布其、绥芬河、龙邦。

现实发展需要改革开放

改革开放是摆脱我国当时贫困落后状态的需要。20 世纪 70 年代末，我国刚刚结束十年"文化大革命"，"文革"使党、国家和人民遭到严重挫折和损失。邓小平曾经说过，"文化大革命"结束时，"就整个政治局面来说，是一个混乱状态；就整个经济情况来说，实际上是处于缓慢发展和停滞状态"。面对这种现实状况，邓小平明确指出："贫穷不是社会主义，社会主义要消灭贫穷。不发展生产力，不提高人民的生活水平，不能说是符合社会主义要求的。"解放和发展社会生产力是社会主义的本质要求，最根本的途径就是对我国的经济体制进行改革，实行对外开放的政策。对于改革开放的紧迫性，邓小平曾经这样形容："如果现在再不实行改革，我们的现代化事业和社会主义事业就会被葬送。"这是发人深省的警言。

第一，改革开放是快速提升我国国际竞争力的需要。第二次世界大战以后，随着科学技术的进步和社会生产力的不断提高，资本主义国家的经济得到了较快发展。资本主义在 20 世纪 50 年代到 60 年代中期出现了发展的"黄金时期"，经济坐上了高速列车。在两次世界大战期间，资本主义的经济增长率年均 2.3%，而在 1951—1970 年间，年均增长率则上升到 5.3%，比过去增长一倍多。战后资本主义的迅速发展，对社会主义国家造成严峻挑战，面对国际竞争的不断加剧，只有实行改革开放，才能不断加快我国的社会主义现代化建设，不断增强我国的经济实力和综合国力，从而提高我国的国际竞争力。这是一个借力发展、快速壮大的好办法。

第二，改革开放是解放生产力和发展生产力的需要。任何一种社会制度要想发展，就必须遵循生产关系一定要适合生产力状况的规律，这是一个已被历史实践证明了的规律。在生产力发展的同时，需要不断改革生产关系，改革不适应经济基础的上层建筑。社会主义社会作为一种社会形态，当然也不例外，依然存在生产关系与生产力、经济基础与上层建筑之间既相适应又不完全适应的矛盾，所以社会主义社会依然存在解放生产力的问题。改革开放是解决这一问题、解放生产力的基本方式。

第三，改革开放是巩固社会主义制度的需要。在邓小平看来，改革是一场新的革命。这场革命的实质就是从根本上改变束缚我国生产力发展的经济体制，建立充满生机和活力的社会主义新经济体制，同时，相应地改革政治体制和文化体制等，以实现中国的社会主义现代化。这些，说到底，都是为了进一步巩固社会主义制度。

第四，改革开放是实现社会主义制度自我完善的需要。改革开放是促进社会主义制度自我完善和发展的最有效途径。社会主义制度的确立并不是一劳永逸的，它有一个从不完善走向完善的过程，而实现这个过程的唯一途径就是改革。社会主义社会是在改革中不断前进的社会。我国的改革是在共产党领导下，在社会主义制度范围内进行的，其实质就是社会主义制度的自我完善。邓小平指出，"现在的世界是开放的世界"，"中国的发展离不开世界"。任何一个国家要想发展就必须适应对外开放的新趋势。实行对外开放是世界上所有国家发展的一条普遍规律，也是社会主义国家发展必须遵循的一条普遍规律。实行对外开放是发展中国特色社会主义的必然条件。

第五，改革开放是探索适合我国国情的发展道路的需要。新中国成立后的一个时期，我们缺乏建设社会主义的经验，在很大程度上照搬了"苏联模式"。"苏联模式"是激进的，存在着自身克服不了的问题。随着二战的结束和历史条件的变化，这种模式的缺陷和弊端日益暴露出来，比如，高度集中的体制导致了官僚主义滋长、工作效率低下；由于偏重发展重工业，忽视农业、轻工业，推行"重工抑农"的倾斜政策，导致经济比例严重失调；由于过分强调行政指令，忽视经济规律，导致经济效益差，等等。"苏联模式"已经严重束缚了我国生产力发展。

科学发展观是应对四个新阶段的迫切需要

科学发展观,第一要义是发展,核心是以人为本,基本要求是全面协调可持续,根本方法是统筹兼顾。

科学发展观,是胡锦涛同志在 2003 年 7 月 28 日的讲话中提出的,要求"坚持以人为本,树立全面、协调、可持续的发展观,促进经济社会和人的全面发展",按照"统筹城乡发展、统筹区域发展、统筹经济社会发展、统筹人与自然和谐发展、统筹国内发展和对外开放"的要求,推进各项事业的改革和发展的一种方法论,也是中国共产党的重大战略思想。

科学发展观,在中国共产党第十七次全国代表大会上被写入党章,在党的十八大上成为中国共产党的指导思想之一,标志着中国共产党对于社会主义建设规律、社会发展规律、共产党执政规律的认识达到了一个新的高度,标志着马克思主义的中国化实现了又一次飞跃。

那么,中央高层为什么要提出科学发展观?当时,在推进工业化、城镇化、市场化、国际化深入发展的新形势下,我国的发展出现了阶段性特征和新矛盾、新课题,科学发展观是为应对新阶段发展的迫切需要而提出并深化的。

当时和今后一段时间,中国的发展机遇前所未有,面临的挑战前所未有,中国的发展成就前所未有,中国的发展难题前所未有,中国处在一个发展的重要机遇期,又处在一个发展的矛盾凸显期,可以概括为"四个前所未有"和"两个时期"。我国各项事业发展面临以下方面的新课题、新矛盾。

第一,我国经济发展由缺乏财力、难以解决长期积压问题的阶段,进入了财力较为充裕、能够解决长期积压问题的阶段。2005 年，我国国内生产总值已经达到 2.23 万亿美元的规模，一举赶上英国和法国，成为全球排名第四的经济体，仅次于美国、日本和德国。1999 年，全国税收收入首次突破 1 万亿元大关，2003 年突破 2 万亿元大关，2005 年突破 3 万亿元大关。经济实力的显著增强，为我国的发展奠定了新的历史起点。

第二，我国粗放型经济增长方式由能够支撑我国快速发展的阶段进入了已无力支撑我国进一步发展的阶段。靠粗放型增长方式，我国可以实现"三步走"的第一步、第二步战略目标，但不可能实现第三步战略目标。2006 年，我国国内生产总值仅占世界总量的 5.5%，而我们消耗的能源占世界的 15%，钢材占 30%，水泥占 54%。这些数字表明，粗放型的经济增长方式在我国已经没有后续空间，转变经济发展方式已势在必行。

第三，我国贫富之间、城乡之间、区域之间、经济社会发展之间的不协调状况，由可以为社会所承受的阶段，进入了社会越来越难以承受的阶段。近年来，群体性事件大量增加，规模趋于扩大，手段趋于激烈，在一定程度上反映了发展不协调已到了非下大力气解决不可的地步。

第四，我国社会矛盾关系由不突出抓好主要矛盾就无法解决非主要矛盾的阶段，进入了不解决好某些非主要矛盾就难以继续抓好主要矛盾的阶段。虽然，社会事业发展、政治体制改革、资源状况和生态环境问题，相对于我国人民群众日益增长的物质文化需要与落后的社会生产的矛盾，不是主要的，但是这些方面的问题和矛盾在不断激化，成为严重制约我国发展的瓶颈和薄弱环节。如不投入更大的力量去解决，我们已经难以进一步解决好人民群众日益增长的物质文化需要与落后的社会生产这个主要矛盾。当前我国发展的阶段性特征和出现的新矛盾、新课题，决定了我们必须自觉地、坚定地去贯彻落实科学发展观，同时也决定了我们能够凭借 20 多年发展所取得的巨大成就和经验，贯彻和落实好科学发展观。

只有深入贯彻落实科学发展观，中国才能抓住机遇、应对挑战，巩固已有的发展成果，破解面临的发展难题，创新发展的方式，推动中国经济社会又好又快地发展。

为此，中央提出努力实现"五个转变"，足以看出当时的迫切需要。

"五个转变"的内容包括以下几点。

一要进一步转变发展观念。当前，存在于某些地区和部门领导干部头脑里的发展观念与科学发展观的要求还有较大差距。有的依然把"发展是硬道理"简单地理解为"增长是硬道理"，有的依旧把"以经济建设为中心"视为"以速度为中心"，还有的以牺牲资源、环境为代价追求产值，甚至弄虚作假，贪大求洋，热衷于大搞"政绩工程""形象工程"。更有甚者，借"统筹"之名搞新的形式主义，例如：有的打着"统筹城乡"和"城乡一体化"的幌子，动辄提出搞什么"国际一流""超一流"，歪曲和背离科学发展观的真正内涵；有的热衷于贴"标签"、炒概念，以口号代替对"五个统筹"的具体贯彻落实。这些情况表明，转变发展观念的任务仍然十分艰巨。

二要进一步转变经济增长方式，大力推动经济增长方式向集约型转变，走新型工业化道路。首先要以提高质量效益为中心；其次要以节约资源、保护环境为目标，加大实施可持续发展战略的力度，大力发展循环经济，在全社会提倡绿色生产方式和文明消费，形成有利于低投入、高产出、少排污、可循环的政策环境和发展机制，完善相应的法律法规，全面建设节约型社会；最后要以科技进步为支撑。

三要进一步转变经济体制。要着力推进以下几项改革：首先要深化财税、金融和投资体制等改革，从体制上解决产业结构趋同、增长方式粗放、低水平扩张的问题。其次要消除城乡分割的体制性障碍，有序推进农民向非农产业转移，引导生产要素在城乡间合理配置，加快城镇化进程，逐步解决城乡二元结构问题。再次要深化社会领域的改革，推进科学、教育、文化、卫生等体制改革，切实解决经济社会发展"一条腿长、一条腿短"的问题。最后要推进劳动就业和社会分配体制改革，完善社会保障体制，为解决收入差距问题创造条件。

四要进一步转变政府职能。要抓紧建立对工作实绩进行考核评价的新的指标体系，不应仅仅考察 GDP 的增长，还要同时考核城镇居民人均可支配收入、农民人均纯收入、环境保护和生态建设、扩大就业、完善社会保障等其他指标，引导各级干部树立正确的政绩观。

　　五要进一步转变各级干部的工作作风。各级领导干部要切实弘扬"求真务实"的精神，坚决克服主观主义、形式主义和官僚主义。要坚持党的群众路线，注意在实践中形成新思路，在群众中寻求新办法。要着力解决关系人民群众切身利益的突出问题。

辉煌的保证

新中国走到了历史的当口，面对人民的新需求，决策者们勇立潮头，集执政之智，破解难题，回应人民的新期待，激发民众的梦想，顺应民心，合于民意，保证大国走向辉煌。

> 拉动中国经济未来增长，没有全社会、全体国民的消费愿望，没有相应的消费需求增速的支撑，就很难实现。
>
> ——著名经济学家　厉以宁

"中国梦"激起全国人民几多期许

"中国梦",是中国共产党第十八次全国人民代表大会以来,习近平总书记所提出的重要指导思想和重要执政理念,正式提出于 2012 年 11 月 29 日。习近平总书记把"中国梦"定义为"实现中华民族伟大复兴,就是中华民族近代以来最伟大的梦想"。

令人喝彩的"中国梦"

2013 年 3 月 17 日,中共中央总书记习近平在十二届全国人大一次会议闭幕会上,号召人民为实现"中国梦"而努力奋斗,第二次详尽阐述"中国梦"。据有关媒体报道,他将近 25 分钟的讲话,9 次提及中国梦,共获得了 10 余次掌声。平均不到 3 分钟提及一次"中国梦",有关"中国梦"的论述一度被掌声打断。

"中国梦"的核心目标也可以概括为"两个一百年"的目标,就是:到 2021 年中国共产党成立 100 周年和 2049 年中华人民共和国成立 100 周年时,逐步并最终顺利实现中华民族的伟大复兴,具体表现为国家富强、民族振兴、人民幸福,实现途径是走中国特色社会主义道路、坚持中国特色社会主义理论体系、弘扬民族精神、凝聚中国力量,实施手段是政治、经济、文化、社会、生态文明五位一体建设。

1. "中国梦"的特点

"中国梦"的最大特点就是把每个人的利益与国家、民族利益紧紧地联系在一起,作为一个共同体,凝聚 13 亿中国人的力量,由中国共产党领导全国各族人民努力奋斗。坚持走中国特色社会主义道路，就是复兴之路、追梦之旅。

2. "中国梦"的时代特征

当代中国所处的发展阶段，决定了全面建成小康社会是"中国梦"的根本要求，相应地，"中国梦"也呈现出这个阶段的诸多重要特征。

一是综合国力进一步跃升的"实力特征"。"中国梦"的第一要义，就是实现综合国力进一步跃升。如今，我国经济总量已跃居世界第二位，但人口多、发展很不平衡的状况并未根本改变。党的十八大描绘了到2020年的宏伟目标：经济持续健康发展，国内生产总值和城乡居民人均收入比2010年翻一番，科技进步对经济增长的贡献率大幅上升，进入创新型国家行列，人民民主不断扩大，文化软实力显著增强。这一指标体系，构成了现阶段"中国梦"的基本图景。

二是社会和谐进一步提升的"幸福特征"。党领导全国各族人民共圆"中国梦"的根本目的，就是实现好、维护好、发展好最广大人民的根本利益，进而提升全社会的幸福指数。提升幸福指数是个复杂的系统工程，既要考虑物质因素，又要考虑非物质因素，从根本上讲，就是要进一步提升社会和谐的水平。党的十八大着眼于提升人民的幸福指数，将"坚持维护社会公平正义""坚持走共同富裕道路""坚持促进社会和谐"纳入夺取中国特色社会主义新胜利的基本要求，将"保障和改善民生"作为社会建设的重点。这些和谐因素，对"中国梦"的阶段性特征做了更为清晰的描绘，也为"中国梦"增添了更加美丽的光环。

三是中华文明在复兴中进一步演进的"文明特征"。中华文明是世界上唯一几千年来不断延续、传承至今的文明，但要体现现代文明色彩，就必须超越数千年来创造的农耕文明形态。党的十八大将中国特色社会主义总布局从经济、政治、文化、社会建设"四位一体"升华为包括生态文明建设在内的"五位一体"，标志着中华文明格局开启了向物质文明、政治文明、精神文明、社会文明和生态文明全面发展的更高阶段。坚定不移地推进"中国梦"的实现，中华文明必将放射出更加灿烂的光芒。

四是促进人全面发展的"价值特征"。《共产党宣言》指出，共产党人的最终目标是建立"每个人的自由发展是一切人的自由发展的条件"的"联合体"。"中国梦"具有多个维度，而其价值维度就是要实现人的全面发展。

🔍 **"中国梦"是需求的梦** ‹

因为有需求，所以有梦想。

自 2012 年 11 月推出"中国梦"后，全国各地纷纷作出响应，相继推出了行业梦与地方梦，掀起了"做梦热潮"。梦幻系列分别有："强国梦""强军梦""体育强国梦""中国航天梦""中国航母梦""河南梦""四川梦""贵州梦""湖北梦""湖南梦""重庆梦""吉林梦""广东梦""江苏梦""江西梦""云南梦""陕西梦""甘肃梦"，等等。

社会发展归根结底是要实现人的全面发展，现代化最终要实现的是人的现代化。中国梦归根结底是人民的梦，因为"中国梦"契合了全国人民的需求。

1. 近代以来的"中国梦"

自鸦片战争开始，中国被迫进入长达百年的屈辱历史，各界仁人志士、社会团体纷纷为"救亡"而努力。"中国梦"一度是实现民族解放的梦。

新中国成立以后，党中央领导集体完成了基本国家制度的顶层设计，"中国梦"也随之进入新的阶段，就是"人民群众日益增长的物质文化需求"。党中央第二代领导集体，运用马克思主义基本原理，坚持实事求是的原则，实行改革开放，通过社会化大生产来解放和发展生产力，从而满足人民群众的需求。党中央第三代领导集体，提出建设社会主义市场经济体制，大力发展各类所有制经济，这在经济层面完成了现代国家的顶层设计，"中国梦"发展为"实现中华民族的伟大复兴"。此后，以胡锦涛同志为总书记的党中央，承前启后、继往开来，在保持经济持续快速增长的同时，着力保障和改善民生，一系列社会保障制度得以建立，民族复兴大业更进一步。

而社会高速发展到今天，一些深层次的矛盾和问题需要解决，人民对物质文化的需求日益多元化，而改革已进入深水区，如何进一步释放改革红利，如何全面建成小康社会，是以习近平同志为总书记的党中央领导集体当前需要思考和回答的现实问题。

2. 全面对接群众需求是实现"中国梦"的关键

如何让"中国梦"进入人民群众的心坎？如何让"中国梦"激发人民群众追逐梦想的激情？我们的答案只有一个，就是要全方位对接群众需求，让群众受益，做好中国梦与民生、中国梦与发展的结合文章，更贴近基层，得到群众的赞誉和身体力行的实践。

全面对接群众需求，让群众成为自觉的筑梦人。全面对接群众需求，切实解决涉及群众切身利益的问题，促进民生得到进一步保障和改善，让群众感受到因"中国梦"带来的就业、教育、医疗、社会保障等系列民生难题的逐步改善和落实，从而产生具有归属感的幸福；让"中国梦"变得可亲可敬、可以触摸，让干部群众真切感受到"中国梦"就在身边，与我们每个人息息相关，从而自觉筑梦，并愿意为实现这个梦想而努力。

全面对接群众需求，让群众成为主动的追梦人。群众路线是我们的事业不断取得胜利的重要法宝。我们要时刻把群众安危冷暖放在心上，及时准确地了解群众所思、所盼、所忧、所急，把群众工作做实、做深、做细、做透，坚持问政于民、问需于民、问计于民，真诚倾听群众呼声，回应群众期待，真实反映群众愿望，真情关心群众疾苦，全方位对接群众需求。这会让群众感受到各种"实惠"，最大限度激发群众主动追梦的热情。

全面对接群众需求，让群众成为幸福的圆梦人。群众是中国梦的创造者，也是中国梦的受益者。因此，在追梦的道路上，一定要坚持从维护广大人民根本利益的高度，真心实意为群众谋利益，扎扎实实为群众办实事、办好事。千方百计帮助群众解决最关心的现实问题，让群众真实感受和享受到中国梦的现实利益，形成竞相迸发的梦想活力。

3. 契合需求的十大"中国梦"

2013 年 4 月 9 日，《学习时报》刊发署名为熊若愚的文章《中国梦具有十个方面的丰富内涵》，作者在文中指出，"中国梦"具有以下十个方面的丰富内涵。

一是经济富强"中国梦"。发展是解决我国所有问题的关键。只有经济持续健康发展，才能筑牢国家繁荣富强、人民幸福安康、社会和谐稳定的物质基础。实现"中国梦"，我国社会主义市场经济体制将更加完善，经济结构更加优化，城乡发展更加协调，科技创新在经济发展中的驱动力更加强劲，在全球贸易、金融市场、专利品牌等各类可比较的指标体系中，都将获得与人口份额相称的强国地位。

二是政治民主"中国梦"。人民民主是中国共产党始终高扬的光辉旗帜，也是中国人民梦寐以求的理想追求。只有推动人民群众真正当作做主，才能激发人民群众对美好生活的向往，才能凝聚中华儿女同心共筑中国梦的力量。实现"中国梦"，人民群众在选举、决策、管理、监督等各个方面将享有更多、更切实的民主权利；宪法和法律的权威性将进一步凸显；我国将建设职能科学、结构优化、廉洁高效、人民满意的服务型政府，真正做到全心全意为人民服务。

三是文化繁荣"中国梦"。文化是民族的血脉，是人民的精神家园。只有扎实推进社会主义文化强国建设，让一切文化创造源泉充分涌流，才能不断满足人民群众日益增长的文化需求，持续提升国家文化软实力，为人类文明发展作出中华民族应有的贡献。实现"中国梦"，就是要不断增强人民的精神力量；就是要切实保障人民群众的基本文化权益，全面提高公民思想道德素质和科学文化素质；就是要不断解放和发展文化生产力，不断提升中华文化的创造力和世界影响力。

四是社会和谐"中国梦"。社会和谐是中国特色社会主义的本质属性。只有加快健全基本公共服务体系，加强和创新社会管理，切实加强社会主义和谐社会建设，才能广泛调动各方面的积极性，妥善协调各方面的利益关系，切实维护和实现社会公平正义。实现"中国梦"，就是要以保障和改善民生为重点，切实解决好人民最关心、最直接、最现实的利益问题，努力让人民过上更好的生活；就是要不断健全公共服务体系，改进公共服务方式，完善维护群众权益机制，畅通群众诉求表达、利益协调、权益保障的渠道，努力实现全体人民平等友爱、融洽相处，促进社会和谐。

五是生态文明"中国梦"。建设生态文明，关系人民群众的福祉和中华民族的永续发展。只有牢固树立生态文明理念，不断加强生态文明建设，才能建设好天蓝、地绿、水净的美好家园，让美丽中国成为中国人民享受美好生活的乐土和世界人民向往的旅游目的地。实现"中国梦"，就是要保证我国人口的适度合理增长，实现人口、资源、环境的均衡发展，保证人民能够喝上洁净的水，呼吸洁净的空气，在山清水秀的生态空间中享受宜居适度的美好生活空间，实现人与自然的和谐相处。

六是安居乐业"中国梦"。安居是民生之基，就业是民生之本。但是，面对日益上涨的房价，面对非常严峻的就业形势，安居乐业仍然是中国人特别是年轻人最核心、最现实的梦想。实现"中国梦"，就是要坚持住房市场化改革取向，辅之以完善的保障房体系，让群众住有所居；就是要实施积极的就业政策，更加公平公正地为劳动者提供就业机会，让人民群众充分就业并享受劳动成果和劳动乐趣。

七是病有所医"中国梦"。健康是促进人的全面发展的必然要求。21世纪以来持续推进的新农合、城镇居民医保等，初步构建了全世界最大的基本医疗保障网。但是，看病难、看病贵的问题还没有得到根本性解决。实现"中国梦"，就是要坚持为人民健康服务的方向，健全完善覆盖全体人民群众的医保体系，持续加大医院等医疗卫生基础建设力度，在人均医生数、护士数、住院床位数等卫生行业主要指标上逐步达到世界先进水平，满足人民群众不断增长的医疗需求。

八是学有所教"中国梦"。教育是民族振兴和社会进步的基石，也是实现人的自由全面发展的基石。我国有尊师重教的传统，已经普及九年制义务教育，高等教育也进入大众化阶段，终身学习的理念逐步深入人心。但与发达国家相比，教育还处在起步爬坡阶段。实现"中国梦"，就是要坚持教育优先发展战略，将财政性教育经费占国内生产总值的比重提高到发达国家的平均水平，延长义务教育年限，实施免费职业教育，提高高等教育毛入学率，逐步做到愿意读书的人都有学上，没人因为学费而被拒于校门之外。

　　九是法治社会"中国梦"。面对错综复杂的社会问题和突发性事件，政府只有自觉维护法治的权威，严格依法行政，保持诚信，才能营造公平正义的社会环境，才能真正做到权利公平、机会公平、规则公平，保证人民群众平等参与、平等发展的权利，才能筑牢社会保障的网底，切实保障每个人都能够有尊严地生活。只有法治才能增强政府的公信力。政府立信，民众才有信任，才能化解社会矛盾、遏制突发事件。法治社会是民众追求公平正义、自由和尊严之梦想的真正保障。

　　十是人生出彩"中国梦"。衣食住行、教育医疗终归还只是人类梦想的初级阶段。按照马斯洛需求层次理论，人的需求像阶梯一样按层次逐级上升。共产主义的最终理想就是实现人的自由而全面的发展。实现"中国梦"，就是要将个人的奋斗与民族的发展有机统一起来，让每个人都享有人生出彩的机会，享有梦想成真的机会，享有同祖国和时代一起成长与进步的机会，真正实现每个人自由而全面的发展。

和谐社会——你我共同的期待

社会主义和谐社会是人类孜孜以求的一种美好社会，是马克思主义政党不懈追求的一种社会理想。

社会主义和谐社会，是中国共产党2004年提出的一种社会发展战略目标，指的是一种和睦、融洽并且各阶层齐心协力的社会状态。2004年9月19日，中国共产党第十六届中央委员会第四次全体会议上正式提出"构建社会主义和谐社会"的概念。随后，在中国，"和谐社会"便成为这一概念的缩略语。

2005年以来，中国共产党提出将"和谐社会"作为执政的战略任务，"和谐"的理念成为建设"中国特色社会主义"过程中的价值取向。

和谐社会六大基本特征

第一，民主法治，就是社会主义民主得到充分发扬，依法治国的基本方略得到落实，各方面积极因素得到广泛调动。

第二，公平正义，就是社会各方面的利益关系得到妥善协调，人民内部矛盾和其他社会矛盾得到正确处理，社会公平和正义得到切实维护和实现。

第三，诚信友爱，就是全社会互帮互助、诚实守信，全体人民平等友爱、融洽相处。

第四，充满活力，就是能够使一切有利于社会进步的创造愿望得到尊重，创造活动得到支持，创造才能得到发挥，创造成果得到肯定。

第五，安定有序，就是社会组织机制健全，社会管理完善，社会秩序良好，人民群众安居乐业，社会保持安定团结。

第六，人与自然和谐相处，就是生产发展，生活富裕，生态良好。

中国构建社会主义和谐社会的总体目标

2005 年的社会蓝皮书以"构建和谐社会：科学发展观指导下的中国"为题，分析了 2004 年的社会发展状况和 2005 年若干社会发展趋势，提出了构建和谐社会的总体目标。

总体目标是：扩大社会中间层，减少低收入和贫困群体，理顺收入分配秩序，严厉打击腐败和非法致富，加大政府转移支付力度，把扩大就业作为发展的重要目标，努力改善社会关系和劳动关系，正确处理新形势下的各种社会矛盾，建立一个更加幸福、公正、和谐、节约和充满活力的全面小康社会。

构建和谐社会的原因及社会背景

实际上，构建和谐社会，反映了人民群众的根本利益和共同愿望，既是现实的需要，更是人类社会发展的需要。

第一，构建和谐社会是顺应时代潮流、符合人民愿望的需要。

可以说，从 1992 年邓小平南方谈话以来的十几年，是中国经济发展最快的时期，也是人民群众得实惠最多的时期，但不是群众意见最少的时期。党的十六届四中全会第一次明确提出，共产党作为执政党，要"坚持最广泛最充分地调动一切积极因素，不断提高构建社会主义和谐社会的能力"。

2003 年，我国 GDP 总量相当于 1.4 万亿美元，人均 GDP 1090 美元，这是中国人均 GDP 首次突破 1000 美元。在国际上，经济社会到了这样一个发展阶段，有可能进入两个截然不同的时期，出现两种截然不同的结果：一种是进入"黄金发展时期"，经济社会协调发展；另一种是进入

"矛盾凸显时期"，经济社会徘徊不前，甚至出现社会动荡和倒退。

随着经济发展和改革深化，中国已经实现了从计划经济体制向社会主义市场经济体制转轨的巨大变化。相比而言，社会管理体制不能很好地与经济发展相适应，跟不上社会发展的要求。前些年，有的地方血吸虫病等疫病死灰复燃，艾滋病、吸毒等现象呈现蔓延之势，特别是 2003 年的SARS，2004 年北京、上海等大城市发生的水灾等，已经给了我们许多深刻的教训。

社会主义市场经济体制的建立必然触动原有的利益格局，社会不同利益主体随之出现，利益多元化的格局逐步形成。各自的利益必然带来权利意识，权利意识必然导致政治诉求，不同社会利益群体之间的矛盾也大量出现。并且，中国正处在体制转换、结构调整和社会变革过程中，也是各种政治问题和社会问题的易发、多发期，就业问题、腐败问题、分配不公问题、社会治安问题等，是当时人民群众关注的热点问题。

第二，构建和谐社会是不断增强全社会的创造活力的需要。

社会主义和谐社会应当是一个充满创造活力的社会。十六大报告首次把"四个尊重"（尊重劳动、尊重知识、尊重人才、尊重创造）作为"不断增强全社会的创造活力"的前提，进一步突出了"四个尊重"在构建社会主义和谐社会中的重要性。既要充分发挥工人、农民、知识分子推动经济社会发展根本力量的作用，又要鼓励和支持社会其他方面人员为经济社会发展积极贡献力量；既要保护发达地区、优势产业和先富群体的发展活力，又要高度重视和支持欠发达地区、比较困难的行业和群众的发展愿望。

社会公正是社会政策的灵魂。一是要把实现社会公平作为重要的政策导向。要正确处理效率与公平的关系，初次分配注重效率，再分配注重公平。这个提法，在后来党的文件中有所改变。二是要从制度上保障竞争机会的平等。传统的城乡二元社会结构，在很大程度上限制了机会的平等，特别是竞争起点的平等。三是要努力促进经济社会的全面发展。在以改革的办法促进经济发展的同时，加强科技、教育、文化、环境保护等社会事业建设，重点支持收入分配、社会保障、教育和公共卫生等制度的完善，加快建立社会保障机制，切实维护困难群体的利益。

第三，构建和谐社会是妥善协调各方利益关系的需要。

不同时期和不同地区，往往会出现有些政策前后矛盾、互相打架的情况，导致一部分群众没有享受到应该享受的改革发展成果。我们应该看到问题的严重性，对于许多不和谐因素，老百姓意见很大，对经济社会发展影响很大，解决不好可能引发社会危机。比如城乡差距，城乡居民的收入差距还在拉大，城乡二元结构矛盾凸显。地区间的和谐发展，实际上是国家整体安全、民族团结、边境安宁和社会稳定的重要保证。比如分配问题，从全国来讲，贫富差距拉大，反映收入差距的基尼系数居高不下（基尼系数是由意大利经济学家 G. 基尼首先提出的，基尼系数越小，表示收入分配越均等；基尼系数越大，表示收入分配差距越大，分配越不平等），2000 年后的一段时间一直在 0.4 左右，逼近国际警戒线。有人统计，我国最富的 1/5 的人口收入占全国总收入的 1/2，收入结构非常不合理，不利于社会稳定和经济发展。中国历史上的农民起义，大都是收入分配严重不均造成的。这一状况必须努力改善，在制定政策和开展工作时，必须坚持以最广大人民的根本利益为出发点和落脚点，抓准最大多数人的共同利益与不同阶层的具体利益的结合点，充分考虑和兼顾不同地区、不同行业、不同阶层、不同群体的利益，充分考虑社会各方面的承受能力，充分反映和兼顾不同方面群众的合法权益，坚决反对和纠正各种侵害群众利益的行为。

第四，构建和谐社会是加强社会建设和管理、推进社会管理体制创新的需要。

21 世纪初，以传统单位为基础的社会结构正在向多样化的方向转变，但社会管理体制不能很好地与经济发展相适应，从而反过来影响了经济社会的全面发展。《中共中央关于加强党的执政能力建设的决定》在要求深入研究社会管理规律、完善社会管理体系和政策法规、整合社会资源的基础上，第一次提出建立健全党委领导、政府负责、社会协同、公众参与的社会管理格局，分别明确了党委领导核心的地位、政府社会管理的职能、社会组织协同的功能和公民广泛参与的作用。改革开放后，伴随着政府职能的转变和企业社会职能的剥离,大量"单位人"向"社会人"特别是"社区人"转变,大量与公民相关的社会公共事务改由各种社会组织来承担。但由于社会组织的不健全,社会功能的不完善,一些公民的公益性需求并不能得到全面满足。截至 2003 年年底,中国共有各种社会团体 14.2万多家,民办非企业单位 12.4 万多家。与发达国家相比,中国社会团体的发育还很不健全,法制还不完善,管理上也存在不少问题,这些都亟须解决。

第五,构建和谐社会是提高保障公共安全和处置突发事件能力的需要。

在人类社会发展历程中,往往会出现各种突发事件。随着时间的推移,非传统安全因素对国家安全和社会稳定的影响日益显现。在做好传统领域工作的同时,对卫生、信息、能源、粮食等方面的安全问题,对防范恐怖主义威胁、防范金融风险等方面的工作,必须切实予以加强。要建立健全突发事件应急机制,包括信息采集和自动汇总机制、网络应急指挥机制、资源动员机制、社会治安保障机制等;设立调查制度,公正甄别突发事件的诱因;建立突发灾难应对基金监管、物资储备、民间援助和社会救济等方面的制度。中国已经制定了戒严法、国防法、防洪法、防震减灾法和传染病防治法等具体的紧急状态法律。但这些单行法律只能适用于一种紧急状态,并且对紧急状态下政府权力和公民权利的规定也不够清晰。因此,应当在总结国际经验的基础上,更好地研究制定统一的国家紧急状态法,把各种突发事件的管理纳入统一的程序和制度中,明确规定紧急状态下的政府应急机构和机制,明确公民、志愿者、专业团体、社会组织等的权利和义务,更好地用法律来调整紧急状态下的社会关系。

第六,构建和谐社会是健全正确处理人民内部矛盾工作机制的需要。

据资料介绍,2003 年以来的一段时期,到各级信访部门反映农村征用土地、城镇居民拆迁、企业重组改制和破产过程中损害群众利益等问题的明显增多,重复上访和集体上访现象比较突出。要解决信访问题,要从源头抓起,认真解决导致信访事件发生的各种问题。同时,要坚持分级负责、归口办理,谁主管谁负责的原则,以畅通信访渠道为主线,以解决群众信访问题为核心，以基层信访工作为重点，依法保护群众正当的信访权利，依法规范信访工作行为和群众上访行为。要建立和完善领导干部接访制度和领导干部下访制度，不断完善常年接访、定期约访制度，依法及时合理地解决群众反映的问题。要高度重视矛盾纠纷的排查调处工作，抓住热点、难点问题，早发现、抓苗头，把各类矛盾和纠纷解决在当地、解决在基层、解决在萌芽状态。

和谐社会建设，任重而道远！

科教兴国战略——发展和竞争的必然

"楼上楼下，电灯电话"，这曾经是我们对高科技现代化生活的向往。

"好好学习，天天向上""为中华之崛起而读书""好好学习，振兴中华"，这是我们在为实现现代化而努力奋斗。

大家是否还记得，20世纪六七十年代以前的我们，是怎么热切渴望现代化的？

到后来，我们终于找到了好路子。

1992年10月，中国共产党第十四次全国代表大会上，时任中共中央总书记江泽民指出："必须把经济建设转移到依靠科技进步和提高劳动者素质的轨道上来。"

1995年5月6日颁布的《中共中央国务院关于加速科学技术进步的决定》，首次提出在全国实施科教兴国战略。江泽民指出："科教兴国，是指全面落实科学技术是第一生产力的思想，坚持教育为本，把科技和教育摆在经济、社会发展的重要位置，增强国家的科技实力及实现生产力转化的能力，提高全民族的科技文化素质。"同年，中国共产党第十四届五中全会在关于国民经济和社会发展"九五"计划和2010年远景目标的建设中，把实施科教兴国战略列为直至21世纪加速我国社会主义现代化建设的重要方针之一。

紧随其后，1996年3月，八届全国人大四次会议正式提出了国民经济和社会发展"九五"计划和2010年远景目标，"科教兴国"成为我们的基本国策。

科教兴国战略对中国科技发展的目标作出了规定：到2010年，使基本建立的新型科技体制更加巩固和完善，实现科技与经济的有机结合。繁荣科技事业，培养、造就一支高水平的科学技术队伍。全民族科技文化素质有显著提高。重大学科和高技术领域的科技实力接近或达到国际先进水平。大幅度提高自主创新能力，掌握重要产业的关键技术和系统设计技术。主要领域的生产技术接近或达到发达国家的水平，一些新兴产业的生产技术达到国际先进水平，为建成社会主义现代化强国奠定坚实的基础。

邓小平科教兴国思想的提出是我国 进行现代化建设的迫切需要

在建设有中国特色社会主义的伟大实践中，邓小平同志始终把教育发展和科技进步作为关系社会主义现代化建设全局和社会主义历史命运的根本问题，进行理论思考，提出战略设想。早在 1977 年"文化大革命"刚结束、重提中国实现现代化历史任务的最初时期，邓小平同志在科学和教育工作座谈会上就提出："我们国家要赶上世界先进水平，从何着手呢？我想，要从科学和教育着手。"明确地把科学教育的发展作为发展经济、建设现代化强国的先导。

1978 年，在全国科学大会和全国教育工作会议上，邓小平同志深刻地论述了经济快速发展离不开科技进步，而科技进步又依赖于教育的关系，从战略的高度强调大力发展科技和教育的重要意义。1982 年，邓小平同志在论述 20 年内中国发展战略的重点时强调："搞好教育和科学工作，我看这是关键。没有人才不行，没有知识不行。"1985 年，在全国科技工作会议上，邓小平同志重申："改革经济体制，最重要的、我最关心的，是人才。改革科技体制，我最关心的，还是人才。"同年，在全国教育工作会议上，邓小平同志号召各级党委和政府把教育工作认真抓起来，指出："我们国家国力的强弱，经济发展后劲的大小，越来越取决于劳动者的素质，取决于知识分子的数量和质量。"

1988 年，邓小平同志深刻指出："马克思说过，科学技术是生产力，事实证明这话讲得很对。依我看，科学技术是第一生产力。"邓小平提出的这个论断，具有划时代的重要意义，创造性地发展了马克思主义关于生产力的学说，揭示了实施科教兴国战略的历史必然性。1992 年，邓小平同志在南方谈话时再次指出："经济发展得快一点，必须依靠科技和教育。"邓小平同志从 20 世纪 70 年代后期到 90 年代初期形成和发展起来的"依靠科学和教育进行现代化建设"的科学论断，为提出和实施科教兴国发展战略奠定了坚实的理论基础。根据邓小平同志的这个战略思想，党中央在1985 年先后确立了"经济建设必须依靠科学技术、科学技术工作必须面向经济建设"和"教育必须为社会主义建设服务，社会主义建设必须依靠教育"的战略方针。

实施科教兴国战略是实现"三个有利于"的现实需要

实施科教兴国战略是坚持教育为本，把科技和教育摆在经济和社会优先发展的重要位置，增强国家的经济实力，提高全民族的科技文化素质，加速实现国家的繁荣富强的根本措施，是实现社会主义现代化宏伟目标的必然选择。实施科教兴国战略是实现"三个有利于"的需要。所谓"三个有利于"，是邓小平 1992 年南方谈话时提出的："检验我们工作的标准是，是否有利于发展我国社会主义社会生产力，是否有利于提高我国的综合国力，是否有利于提高我国人民的生活水平。"

第一，科教兴国战略的实施有利于发展我国社会主义生产力。在现代社会，知识和才能越来越成为生产力发展的决定性因素，而人的知识的多少、才能的大小，通常情况下取决于他们所受教育的程度。知识经济是以知识和信息的产生、传播与应用为基础的，创造新知识、掌握新知识与熟练技能的劳动者成为最宝贵的资源。实现我国现代化建设"三步走"战略目标，在 21 世纪中叶达到中等发达国家水平，必须大力发展科技，提高国民的科技文化素质，提高科技自主创新能力，迎接世界知识经济的挑战。实施科教兴国战略，必将大大提高我国经济社会发展的质量和水平，使生产力有新的解放和更大的发展。

第二，科教兴国战略的实施有利于提高我国的综合国力。综合国力是对一个国家经济、政治、文化、军事和国际关系等方面发展水平和实力的总体概括。综合国力的竞争，在很大程度上是科学技术和经济实力的竞争。我国抓紧实施科教兴国战略，就是把科教与经济建设、劳动者的素质紧密结合起来，就是把经济建设转移到依靠科技进步和提高劳动者素质上来，从而提高我国的综合国力。

第三，科教兴国战略的实施有利于提高我国人民的生活水平。党的十一届三中全会后，我们党成功地把工作重点，从"阶级斗争"转移到经济建设上来。在此过程中，邓小平同志提出了"三步走"的发展战略目标。"三步走"战略目标中，每一步都有相应的人民生活水平标准，即"温饱型""小康型""中等发达国家的比较富裕型"。可见，"三步走"战略每一步的实现，便是人民生活水平的又一次提高。实现"三步走"的战略目标从何着手呢？他经过深思熟虑，认为要从科学和教育着手。后来又进一步指出，要实现"三步走"战略发展目标，首先要发展教育与科学技术，科学技术是我国经济走向新的成长阶段的主要支柱。从农业方面看，不靠科技，单是人口增长一项就会使我们连温饱都难以长久维持，更不用谈其他了；从工业方面看，不依靠科技提高经济效益，只在落后的技术基础上靠消耗大量资源来发展经济，也是绝对没有出路的。另外，科教兴国战略还会解决大规模现代化商品生产中的问题，有效地控制和缓解人口、资源和环境的压力，真正提高人民的生活质量。

实施科教兴国战略是应对日趋激烈的国际竞争的长久需要

众所周知，21世纪是以科技创新为主导的世纪。以信息技术、生物技术、纳米技术为代表的新科技革命，正在深刻地改变传统的经济结构、生产组织和经营模式，推动生产力发展出现质的飞跃。

科教兴国、科技立国是世人的共识。20世纪40年代以来，许多有成就的国家，都曾推出重大科技发展计划，如德国的导弹计划、美国的"曼哈顿工程""阿波罗登月"计划、苏联的人造卫星计划、中国的"两弹一星"计划。20世纪80年代中期以来，许多国家把高技术作为战略争夺的制高点。美国推出"星球大战"计划，日本推出超大规模集成电路计划，欧洲推出"尤里卡"计划，中国推出"863"计划。到了20世纪90年代，许多国家又推出大型发展高科技的系列计划。美国有高性能计算机与通信计划、尖端技术开发计划、生物技术研究计划、新材料研究计划、国家信息基础结构研究行动计划，日本提出第六代计算机计划、亚洲新阳光计划等，加拿大实施关键性技术支持计划、绿色计划，韩国提出高科技与开发计划（G-7）、国家最先进计划和发展核能的中长期计划，中国提出超"863"计划、"火炬"计划、"星火"计划和"攀登"计划，等等。

事实上，现代高科技产品蕴含着人类空前丰富的知识和技术劳动，它将使决定重大国策的公式发生深刻变化。它告诉人们，在这场新技术革命爆发的全球性技术争夺大战中，谁占据高科技这个制高点，谁就能有效地掌握认识今天和把握明天的钥匙，赢得21世纪。2001年以来，不少国家和地区出台了许多新的举措，以加快科技创新步伐。知识已成为重要的生产要素和经济增长的重要因素，科技实力和创新能力决定着各国在全球政治、经济舞台上的地位和尊严。我们实施科教兴国战略是适应时代要求的。

科学的精神就是解放思想，实事求是，不断创新。创新是民族进步的阶梯，是国家兴旺发达的不竭动力。当今世界，科技革命方兴未艾，创新浪潮此起彼伏。科学技术正在深刻影响着人们的生产方式和生活方式，推动着经济社会的变革，带来生产力质的提升。科技的发展离不开人才的培养教育。作为一个发展中国家，我们要想在日趋激烈的国际竞争中把握自己的命运，就必须提高科技创新能力，必须将科教兴国战略放在更加突出的位置。

在现代化建设中，科技是关键，教育也是关键。

"四个全面"战略布局是时代的呼唤

"四个全面",即全面建成小康社会、全面深化改革、全面依法治国、全面从严治党。

2014 年 11 月、12 月,中共中央总书记、国家主席习近平到福建省、江苏省考察调研时提出"四个全面",即"协调推进全面建成小康社会、全面深化改革、全面推进依法治国、全面从严治党,推动改革开放和社会主义现代化建设迈上新台阶"。

每一个"全面",都是一整套结合实际、继往开来、勇于创新、独具特色的系统思想。四个"全面"在一起,相辅相成、相得益彰,是我们党治国理政方略与时俱进的新创造,是马克思主义与中国实践相结合的新飞跃。

全面建成小康社会是中国共产党第十八次全国代表大会提出的总目标,而全面深化改革与全面推进依法治国,则如大鹏之两翼、战车之双轮,共同推动全面建成小康社会奋斗目标顺利实现。在这个过程中,全面从严治党则是各项工作顺利推进、各项目标顺利实现的根本保证。

"四个全面"战略布局的提出,更完整地展现出新一届中央领导集体治国理政总体框架,使当前和今后一个时期,党和国家各项工作关键环节、重点领域、主攻方向更加清晰,内在逻辑更加严密,这为推动改革开放和社会主义现代化建设迈上新台阶提供了强力保障。

🔍 "四个全面"战略布局的时代背景 ‹

"四个全面"战略布局，适应了时代发展和当今中国社会进步的内在需要，体现了加快发展中国特色社会主义的新要求。正像习近平总书记所指出的："四个全面"的战略布局是从我国发展现实需要中得出的，是从人民群众的热切期待中得出的，也是为推动解决我们面临的突出矛盾和问题而提出的。

从国际背景来看，当今世界正在发生深刻而复杂的变化，求和平、谋发展、促合作已经成为不可阻挡的时代潮流。当今世界发生的广泛而深刻的变化，对当代中国的发展既提供了难得的机遇，同时也提出了严峻的挑战。

从国内情况看，经过新中国成立以来60多年尤其是改革开放30多年的快速发展，主要表现在"三个显著提高"上，即我国生产力水平和综合国力显著提高，人民生活水平和社会保障水平显著提高，国际地位和国际影响力显著提高。但是，"三个没有变"仍是当前我国的现状，即我国仍处于并将长期处于社会主义初级阶段这个基本国情没有变，人民日益增长的物质文化需要同落后的社会生产力之间的矛盾没有变，我国是世界上最大发展中国家的国际地位没有变。

从党内情况来看，我们党是一个经历了90多年奋斗历程、拥有8600多万名党员、在一个13亿人口的大国长期执政的党。在新的历史条件下，党面临着复杂而严峻的执政考验、改革开放考验、市场经济考验和外部环境考验，精神懈怠的危险、能力不足的危险、脱离群众的危险、消极腐败的危险更加尖锐地摆在全党面前。

正是在这样的时代背景和社会发展要求下，习近平总书记紧密结合时代特征和我国基本国情，适应广大人民群众的新期盼，站在发展中国特色社会主义和实现中华民族伟大复兴的中国梦的高度，提出了"四个全面"重大战略布局，规划了党中央在新的历史条件下治国理政的新的战略目标、战略重点和战略举措。

为什么要"全面建成小康社会"

党的十八大提出的全面建成小康社会是战略目标，是我们建设富强民主文明和谐的社会主义现代化国家、实现中华民族伟大复兴的中国梦的必由之路，是开创新征程的一个坚实基础。全面建成小康社会，发展是解决前进中一切问题的关键。

从表面上看，2012—2020 年的 8 年间，只要我国的 GDP 总量年均增长率达到 7.1%，就可以顺利实现翻一番的目标。而从过去 30 多年的增长实践来看，我国人均国内生产总值年均增长率都在 9% 以上。这种增长惯性似乎会给人一种错觉，即这个目标是不需要花费过大的努力就可以实现的，但事实并非如此。因为支撑我国过去高速增长的资源结构与需求结构都已经发生了巨大变化，特别是劳动力资源从过剩转向相对短缺。2009 年以来，我国劳动工资成本大幅度提高，还出现土地、自然资源等价格上涨、环保支出增大等资源约束问题以及外需萎缩等。所以，靠过去那种拼资源与大投入来推动发展的路子已走不下去了。这就必须换一个新的发展路子，要靠提高质量、增强效率、扩大内需、创新驱动来推动发展，简政放权，激发各方活力，切实转方式、调结构，培育新的经济增长点，否则，要顺利实现国内生产总值和城乡居民人均收入翻一番的目标就是一句空话。

为什么要"全面深化改革"

在"四个全面"战略布局下审视，全面深化改革既是驱动力，也是凝聚力；既是方法路径，也是精神内核，位居全面深化改革、全面依法治国、全面从严治党三大战略举措之首。

今天的改革，遇到的困难就像一筐螃蟹，抓起一个又牵起另一个，必须全面启动；涉及的利益关系错综复杂、环环相扣，需要顶层设计。与过去相比，今天的改革既呼唤坚定果敢的行动、百折不回的信念，也呼唤全面系统的认识论、攻坚克难的方法论。习近平总书记关于改革的一系列重要论断，有"冲破思想观念障碍，突破利益固化藩篱"的勇气，有"敢于啃硬骨头，敢于涉险滩"的决心，有"改革开放只有进行时，没有完成时"的韧劲，有"没有比人更高的山，没有比脚更长的路"的气魄，针对的是当今中国的基本国情和时代特点，直面的是改革深水区攻坚期的特殊阶段，回应的是中国特色社会主义道路的新要求，彰显了当代共产党人执着的改革品格、鲜明的改革气质、奋发的改革精神。

全面深化改革的根本在"改革"，关键在"深化"，重点在"全面"。"改革开放是一个系统工程，必须坚持全面改革，在各项改革协同配合中推进。"体现在方法论上，就是要"审大小而图之，酌缓急而布之，连上下而通之，衡内外而施之"，充分考虑各项改革举措之间的关联性、耦合性，努力做到眼前和长远相统筹、全局和局部相配套、渐进和突破相衔接，协调各方利益关系，最大限度减少阻力。同时，也要立足全局抓大事，善于抓住"牛鼻子"，以重要领域和关键环节作为突破口，在牵一发而动全身的关键点上集中发力，使各项改革举措在政策取向上相互配合，在实施过程中相互促进，在实际成效上相得益彰，在国家治理体系和治理能力现代化上形成总体效应，取得总体效果。

为什么要"全面推进依法治国"

依法治国，是坚持和发展中国特色社会主义的本质要求和重要保障，是实现国家治理体系和治理能力现代化的必然要求，事关我们党执政兴国，事关人民幸福安康，事关党和国家长治久安。

我国正处于社会主义初级阶段，全面建成小康社会进入决定性阶段，改革进入攻坚期和深水区，国际形势复杂多变，我们党面对的改革发展稳定任务之重前所未有，矛盾风险挑战之多前所未有。

必须清醒地看到，同党和国家事业发展要求相比，同人民群众期待相比，同推进国家治理体系和治理能力现代化目标相比，我国的法治建设还存在许多不适应、不符合的问题，主要表现为：有的法律法规未能全面反映客观规律和人民意愿，针对性、可操作性不强，立法工作中部门化倾向、争权诿责现象较为突出；有法不依、执法不严、违法不究现象比较严重，执法体制权责脱节、多头执法、选择性执法现象仍然存在，执法司法不规范、不严格、不透明、不文明现象较为突出，群众对执法司法不公和腐败问题反映强烈；部分社会成员尊法、信法、守法、用法、依法维权意识不强，一些国家工作人员特别是领导干部依法办事观念不强、能力不足，知法犯法、以言代法、以权压法、徇私枉法现象依然存在。这些问题，违背社会主义法治原则，损害人民群众利益，妨碍党和国家事业发展，严重阻碍中国改革开放的顺利进行，必须下大气力加以解决。

为什么要"全面从严治党"

从严治党、保持党的先进性，是我们党加强自身建设的一个基本原则。当前，我们党在实现中华民族伟大复兴的道路上，需要解决好提高党的领导水平和执政水平、提高拒腐防变和抵御风险能力两个重大课题，突出表现在以下五个方面。

一是从数量上看，我们党该抓该管了。我们党已有党员 8600 万人，对如此庞大的党员队伍进行教育、管理、监督的难度巨大，落实党要管党、从严治党的任务比过去任何时候都更为繁重和紧迫。

二是从空间上看，到了三个"不得不"关口。政治体制到了不得不改革的关口，两极分化到了不得不解决的关口，反腐困境到了不得不突破的关口。这三个关口都已经到了"不得不"的程度，客观上提出了从严治党的"命门"问题。特别是反腐工作越来越迫切，越来越困难，要想做到政清人和，我们的反腐败工作还有很艰巨的任务。

三是从现实问题看，"脱离群众现象大量存在"，"腐败问题愈演愈烈"，小病慢慢酿成大病，违纪渐渐形成歪风，腐蚀逐步成为腐败。"小官大贪"的案件在不断增多，村干部犯罪数目也越来越大。

四是从实现"中国梦"来看，"党要管党、从严治党"已经刻不容缓。十八大以来，和平崛起、民族复兴的"中国梦"与"党要管党、从严治党"的动员令，成为时代特有的"同期声"。实现中华民族伟大复兴，离不开领导我们事业的核心力量——中国共产党，而要加强党的建设，就必须坚持"党要管党、从严治党"。

五是从国际经验来看，政治纪律是党的生命。苏联解体、苏共亡党，一个很重要的原因就是苏共长期忽视政治纪律。苏共忽视政治纪律，培养了自己的掘墓人。我们要全面从严治党，就是吸取苏共的教训，继承先辈们重视政治纪律的传统，强化党的政治纪律。

实施西部大开发是国家全局战略的需要

1999 年，中国的西部大开发战略正式出台。对中西部地区的人民来说，是一个天大的喜事；对于全国人民来说，无异于平地一声雷。

中国西部大开发的范围包括重庆市、四川省、贵州省、云南省、西藏自治区、陕西省、甘肃省、青海省、宁夏回族自治区、新疆维吾尔自治区。西部地区自然资源丰富，市场潜力大，战略位置重要。但由于自然、历史、社会等原因，西部地区经济发展相对落后，人均国内生产总值仅相当于全国平均水平的2/3，不到东部地区平均水平的40%，迫切需要加快改革开放和现代化建设步伐。

1999 年 11 月，中央经济工作会议召开，实施西部大开发战略，加快中西部地区发展。会议提出，要不失时机地实施西部大开发战略，这直接关系扩大内需，促进经济增长，关系民族团结，要从大局、从战略的高度充分认识实施西部大开发的重要性。

第一，实施西部大开发战略是实现共同富裕、加强民族团结、保持社会稳定和边疆安全的战略举措。

新中国成立50年，特别是改革开放后20年，各地区经济和社会发展都取得了长足进展，东部地区由于具有较好的经济基础、有利的地理位置，加上国家政策的支持，现代化建设走在了全国的前列，经济和社会发展突飞猛进，人民普遍过上了小康生活。西部地区由于受历史、自然和区位等诸多因素的影响，总体发展水平与东部相比，存在较大差距，并呈拉大趋势。西部大开发战略中的西部概念，并不是单纯的地域概念，更主要的是地区经济、社会发展水平的概念。

根据下面的一些统计数据，不难看出东西部的差距到底有多大。1999年，西部12省、区、市的人均国内生产总值为4302元，只相当于全国人均6534元的65.8%，相当于东部沿海地区10省、市人均水平10807元的39.8%。如果从居民收入的角度分析，不仅能够看到西部与东部的差距十分明显，还能进一步看到，城乡之间的差距更为悬殊。

1999年，城镇居民人均实际收入最低的是甘肃省，仅为4502.26元；最高的是上海市，为10988.90元；前者只相当于后者的41%，后者为前者的2.44倍。比较这两个省市的农民人均纯收入，则差距更大。这个数字1999年甘肃省为1357.28元，上海市为5409.11元，后者是前者的4倍。

但是，仅仅看到甘肃省与上海市城乡居民之间的收入差距是不够的，还必须看到，甘肃省的农民收入只相当于该省城镇居民收入的30.1%，上海市城镇居民收入是甘肃省农民收入的8倍以上。显然，我国地区、城乡之间的差距是很大的。

2001年统计结果表明，国内生产总值最高的上海市为37382元，最低的贵州省为2859元，相差13倍。而当年上海市增长10.2%，贵州省增长8.8%，差距在继续扩大，"马太现象"十分突出。

早在20世纪50年代，毛泽东同志在著名的《论十大关系》中就强调，要处理好沿海工业和内地工业的关系。他讲道："中国全部轻工业和重工业，都有约70%在沿海，只有30%在内地。这是历史上形成的一种不合理的状况。沿海的工业基地必须充分利用，但是，为了平衡工业发展的布局，内地工业必须大力发展……"

20世纪80年代，在中国改革开放和现代化建设全面展开以后，邓小平同志提出了"要顾全两个大局"的地区发展战略构想。"沿海地区要加快对外开放，使这个拥有两亿人口的广大地带较快地先发展起来，从而带动内地更好地发展，这是一个事关大局的问题。内地要顾全这个大局。反过来，发展到一定的时候，又要求沿海拿出更多力量来帮助内地发展，这也是个大局。那时沿海也要服从这个大局。"（《邓小平文选》第三卷，第277—278页）

在继续加快东部沿海地区经济发展的同时，不失时机地实施西部大开发战略，对于逐步缩小地区间发展差距，加速实现全国各地区的共同繁荣和人民的共同富裕，保持全国社会稳定，能够发挥重要作用。广大西部省区地处祖国边疆，是少数民族聚居地。多年来，国内外敌对势力对中国实行"分化"和"西化"，利用西部民族和宗教问题搞颠覆和分裂活动。文明的发展必须建立在物质条件的基础上，"仓廪实而知礼节"。维护和保持民族地区的稳定，挫败国内外敌对势力分裂中国的阴谋，很关键的一条，就是不断加快这些地区的经济发展和社会进步，进一步巩固和发展平等、团结、互助的社会主义民族关系，增强整个中华民族的凝聚力和向心力，从根本上巩固社会稳定和边疆安宁的大好局面。

第二，实施西部大开发战略是扩大国内有效需求，实现经济持续快速增长的重要途径。

中国的改革开放富了东南地区，在西部资源、能源、劳动力廉价供应的基础上，东部地区先富了起来。改革开放以来，中部和西部一直在补贴东部的发展，就是让穷人补贴富人，当然是富人越来越富，穷人越来越穷（林毅夫，2004）。

西部地区经济发展相对落后，东西部经济差距制约了东南沿海的发展，西部巨额的社会需要与因购买力极低而导致的极有限的市场需求不匹配，在很大程度上制约了东南地区产品的内销。国内有效需求不足，成为影响中国经济发展的主要因素。在这种情况下，国内有相当一部分资金、技术和劳动力需要寻求新的生产领域、新的市场、新的发展空间。西部地区幅员辽阔，自然资源丰富，但发展水平较低，还蕴藏着巨大的投资机会、巨大的市场潜力和发展潜力。实施西部大开发战略，加快中西部地区发展，通过发展特色经济，可以提高人民的生活水平，并有效地扩大国内投资需求和消费需求。

第三，实施西部大开发战略是实现现代化建设第三步战略目标的客观需要。

中国实现现代化建设第三步战略目标，与其他地区相比，西部地区的任务更为艰巨。加上千百年来频繁的战乱、自然灾害和各种人为的原因，西部地区的自然环境不断恶化，荒漠化年复一年地加剧，并有逐步向东推移的趋势。众所周知，20世纪90年代中后期，以洪涝灾害、沙尘暴为主要特征的环境问题成为影响中国经济发展和社会生活的重大制约因素，尤其是东部经济发达地区，遭受着更为严重的危害。经研究，人们发现环境问题的根源在于西部生态环境的不断恶化，而恶化的原因在于过度开发。过度开发的原因一是穷，二是科技不发达。西部人民只能通过对自然矿产资源和能源的大规模初级开发来获取利益，没有能力、没有技术，也没有意识去改善已受破坏的环境问题。这不仅对西部地区，而且也给东部的经济社会发展带来严重的不利影响。因此，不遏制西部地区的生态环境恶化趋势，就没有全国经济社会的可持续发展；没有西部地区的小康，就没有全国的小康；没有西部地区的现代化，也就谈不上全中国的现代化。

第四，实施西部大开发战略是适应世界范围经济结构调整，提高中国国际竞争力的迫切要求。

西部地区产业层次总体水平不高，非国有经济发展滞后，国有企业困难较大，与中部和东部地区间的专业化分工协作程度较低，基础设施差、产业带动能力弱、结构不合理的矛盾比较突出。当今世界经济的一个突出特点是，经济结构调整正在全球范围内广泛而深刻地进行，给各国经济发展带来深刻的影响。我们既面临新的发展机遇，也面临严峻挑战。为了抓住机遇，迎接挑战，努力使我们发展得更快、更好，必须加快结构调整的步伐，不断增强综合国力和国际竞争力。实施西部大开发战略，加快中西部地区发展，不仅有利于解决西部地区的结构性问题，而且可以为东部地区发展提供市场和能源、原材料支持，为东部地区的结构调整创造条件，进而为加快全国经济结构调整和产业优化升级提供广阔的空间，有利于促进全国生产力的合理布局和经济资源的优化配置，推进经济结构的战略性调整。

Part 5

团结就是力量

团结是有前提的，因为彼此之间有需求的力量。如果没有彼此间的需求，就不会有永久的团结。

世界经济一体化趋势

经济发展自由化是天生具有的野性与冲动，而贸易壁垒是阻碍经济自由化发展的一大障碍。消除贸易障碍，促进经济自由化、区域一体化发展成为需求，成为必然。而事实上，经济一体化发展，不但解决了现实问题，也创造了大量的新需求，促进区域经济社会的快速发展。

经济一体化就是将阻碍经济最有效运行的人为因素加以消除，通过相互协调与统一，创造最适宜的国际经济结构。

——荷兰经济学家 丁伯根

世界贸易组织——经济联合国

世界贸易组织（World Trade Organization，WTO），成立于1995年1月1日，前身是1948年1月1日开始临时适用的关税与贸易总协定，是全球性的独立于联合国的永久性国际组织，被称为"经济联合国"。世界贸易组织是当代最重要的国际经济组织之一，到2013年拥有159个成员国，成员国贸易总额达到全球的97%。

世界贸易组织总部设在瑞士日内瓦。该组织的主要职能是管理、组织、协调、调节和提供成员国贸易所产生的各种问题。其宗旨是处理成员国之间贸易和经济事业的关系、提高生活水平、保证充分就业、保障实际收入和有效需求的巨大持续增长，扩大世界资源的充分利用以及发展商品生产与交换，努力达成互惠互利协议，大幅度削减关税及其他贸易障碍和政治国际贸易中的歧视待遇。

建立世界贸易组织是世界经济自由化发展的需要

20世纪30—40年代，世界贸易保护主义盛行，国际贸易的相互限制造成了世界经济大萧条，为此引发了旷日持久的第二次世界大战。第二次世界大战以来，世界经济中各个国家和地区之间的影响和依赖程度日益加深。尤其是20世纪90年代以来，经济全球化开始成为世界经济发展的主要趋势之一。解决复杂的国际经济问题，特别是制定国际贸易政策，成为战后各国所面临的重要任务。

在第二次世界大战后期，西方一些国家便开始总结两次世界大战以及发生在 20 世纪 30 年代初期的世界大萧条的教训，酝酿建立战后新的国际经济秩序。1944 年 7 月，在美国的新罕布什尔州召开了"联合国货币金融会议"（即布雷顿森林会议），会议决定建立"国际货币基金组织"和"世界银行"。设立这两个机构的目的是建立战后新的国际货币金融体系，促进国际经济贸易的持久、均衡发展。

🔍 建立世界贸易组织是彻底解决关贸总协定制约世界经济自由化发展的需要 ‹

1948 年成立的关贸总协定（GATT）所倡导的贸易自由化带动了世界经济的增长，但它仅仅是一个临时适用的多边贸易协定，难以适应贸易自由化的发展，而最终导致被 WTO 所取代，这是历史发展的必然。总协定的局限性主要表现在以下几个方面。

一是 GATT 在成立之初就是一个"临时协定"。1948 年 1 月 1 日生效后，GATT 逐步演变成一个越来越庞大的国际组织，但又不是正式的国际组织，只能算一个准国际组织。

二是 GATT 的许多规则不严密，执行起来有很多漏洞，缺乏法律约束力。一些国家按照各自的利益解读协定条文。总协定又缺乏必要的监督手段。于是一些国家就热衷于用国内立法来征收倾销税，使其成为这些国家推行贸易保护主义新的重要手段。后来，"东京回合"补充了有关的多边协议，但贸易保护主义浪潮仍然此起彼伏，大有愈演愈烈之势。

三是 GATT 中存在大量"灰色区域"，有很多例外。某些缔约国违背 GATT 的原则，用国内立法和行政措施来对别国实行贸易歧视。它们利用"灰色区域"，通过双边安排，强迫别国接受某些产品的出口限制的事件屡见不鲜。由于 GATT 原则的例外过多，致使许多原则不能得到很好的贯彻实施。例外过多和滥用例外，已侵害到 GATT 的一些基本原则，大量地利用例外原则成了一些国家贸易保护的惯用手段。GATT 在关税减让方面成绩显著，但由于总协定中存在着漏洞，许多缔约国便绕开关税采用非关税壁垒。尽管规定了一般取消数量限制，但由于例外，数量限制仍是贸易保护主义的主要手段。

四是解决纠纷常常无法议决，难以取得实际成效。GATT 在解决国际经济贸易纠纷方面，确实起到了不小的作用。但 GATT 解决国际经济贸易纠纷的主要手段是协商，最后是缔约方联合行动。由于没有具有法律约束性的强制手段，使许多重大国际贸易争端无法解决。

中国入世的利好

自 2001 年 12 月 11 日开始，中国正式加入 WTO，标志着中国的产业对外开放进入了一个全新的阶段。它有利于中国参与国际经济合作和国际分工，促进经济发展；有利于扩大出口和利用外资，并在平等条件下参与国际竞争；有利于促进技术进步与产业升级，以及世界贸易组织经济结构调整，进一步完善社会主义市场经济体制；有利于改革开放、社会主义市场经济的发展和人民生活水平的提高；有利于促进世界经济的增长；也有利于直接参与 21 世纪国际贸易规则的决策过程，摆脱别国制定规则而中国被动接受的不利状况，从而维护本国的合法权益。

欧洲联盟——世界第一大经济实体

欧洲联盟（European Union），简称欧盟，是由欧洲共同体（European Communities，又称欧洲共同市场）发展而来的，初始成员国有 6 个，分别为法国、联邦德国、意大利、比利时、荷兰以及卢森堡。该联盟现拥有 28 个会员国，正式官方语言有英语、法语等 24 种，土地面积 432.48 万平方千米，人口 5 亿（2011 年）。

1991 年 12 月，欧洲共同体马斯特里赫特首脑会议通过《欧洲联盟条约》，通称《马斯特里赫特条约》（以下简称《马约》）。1993 年 11 月 1 日，《马约》正式生效，欧盟正式诞生。2012 年，欧盟获得诺贝尔和平奖。

欧盟是世界上最有活力的国际组织和世界第一大经济实体，在贸易、农业、金融等方面趋近于一个统一的联邦国家，而在内政、国防、外交等方面则类似一个由独立国家所组成的同盟。这个组织主要经历了三个阶段：荷卢比三国经济联盟、欧洲共同体、欧盟。欧盟其实是一个集政治实体和经济实体于一身、在世界上具有重要影响的区域一体化组织。

欧盟的宗旨是"通过建立无内部边界的空间，加强经济、社会的协调发展并建立最终实行统一货币的经济货币联盟，促进成员国经济和社会的均衡发展"，"通过实行共同外交和安全政策，在国际舞台上弘扬联盟的个性"。

欧盟的前身——欧共体成立的背景

一是生产力迅速发展的迫切需要。第二次世界大战后，社会生产力大大提高，经济协作范围更加广阔，生产和资本的国际化大大加强，出现了许多大型的跨国公司，这就使西欧六国经济联系变得更加密切。如何处理国与国之间的经济关系，需要一个超出一国范围的国际机构进行协调。

二是战后国家垄断资本主义的高度发展为国际的协调提供了基础。二战后，各国为协调经济，普遍加强了国家对经济的干预，国家干预经济的体制日趋完善，这就为国际协调准备了条件。国际协调实际就是国家干预经济的原则在国际的运用。

三是战后国际形势与西欧地位的变化促使西欧走上联合之路。战后初期，西欧各国普遍感受到来自当时世界上最大的红色政权——苏联的威胁，不得不依赖美国的保护，这又导致了西欧与美国之间的政治不平等，经济上受约束，失去了往日的大国地位。他们认识到，单靠一国的力量根本无法与美苏相抗衡，因此只有加强各国之间的联合，才能维护它们在欧洲乃至世界上的地位。20世纪五六十年代西欧经济迅猛发展，使得要求联合的呼声更为强烈。

四是美国战后初期的对欧政策推动了西欧的联合。主要是指战后初期美国的马歇尔计划。美国在推行马歇尔计划的时候，有一个前提条件就是：要求西欧各国联合起来向美国提出一个总的援助计划，并且要求承诺减少关税和贸易壁垒；政治上允许西德加入北约，在大西洋内部解决了重新武装德国的问题。这就缓解了法国对重新武装德国的恐惧感，使法德之间的关系缓和下来，加速了欧洲的联合。

1957年3月29日，法、意、荷、比、卢、西德六国首脑和外长在罗马签署了两个条约，即《欧洲经济共同体条约》《欧洲原子能联盟条约》，统称《罗马条约》；六国先后批准，条约于1958年1月生效。《罗马条约》没有规定期限和退出条约的程序，却有欢迎其他国家加入这一条约的条文，这是一个开放性的条约，这也说明西欧六国把共同体看作一个更加广泛的欧洲一体化的基础和起点。

🔍 欧共体实现了一系列共同政策和措施

一是实现关税同盟和共同外贸政策。1967年起，欧共体对外实行统一的关税率。1968年7月1日起，成员国之间取消商品的关税和限额，建立关税同盟。1973年，欧共体实现了统一的外贸政策。《罗马条约》生效后，为进一步确立欧洲联盟单一市场的共同贸易制度，欧共体各国外长于1994年2月8日一致同意取消此前由各国实行的6400多种进口配额，而代之以一些旨在保护低科技产业的措施。

二是实行共同的农业政策。1962年7月1日，欧共体开始实行共同农业政策，1968年8月开始实行农产品统一价格，1969年取消农产品内部关税，1971年起对农产品贸易实施货币补贴制度。

三是建立政治合作制度。1986年签署、1987年生效的《欧洲单一文件》，把在外交领域进行政治合作正式列入欧共体条约。为此，部长理事会设立了政治合作秘书处，定期召开成员国外交部长参加的政治合作会议，讨论并决定欧共体对各种国际事务的立场。1993年11月1日《罗马条约》生效后，政治合作制度被纳入欧洲政治联盟活动范围。

四是基本建成内部统一大市场。1985年6月，欧共体首脑会议批准了建设内部统一大市场的白皮书。统一大市场的目标是逐步取消各种非关税壁垒，包括有形障碍、技术障碍和财政障碍，于1993年1月1日起实现商品、人员、资本和劳务自由流通。1993年1月1日，欧共体各成员国经过法律转化后，宣布统一大市场基本建成，并正式投入运营。

五是建立政治联盟。1990年4月，法国总统密特朗和联邦德国总理科尔联合倡议于当年年底召开关于政治联盟问题的政府间会议。欧洲12国在1991年12月召开的马斯特里赫特首脑会议上通过了政治联盟条约。其主要内容是：12国将实行共同的外交和安全政策，并将最终实行共同的防务政策。

欧盟取得巨大成就

一是建立统一的货币体系。欧盟的统一货币——欧元（Euro）于 1999 年 1 月 1 日正式启用。除英国、希腊、瑞典和丹麦外的 11 个国家于 1998 年成为首批欧元国。2000 年 6 月，欧盟在葡萄牙北部城市费拉举行的首脑会议批准希腊加入欧元区。会议还决定组建一支 5000 人的联合警察部队，参与处理发生在欧洲的危机和冲突。2002 年 1 月 1 日零时，欧元正式流通。2008 年 6 月 19 日，欧盟峰会批准斯洛伐克在 2009 年加入欧元区，这是欧元区的首次扩大，斯洛伐克成为第 16 个使用欧元的欧盟成员国。

二是经济快速增长。欧盟的诞生使欧洲的商品、劳务、人员、资本自由流通，使欧洲的经济增长速度大幅提高。欧盟成立后，经济快速发展，有关数据显示，1995—2000 年间经济增速达 3%，国内生产总值由 1997 年的 1.9 万美元提升到 1999 年的 2.06 万美元。欧盟的经济总量由 1993 年的约 6.7 万亿美元增长到 2002 年的近 10 万亿美元。

欧盟的经济实力已经超过美国，位居世界第一。而随着欧盟的扩大，欧盟的经济实力将进一步增强，尤其重要的是，欧盟不仅因为新加入国家正处于经济起飞阶段而拥有更大的市场规模与市场容量，而且作为世界上最大的资本输出的国家集团和商品与服务出口的国家集团，再加上相对宽容的对外技术交流与发展合作政策，对世界其他地区——特别是包括中国在内的发展中国家——的经济发展至关重要。2010 年，欧盟国内生产总值达 16.106 万亿美元，人均 GDP 达到 32283 美元。

欧盟可以称得上是个经济"巨人"。

发展势头迅猛的"金砖国家"

何谓"金砖国家"？

传统"金砖四国"（BRIC）引用了巴西（Brazil）、俄罗斯（Russia）、印度（India）和中国（China）的英文首字母。由于该词与英语单词的砖（Brick）类似，因此被称为"金砖四国"。南非（South Africa）加入后，其英文单词将变为"BRICS"，遂改称为"金砖国家"。

在金砖国家内，由于中国的生产力强度和冲击力强度都较强大，造成的影响很大，留下的印象深刻，引发重视的程度极高等原因，分为两大层次，中国为一个层次，其他四国为一个层次。

"金砖国家"走到一起是国际关系发展的客观要求

"金砖国家"国土面积约占世界总面积的30%，人口占世界总人口的43%。从政治和安全上看，五国中的俄罗斯和中国都是安理会常任理事国，至2013年，巴西、印度、南非都是非常任理事国。从经济上看，2010年，五国国内生产总值约占世界总值的18%，贸易额占世界的15%。

"金砖国家"的发展导致世界经济增长点多元化，成为国际经济关系民主化的自然推动力。"金砖国家"在改革和完善全球经济治理方面有相同的关切和主张，加强协调、携手合作是大势所趋，也成为21世纪以来国际关系的新特点。

🔍 "金砖国家" 走到一起是互利共赢的 ‹ 选择

"金砖国家"虽然国情各异，禀赋不同，但是所处发展阶段相近，都面临保增长、保稳定、保民生的艰巨任务。在经济发展过程中，也都会遇到调结构、护环境等相似的挑战或难题。"金砖国家"合作为交流发展经验、破解发展难题提供了宝贵的平台。同时，"金砖国家"各具优势，经济互补性很强，既有开展广泛合作的坚实基础，也有促进共同发展的现实和战略需求，加强合作顺理成章。

2003 年，美国高盛公司首席经济师吉姆·奥尼尔在一份题为"与'金砖四国'一起梦想"的研究报告中预测，到 2050 年，世界经济格局将重新洗牌，"金砖四国"将超越包括英国、法国、意大利、德国在内的西方发达国家，与美国、日本一起跻身全球新的六大经济体。目前，中国已经成为名副其实的世界第二大经济体。高盛公司这份报告在当时发布后，中国、印度、俄罗斯和巴西作为新兴市场国家的"领头羊"，备受世界关注。巴西被称为"世界原料基地"，俄罗斯被称为"世界加油站"，印度被称为"世界办公室"，中国被称为"世界工厂"。

这四个国家，在经济上互补发展，势头迅猛。四国 GDP 总量占世界的比重从 1999 年的 7.46% 上升到 2008 年的 14.47%。就四国对世界经济增长的贡献度而言，2007 年达 49%；2009 年在世界经济负增长的情况下，"金砖四国"仍达 90%，其中中国超过 60%。在后金融危机时期，西方国家仍然受到财政赤字和失业率高的困扰，经济长期处于增长乏力的状态，而"金砖四国"则继续保持着高速、健康的发展势头。

中国社会科学文献出版社出版的《新兴经济体蓝皮书金砖国家发展报告 2013》显示："2012 年，金砖国家的经济总量约占世界经济总量的 25%，贸易总量约占世界的 17%。2012 年，中国与巴西、俄罗斯、印度、南非的贸易总额达到 3000 亿美元。"高盛公司预测：到 2030 年，"金砖四国"经济总量将超过七国集团。

"金砖国家"走到一起符合国际社会共同利益

与西方发达国家的合作机制不同，"金砖国家"不是新的大国集团，不是政治同盟，而是发展伙伴。该机制讨论的问题集中于经济、金融和发展领域，发达国家和发展中国家都普遍关心。可以说，"金砖国家"是全球发展伙伴关系的积极倡导者和实践者，是南北对话与合作的一座桥梁。

南非的加入是由俄罗斯首先提出，并且经过四国充分磋商而作出的决定，但邀请南非加入"金砖国家"，更多的是着眼于地缘政治的考虑，而不是仅仅出于经济关系的需要。正是看到"金砖国家"合作机制的巨大发展潜力，南非共和国作为南部非洲第一大经济体，也一直希望加入该机制。吸收南非加入合作机制，也使"金砖国家"能够进一步加强同南部非洲各国的经贸关系。很多南非公司在南部非洲国家设有分公司，地缘接近，风俗相通，它们在这些相对欠发达国家投资具有信息快捷、交易成本低的优势。如果四国投资和贸易能通过南非中转，回报率将显著提高。除经济领域以外，南非加入"金砖国家"合作机制，将有利于五国在全球气候变化问题、联合国改革、减贫等重大全球性和地区性问题上协调立场，更好地建设一个公平、平衡的国际政治新秩序。

"金砖国家"走到一起是新兴市场合作的需要

"金砖国家"的战略合作，必将出现其他搅局者。但"金砖国家"因应目前复杂的国际形势，特别是最为危险的金融形势，可以说站到一起是各有需求。需求主要有两个：一是对冲西方的垄断影响，是多极化的一次尝试；二是应对目前西方国家利用手中的金融杠杆对自己攻击而蒙受损失，几个国家对金融风险都是担心的。因此，金融合作是"金砖国家"目前的重中之重。

21 世纪头十年，"金砖国家"经济保持高速增长，成为应对史无前例的国际金融危机的重要力量，变成名副其实的"金砖"。2013 年，"金砖国家"的总外汇储备达到 4.4 万亿美元。这些国家在全球金融体系中获得了与不断壮大的经济实力相匹配的影响力。

APEC——亚太地区最具影响力的经济合作机制

亚太经合组织（Asia – PacificEconomicCooperation，APEC）是亚太地区层级最高、领域最广、最具影响力的经济合作机制。1989 年 11 月 5 日至 7 日，澳大利亚、美国、日本、韩国、新西兰、加拿大及当时的东盟六国在澳大利亚首都堪培拉举行 APEC 首届部长级会议，标志 APEC 正式成立。1993 年 6 月改名为"亚太经济合作组织"。

APEC 现有 21 个成员，别是中国、澳大利亚、文莱、加拿大、智利、中国香港、印度尼西亚、日本、韩国、墨西哥、马来西亚、新西兰、巴布亚新几内亚、秘鲁、菲律宾、俄罗斯、新加坡、中国台湾、泰国、美国和越南；有 3 个观察员，分别是东盟秘书处、太平洋经济合作理事会和太平洋岛国论坛。

APEC 的宗旨是：保持经济的增长和发展；促进成员间经济的相互依存；加强开放的多边贸易体制；减少区域贸易和投资壁垒，维护本地区人民的共同利益。

APEC 共有以下五个层次的运作机制。

领导人非正式会议：1993 年 11 月，首次 APEC 领导人非正式会议在美国西雅图召开，之后每年召开一次。

部长级会议：包括双部长会议以及专业部长会议。双部长会议每年在领导人会议前举行一次。专业部长会议定期或不定期举行，包括贸易部长会、财长会、中小企业部长会、能源部长会、海洋部长会、矿业部长会、电信部长会、旅游部长会、粮食安全部长会、林业部长会等。

高官会：每年举行 3~4 次，由各成员指定的高官组成。高官会的主要任务是执行领导人和部长会议的决定，审议各委员会、工作组和秘书处的活动，筹备部长级会议、领导人非正式会议及协调实施会议后续行动等事宜。

委员会：高官会下设 4 个委员会，即贸易和投资委员会（CTI）、经济委员会（EC）、经济技术合作高官指导委员会（SCE）和预算管理委员会（BMC）。CTI 负责贸易和投资自由化方面高官会交办的工作；EC 负责研究本地区经济发展趋势和问题，并协调经济结构改革工作；SCE 负责指导和协调经济技术合作；BMC 负责预算和行政管理等方面的工作。

秘书处：1993 年 1 月在新加坡设立，为 APEC 各层次的活动提供支持与服务。秘书处负责人为执行主任，2010 年起设固定任期，任期三年。

APEC 主要讨论与全球及区域经济有关的议题，如促进全球多边贸易体制，实施亚太地区贸易投资自由化和便利化，推动金融稳定和改革，开展经济技术合作和能力建设等。近年来，APEC 也开始介入一些与经济相关的其他议题，如人类安全、反腐败、备灾和文化合作等。

APEC 采取自主自愿、协商一致的合作方式，所作决定须经各成员一致同意。会议最后文件不具法律约束力，但各成员在政治上和道义上有责任尽力予以实施。

APEC 的贡献：亚太经合组织总人口达 27 亿，约占世界总人口的40.5%；国内生产总值之和超过 19 万亿美元，约占世界的 56%；贸易额约占世界总量的 48%，占全球半壁江山。这一组织在全球经济活动中具有举足轻重的地位。特别是国际金融危机时，中国等亚太地区新兴和发展中经济体经济增长较快，成为引领世界经济复苏的"弄潮儿"，亚太地区在世界经济格局中的地位更加突出。

APEC 的远景目标是建立一个覆盖整个亚太地区的"超级"自由贸易区，最终实现亚太地区的持久和平与共同繁荣。自成立以来，亚太经合组织在推动区域和全球范围的贸易投资自由化和便利化、开展经济技术合作方面不断取得进展，为加强区域经济合作、促进亚太地区经济发展和共同繁荣做了突出贡献。从相关进出口贸易数据来看，亚太地区已经不再是"世界工厂"，而是提供重要的服务、技术和投资的市场。亚太地区的贸易是动态发展的，通过其创新能力如现代全球供应链，也改变着国际经济关系的总体态势。当前，APEC 内部各种次区域自贸区、经济伙伴关系协定蓬勃发展，为亚太自贸区的最终诞生打下了坚实基础。

上海合作组织——在中国境内成立的国际性组织

上海合作组织（Shanghai Cooperation Organization，SCO）的前身是由中国、俄罗斯、哈萨克斯坦、吉尔吉斯斯坦和塔吉克斯坦建立的"上海五国"会晤机制。

2001 年 6 月 14 日，"上海五国"元首在上海举行第六次会晤，乌兹别克斯坦以完全平等的身份加入。15 日，六国元首举行了首次会晤，并签署了《上海合作组织成立宣言》，宣告上海合作组织正式成立。上海合作组织是首次在中国境内成立的国际性组织。

上海合作组织成员国有中国、俄罗斯、哈萨克斯坦、吉尔吉斯斯坦、塔吉克斯坦和乌兹别克斯坦；观察员有伊朗、巴基斯坦、阿富汗、蒙古和印度；对话伙伴有斯里兰卡、白俄罗斯和土耳其；参会客人有土库曼斯坦、独联体和东盟。

上海合作组织设有两个常设机构——秘书处和地区反恐怖机构。上海合作组织秘书处设在北京，是组织的常设行政机构，为组织框架内的活动提供行政、技术和信息保障；上海合作组织地区反恐怖机构设在乌兹别克斯坦首都塔什干，是上海合作组织成员国在打击"三股势力"（指暴力恐怖势力、民族分裂势力、宗教极端势力）等方面开展安全合作的常设机构。

上海合作组织每年举行一次成员国元首正式会晤，定期举行政府首脑会晤，轮流在各成员国举行。为扩大和加强各领域合作，除业已形成的相应部门领导人会晤机制外，可视情况组建新的会晤机制，并建立常设和临时专家工作组，研究进一步开展合作的方案和建议。

上海合作组织中的以"互信、互利、平等、协商、尊重多样文明、谋求联合发展"为基本内容的"上海精神",成为 21 世纪维护上海合作组织成员国之间关系的基本准则。

🔍 建立上海合作组织是处理中国与周边国家关系的需要 ‹

冷战结束后,国际和地区形势发生很大变化。上海合作组织起源于 1989 年,是中国、俄罗斯、哈萨克斯坦、吉尔吉斯斯坦、塔吉克斯坦共同建立的关于加强边境地区信任和裁军的谈判进程的组织。上海合作组织是第一个以中国城市命名的国际组织,它进一步加强了中国与周边国家的关系。

2001 年 6 月 15 日,在上海举行的峰会上,六国元首签署了《上海合作组织成立宣言》,发布了旨在打击恐怖主义、分裂主义、极端主义的《上海公约》。上海合作组织的宗旨是:加强各成员国之间的相互信任与睦邻友好;鼓励成员国在政治、经贸、科技、文化、教育、能源、交通、旅游、环保及其他领域的有效合作;共同致力于维护和保障地区的和平、安全与稳定;推动建立民主、公正、合理的国际政治经济新秩序。

🔍 上海合作组织建立是出于多边经贸合作的考虑 ‹

2003 年 9 月 23 日,在北京举行了上海合作组织成员国政府首脑会议,签署了上海合作组织成员国多边经贸合作纲要,通过了 2004 年上海合作组织首个预算。纲要明确规定了上海合作组织框架内经济合作的基本目标和任务、合作的优先方向及具体实施措施,指出了上海合作组织在 20 年内实现商品、资金、服务及技术自由流通的经济合作目标。

中国与上海合作组织中的其他各国加强贸易往来,逐步形成区域内的专业化分工,不仅可以运用互补优势提高各方福利,而且可以为中国培育新的出口市场和境外投资市场。中国需要成员国的石油和天然气等资源，以减少对中东石油市场的过分依赖；其他国家则需要中国的家电和日用消费品，以及资金与技术，以促进本国经济增长。

上海合作组织成为中国参与国际区域经济一体化进程的"助推器"

区域经济一体化的发展在逐渐改变当今国际政治经济格局。在欧盟积极开展"东扩"的同时，美国也在致力于将北美自由贸易区建设成为美洲自由贸易区，世界经济格局逐渐由欧盟和美国主导。同时，东盟建立，日本与各国签订双边自由贸易协定，亚太地区各国积极参与区域经济合作，这些都在改变着亚洲局势。中国作为亚洲大国，需要选择在国际政治经济格局中占据重要位置的区域组织，来推动本国参与国际区域经济一体化的进程。上海合作组织成员国中，除中国和俄罗斯外，其余四国均位于中亚，是新欧亚大陆桥的必经之路，是连接东西方交通的走廊，被誉为"欧亚大陆的巴尔干"。在地缘相邻的国家基础上建立起来的规模较大的上海合作组织，无论是出于经济还是政治的内在需求，都具有重要的战略意义。因此，上海合作组织可以成为中国参与国际区域经济一体化进程的"助推器"。

上海合作组织建立为中国营造可持续发展的和平外部环境

影响一国经济的许多重大因素是动态的，一体化对它们具有长期的作用。全世界许多国家的发展经验表明，成为一个经济共同体的成员并非取得经济成功的必要条件。对参与区域经济一体化的国家来说，与短期现实收益相比，长远潜在收益更具有吸引力。经济一体化的动态效应表明，中国在上海合作组织框架下深化区域经济合作在长远意义上能够促进区域经济协调发展，进而建立更牢固的战略伙伴关系，能够为中国可持续发展提供和平的外部环境。

中国—东盟自由贸易区——发展中国家间最大的自贸区

中国—东盟自由贸易区（CAFTA）或称东盟"10＋1"，是指由中国以及东南亚国家联盟的 10 个成员国：文莱、菲律宾、印度尼西亚、马来西亚、泰国、新加坡、越南、老挝、柬埔寨和缅甸组成的自由贸易区，已于 2010 年 1 月 1 日起全面启动。

中国—东盟自由贸易区建成后，东盟和中国的贸易量占到世界贸易量的 13％，成为一个涵盖 11 个国家、19 亿人口、GDP 达 6 万亿美元的巨大经济体，是世界人口最多的自贸区，也是发展中国家间最大的自贸区。

🔍 中国—东盟自由贸易区建立是基于区域经济发展的需要 ‹

当今世界经济有两大显著特点：一是经济全球化，二是区域经济一体化。区域经济一体化风起云涌，发展很快。WTO 的成员国基本上都与其他有关国家建立了自由贸易关系。中国和东盟成员都是发展中国家，经济实力有限，经济增长对外部市场的依存度较高，全球经济的变动会对其经济产生重大影响。中国—东盟自由贸易区正是为应对经济全球化中的负面影响和区域经济一体化的快速发展而诞生的。

中国—东盟自由贸易区建立是中国与东盟国家关系密切发展的需要

中国与东盟国家有着建立自贸区的良好基础，主要表现在四个方面：一是，山水相连，息息相关，相互间有着悠久的传统友谊和相似的历史遭遇。二是，资源禀赋各具优势，产业结构各有特点，互补性强，合作潜力大。三是，在国际社会事务方面有着广泛的共同语言和共同利益，对经济发展、稳定和增长有着共同的愿望。四是，中国自改革开放以来，积极改善和发展与东盟及其成员国的友好关系，相互间政治关系、经济关系不断有新的发展，尤其是1991年中国与东盟建立对话伙伴关系以来，相互间的合作关系进入了一个新的发展阶段。面对世界经济全球化、区域经济一体化的快速发展，中国与东盟国家及时做出了正确的战略决策：积极发展和密切相互间的经贸合作，建立自由贸易区。

中国—东盟自由贸易区建立是应对金融危机的需要

1997年，东南亚遭受金融危机后，中国对受危机打击的东盟各国给予了极大的支持，中国政府顶住巨大的压力，坚持人民币不贬值，确保人民币汇率的稳定，帮助东盟国家最终克服了金融危机。中国在危机中表现出的负责任邻国的风范，赢得了东盟各国的普遍好评，东盟各国与中国的关系迅速改善和发展。

经历金融危机后，东盟更加明确了在该地区需要加快经济一体化，以建立有效的合作机制来防止危机的再次发生；中国是一个可以信赖的合作伙伴，因而选择和中国建立区域经济合作机制，即中国—东盟自由贸易区，成为必然而积极的历史性选择。

2009年8月15日，中国与东盟十国的经贸部长共同签署了中国—东盟自贸区《投资协议》。该协议的签署向国际上发出了一个明确的信号，即中国和东盟各国愿同舟共济，携手抗击金融危机，继续推进贸易和投资自由化，反对贸易和投资保护主义，为东亚地区和全球经济的复苏与发展做了重大贡献。

到 2010 年，中国—东盟自由贸易区建成后，东盟对中国的出口量增长 48%，中国对东盟的出口量增长 55%，对东盟和中国国内生产总值的增长贡献分别达到 0.9%（约合 54 亿美元）和 0.3%（约合 22 亿美元），为中国和东盟商界创造了无穷商机和广阔前景。

2013 年 10 月 3 日，习近平在印度尼西亚国会演讲时指出："中国愿提高中国—东盟自由贸易水平，争取使 2020 年双方贸易额达到 10000 亿美元。"

Q 中国—东盟自由贸易区建立的意义 〈

建立中国—东盟自由贸易区，对中国与东盟都有着积极的意义。中国—东盟自由贸易区的建立，一方面，有利于巩固和加强中国与东盟之间的友好合作关系，有利于中国与发展中国家、周边国家的团结合作，也有利于东盟在国际事务上提高地位、发挥作用；另一方面，有利于进一步促进中国和东盟各国的经济发展，扩大双方贸易和投资规模，促进区域内各国之间的物流、资金流和信息流，促进区域市场的发展，创造更多的财富，提高该地区的整体竞争能力，为区域内各国人民谋求福利。

在政治方面：第一，从中国与东盟各国的关系来看，中国—东盟自由贸易区的建立，有助于中国和东盟全面、深入、快速发展友好关系，对维护东亚和亚太地区的和平与稳定具有积极意义。第二，从建立国际新秩序来看，建立中国—东盟自贸区，有助于发展中国家的团结合作。第三，从提高东盟的国际地位来看，建立中国—东盟自由贸易区，有助于东盟在国际社会事务中发挥更大的积极作用。

在经济方面：主要体现在双方获得"贸易创造"效益、投资增长效益、规模经济效益、推动双方经济发展上。中国—东盟自贸区建成后，中国与东盟各国贸易投资增长、经济融合加深，企业和人民都广泛受益，实现了互利共赢、共同发展的目标。中国和东盟双边贸易总量快速增长，目前，中国已成为东盟第一大贸易伙伴，东盟也成为中国第三大贸易伙伴。

G20 峰会——联合国框架之外的新机制

二十国集团，又称 G20，是一个国际经济合作论坛，1999 年 9 月 25 日由八国集团的财长在华盛顿提出，1999 年 12 月 16 日在德国柏林成立，属于布雷顿森林体系框架内的一种非正式对话机制。峰会旨在推动工业化的发达国家和新兴市场国家之间就实质性问题进行开放及有建设性的讨论和研究，以寻求合作并促进国际金融稳定和经济持续增长。按照以往惯例，国际货币基金组织与世界银行列席该组织的会议。

二十国集团由美国、英国、日本、法国、德国、加拿大、意大利、俄罗斯、澳大利亚、中国、巴西、阿根廷、墨西哥、韩国、印度尼西亚、印度、沙特阿拉伯、南非、土耳其共 19 个国家以及欧盟组成。这些国家的国民生产总值约占全世界的 90%，人口则接近世界总人口的 2/3，贸易占世界的 80%（包括欧盟内部贸易）。

2012 年 6 月，G20 峰会在墨西哥举行，中国在会上宣布支持并决定参与国际货币基金组织增资，数额为 430 亿美元。中国将于 2016 年主办 G20 领导人峰会。

二十国集团从 2008 年起召开领导人峰会。随着二十国集团的架构日渐成熟，并且为了反映新兴工业国家的重要性，二十国集团成员国的领导人于 2009 年宣布该组织会议取代八国集团，成为全球经济合作的主要论坛。

G20 峰会的历史意义在于以下方面。

第一，达成建立世界经济未来发展及合作的战略共识。

2008 年金融危机当头，一直以来对欧美过分依赖、经济发展严重失衡的各个新兴市场国家，与此次危机的源头和重灾区的欧美各国都会很自然地强调各自国家的利益，强调政府的干预作用，而各国的干预做法过激使用，很容易产生新的贸易和投资保护主义，很容易发生政府替代市场的干预行为。但是，二十国集团领导人一致认为，市场原则，加上开放的贸易和投资体系，以及有效监管的金融市场，还是能够再次催生被当时的危机压抑掉的社会进步和经济发展所需要的活力、变革和创业精神，恰恰是这些元素的激活，才会确保今后全球经济的彻底复苏和可持续的平衡发展，才会帮助我们社会实现就业、减贫的紧迫目标。各国政府都认同美国政府的危机管理意识，希望通过建立持续的伙伴关系，坚持合作和多边主义，来克服当时全球所面临的挑战，以尽快恢复世界经济的稳定和繁荣。

第二，世界经济秩序及国际货币体系出现"双轨制"。

G20 有一个特点，就是联合国框架之外的新机制，突破了传统的世界经济秩序和现有的国际货币体系的框架。

世人皆知，联合国及其所属的世界银行、国际货币基金组织等机构，是第二次世界大战后建立的国际合作组织。当时，美国在政治、经济、军事上都处于霸主地位，国际货币体系均以美元的马首是瞻，1 美元相当于 3.5 盎司黄金，美元是世界通行的唯一国际货币。在经济全球化出现之前，人们所关注的是资本主义实体经济所固有的周期性生产过剩危机；但在全球化条件下，金融衍生品所造成的虚拟经济，比实体经济发展得更快更大，金融风暴在信息化加速传导下，任何一国单靠自身力量都难以防范与应对。近年来，联手应对世界金融危机，并在复苏世界经济中发挥重大作用的 G20 的"宏观经济政策合作"，凸显了作为联合国架构之外的新机制的特色。自 2007 年美国奥巴马总统为应对世界金融危机在美国召开第一次 G20 会议以来，G20 已制度化并召开过多次会议，但每次会议的召集者均由上次 G20 首脑商定，G20 财长和央行行长会议也由主办国的部长主持，均与联合国及其有关机构无关。G20 峰会、财长和央行行长会议的主持人既不是联合国秘书长，也不是世行行长，更不是 IMF 总裁。不仅如此，给 IMF 增资、调整 IMF 和世行投票权，作决定的是 G20，而不是联合国安理会。这表明，G20 已形成一种独立于联合国架构之外的新机制，日益显现出世界经济秩序中已出现新旧两种机制并行不悖的"双轨制"。

第三，"中国牌"让世界增强信心。

面对当时纷繁复杂的国内外经济形势，中国政府一再强调做好自己的事情就是对世界经济和全球金融稳定的最大贡献。这代表了中国政府危机管理的深远战略，出台了国务院扩大内需的十项措施和实施4万亿人民币的财政投资行动，就是具体应对这场全球金融危机的"中国牌"——中国带给G20峰会最厚重的礼物。这些扩大内需的措施表明，中国虽然还处于发展中国家的地位，但在世界舞台上却扮演着越来越重要角色，愿意和周边发达工业国家一起，共同应对危机、承担救市责任，并拥有克服危机的必胜信心。同时，在创建新型国际货币体系和世界经济新秩序中，作为G20中第一大新兴经济体的中国，从一般"跟随者"转变为积极参与者，将为世界经济的复苏和繁荣发挥越来越重要的作用。中国的大国风范让世界增强了渡过危机的信心。

北美自由贸易区——消除贸易障碍

《北美自由贸易协议》是美国、加拿大及墨西哥在 1992 年 8 月 12 日签署的关于三国间全面贸易的协议。1994 年 1 月 1 日，三国同时宣告北美自由贸易区正式成立。

北美自由贸易区（NAFTA）拥有 4.5 亿人口，国民生产总值约 17.3 万亿美元，年贸易总额 1.37 万亿美元，其经济实力和市场规模都超过欧洲联盟，是当时世界上最大的区域经济一体化组织。

北美自由贸易区的建立，在一定程度上实现了三国合作的初衷，给三国带来了巨大的经济利益。在经济利益方面，北美自由贸易区为三国取得了以下宏观利益。第一，规模经济效益。北美自由贸易区是世界上最大的自由贸易区，很容易从其规模经济中获益，降低平均成本，并在此基础上取得竞争优势。第二，实现优势互补。三国经济水平、文化背景、资源禀赋等方面的差异，使得区域内经济的互补性很强，提供了更多的专业化生产和协作的机会，促进了三国整体经济的发展。第三，改善投资环境。《北美自由贸易协定》在行业惯例、服务贸易、投资规则、争议解决等方面均有详细的规定，这些规定具有稳定性和可预测性，有利于在法律制度的层面上增强北美地区投资人的信心并保障他们的利益。这种宏观利益的表现就是，近几年来，北美自由贸易区无论是在商品进口总额还是在出口总额方面，都保持国际贸易地区份额的首位，远高于排名第二的欧盟国家的相应总额，已经占世界进出口总额的 1/4 左右。

设立北美自由贸易区是区域经济合作的需要

　　北美自由贸易区由两个属于七国集团成员的发达国家和一个典型的发展中国家组成，它们之间在政治、经济、文化等方面差距很大。因此，北美自由贸易区通过垂直分工来体现美、加、墨三国之间的经济互补关系，促进各方经济发展。

　　美国在北美自由贸易区内有着绝对的主导作用。美国不仅是北美自由贸易区的倡导者，而且是该自由贸易区的主导国，它在贸易区的运行中占据绝对的主导和支配地位。从贸易区内部的实力来看，美国拥有 2/3 的人口和 90% 的经济实力；加拿大则仅有 7% 的人口和 8% 的经济实力；墨西哥虽拥有近 26% 的人口，但经济实力不到 2%。美、加、墨三国按工业化程度和发展水平分属三个不同的层次：美国属于第一个层次，加拿大属于第二个层次，二者均是发达的工业化国家；墨西哥则属于第三个层次，为新兴的工业化国家。因此，在经济实力、工业化程度和发展水平等方面，美国都处于绝对的优势地位，自然对加拿大和墨西哥具有很强的制约力。北美自由贸易区在双边贸易、直接投资、技术转让及第三产业诸领域内，给美国提供了控制和渗透加拿大和墨西哥的机会，从而在贸易区对内、对外事务方面拥有了绝对的发言权。因而，从根本上说，北美自由贸易区的建立更多地体现出美国的战略意图。但是，在另一方面，北美自由贸易区又给加拿大和墨西哥提供了难得的进入美国市场的机会，对于促进这两个国家的经济发展具有非常重要的作用，三国联合起来在国际贸易中的地位也随之大为提升。因此，北美自由贸易区在很大程度上是双赢的选择和结果。

北美自由贸易区的成立能使发达地区保持国际竞争力

20世纪90年代，美国迫于欧洲和日本经济竞争压力，改变了不搞区域经济组织的想法，力图建立北美自由贸易区，并通过参与国的经济合作和区域一体化，推进区域经济发展，提升本国在国际经济中的地位。北美自由贸易区的发展证明，发达地区想要保持较强的国际竞争力，最重要的是使本地区一直处于国际经济发展的主流地位，极力避免边缘化。保持区域经济的主流地位就必须融入某个区域一体化组织，并尽量在这个组织中占据重要地位。

以经贸为主，北美自由贸易区的设立实现了有序渐进发展

北美自由贸易区由于是发达国家与发展中国家建立的自由贸易区，有关协议国对实现区域内自由贸易采取了以合作协议来逐步推进的方式。各协议国签订了大量的双边和多边协议，主要内容包括：消除关税和削减非关税壁垒、开放服务贸易、便利和贸易有关的投资，以及实行原产地原则等，还包括劳工、环境等附属协定。考虑到不同国家的发展水平，主要协议条款规定在10年内逐步消除所有贸易和投资限制，对几个敏感行业的过渡期为15年。这是一个复杂的国际协议框架，它提供了一整套的规则和制度框架来管理三国间的贸易和投资关系，同时提供了吸纳新成员和采用新的争端解决程序机制，这是先前其他国际经济协定中都不具备的。

北美自由贸易区实现产业一体化中的分工协作

北美自由贸易区的成立，将美国、加拿大和墨西哥共同纳入一个产业一体化中的分工协作体制。最明显的是加拿大的原材料、墨西哥的劳动力

与美国的技术管理相结合，形成了以美国为轴心的生产和加工一体化。其中，美、加生产一体化主要表现为水平的产业内分工，如两国在飞机和汽车制造、钢铁、食品加工、化学品和布料加工等方面形成了更密切的产业内联系。而美墨生产一体化主要集中在电器、汽车和服装这几个行业，带有明显的垂直产业内分工特点，主要是美国将零部件运到墨西哥加工后再返回美国。这种产业一体化中的分工协作体制，使各国的产业优势发挥得淋漓尽致。

东亚峰会——开启泛东亚区域性合作新模式

东亚峰会（East Asia Summit，EAS）是每年一次由东亚地区 16 个国家领导人参加的会议，东盟为该会议的领导者。东亚峰会第一届于 2005 年 12 月 14 日在吉隆坡举行。

东亚峰会是与东盟峰会同期举行的年会，是一个开放的、包容的、透明的和具有前瞻性的论坛；东盟在东亚峰会及东亚合作进程中发挥主导作用。

东亚峰会作为东亚地区一个新的合作形式，致力于推动东亚一体化进程，实现东亚共同体目标。峰会为年度领导人会议机制，由当年的东盟轮值主席国主办，峰会议题由所有参与国共同审议。2011 年 11 月，东亚峰会有 18 个参与国，即东盟十国（文莱、柬埔寨、印度尼西亚、老挝、马来西亚、缅甸、菲律宾、新加坡、泰国、越南）和中国、日本、韩国、印度、澳大利亚、新西兰、美国和俄罗斯，因此峰会也被称为"10＋8"峰会。

东亚峰会作为东亚合作机制的重要补充，自成立以来坚持"领导人引领的战略论坛"性质，坚持东盟主导、协商一致、照顾各方舒适度等既定原则，为增进各方互信、推进区域合作发挥了积极作用。

东亚峰会是解决东亚面临的困难挑战的需要

2005 年 12 月 14 日，首届东亚峰会在马来西亚首都吉隆坡举行。时任国务院总理温家宝出席会议并在会上发表了题为"坚持开放包容，实现互利共赢"的讲话。温家宝指出，东亚地区既有发展不平衡，贫富差距大的问题，也有能源、资源消耗大幅增长，生态与环境恶化的问题。这些问题相互交织，影响和制约着本地区的稳定与发展。

东亚峰会是创造泛东亚区域合作新模式和新平台的需要

东亚峰会的成员来自 3 个不同地区，其成员不是基于区域的一致性，而是基于战略利益的共同性走到一起，从而打破了区域合作的地域限制。这样一种区域合作模式在全球系首创。其实，对于区域合作组织来说，其稳定性不在于各成员在地域上的一致性，而在于利益上的共同性。

东亚峰会虽与"10＋3"（指东盟）有密切关系，但绝非"10＋3"的"升级版"，不会取代"10＋3"。两者的成员不同，功能不同，目标也不尽一致。"10＋3"成员限制在东亚地区主权国家之内，没有接纳区外成员的计划，而东亚峰会是开放的，是区域合作的一个新平台。

东亚峰会是强化南北合作、扩大合作空间与潜力的需要

在"10＋3"中，只有日本一个发达国家，而澳、新两国都是发达经济体，它们加入东亚峰会，增加了成员的"北方"浓度，强化了南北合作的性质。而从经济理论上说，预期的收益会更大。峰会所有成员国人口近 30 亿，占世界总人口的一半；GDP 总值超过 8 万亿美元，占全球的 22%，外汇储备远远超过欧元区，经济互补性突出，有极大的合作潜力和空间。其中的中、日、印及韩国，皆是经济大国或正在崛起的经济大国，重要性不亚于亚太经合组织峰会。

后　记

　　《创需引领未来》这本书就要付梓了。

　　需要指出的是，本书个别篇章参考借鉴了某些文献资料和最新的研究成果，汲取了一些专家、学者及知名人士的观点。因没有过多地拘泥于史料来源的考证，未予以注明出处，恳请海涵，并向相关媒体、杂志及专家、学者表示感谢。

　　希望本书的出版，能够引起社会对未来发展问题的广泛关注，能使人们在对创需的关注中找到解决问题的契机和方法。

　　在本书的修订过程中，有好几位不愿留名的国内知名专家、学者给予了热心指导，也提出了中肯的意见，在此一并表示感谢！同时，也向在本书出版和修订过程中提出宝贵意见、给予热心支持的朋友表示感谢！

武培锋

2015 年 11 月